Dealing with Ambiguity:
How Street-Level Offices Make Sense of Environmental Regulatory Statutes

自治体現場の
法適用

あいまいな法は
いかに実施されるか

平田彩子 ――［著］
Ayako Hirata

東京大学出版会

Dealing with Ambiguity:
How Street-Level Offices Make Sense of Environmental Regulatory Statutes
Ayako HIRATA
University of Tokyo Press, 2017
ISBN978-4-13-036151-4

はしがき

　法を，目の前の具体的事例に適用する——簡単なようで，実はそう単純なことではない．法は一般的・抽象的に表現されているからである．その一方，現実に生じる事例は多種多様である．多くの要素が複合的に絡み合い1つの事例として目の前に現れ，また，法制定段階では予想していなかった要素の組み合わせが生じることもある．どのような事実が法に該当し，または該当しないのか，法の意味内容が何かについて自ずから一義的に明確であるとは限らない．したがって，具体的事実に対する法の適用は，単に当該事例の当事者にとって重要な判断であるのみならず，法が具体的に何を意味するのか，法の具体的意味を紡ぎだし構築していくという点においても，重要な機能を持っている．

　多種多様な現実事例と，一般的・抽象的な法規定を前に，地方自治体はどのように法を適用しているのか．特に，法の運用開始直後，先例もない状況で，法はいかに具体化されるのか．この問いが本書の出発点である．分析対象として，土壌汚染と地下水未然防止という環境規制を取り上げている．

　法を当てはめ用いるという法適用は，通常，裁判官や弁護士といった法曹三者の活動という文脈で語られることが多い．しかし，行政機関が担う法適用判断も忘れてはならない．例えば，各種安全規制・環境規制の監督官庁とのやり取りを行う事業者や，生活保護・介護認定・保育所サービス等社会保障給付の申請を行う市民の立場に立ってみれば，行政機関による法適用判断がいかに頻繁になされ，判断量も多く，そしていかに影響力が大きいか，想像できると思う．もちろん，行政の行う法適用判断に不服がある場合，当事者は訴訟を提起し裁判所の判断をもって法内容を確定させることができる．この点，行政による法適用は，法の具体的意味を最終的に確定する場面として制度上デザインされてはいない．しかし，我が国の圧倒的に少ない行政訴訟提起数をみれば，事実上ほとんどの場合において，行政機関の法適用判断が実質的な法の具体化を行っていることが分かる．加えて，地方分権が推進

される中,地方自治体が担う法適用判断の範囲は広がり,また重要性も増している.

このような問題関心と背景のもと,本書は,現場行政部署・職員の行動と認識を分析の対象としている.彼らこそ,多様で複雑な生の事実を目の前に,法の該当・非該当を判断し,最終的に法の具体化を担っている立役者であるからである.法が適用されるまさにその現場において,行政部署・行政職員は,何に悩み,何を考え,何を適切だと認識し,法を適用しているのか.彼らの行動と認識を理解しようとする試みは,自治体現場における法の用いられ方を考察するのみならず,事例当事者,行政部署,ひいては社会全体において,どのような法適用判断が「適切」だと受け止められるのか,公平性と実効性のあり方を考えるきっかけをも提供してくれる.同時に,地方自治体が担う法実施活動の今後のあり方についても思料する機会となる.

地方自治体は,いかにして法を具体化するのか.本書は,行政部署に対する聞き取り調査,観察,質問票調査から得られた経験的知見をもとに,自治体間での問い合わせという組織間のつながりに焦点を当てて論じる.本書は1つの試みに過ぎないが,行政現場での法の展開を理解する一助となることができれば幸いである.

目　　次

はしがき　i

序　章　自治体はいかに法を具体化するのか …………………………… 1
　0-1　問題提起　1
　0-2　自治体間の相互作用性と法解釈──ネットワーク・アプローチという視点　6
　0-3　本研究の意義　8
　0-4　本書の構成　11
　0-5　研究手法とリサーチデザイン──実証的アプローチ　13
　　A　インタビュー調査（聞き取り調査）　14
　　B　質問票調査（サーベイ調査）　16
　　C　ある自治体現場でのフィールド観察　16
　　D　経験的データの限界について　17

第1章　分析の視角と理論的背景 …………………………………………… 19
　　　　──現場部署による規制法の実施
　1-1　社会的プロセスとしての規制法実施　19
　1-2　規制執行の全体像──規制研究　20
　　A　規制執行のヴァリエーションとその背景　20
　　B　執行スタイルと規則遵守の関係　24
　　C　既存の規制研究の特徴と本書の位置づけ　26
　1-3　第一線現場での法適用判断──第一線職員研究　27
　1-4　組織間ダイナミクスという視点の導入──本書の理論的枠組み　31
　　A　新制度論と組織の同型化　32
　　B　自治体間での密な相互作用の必要性　36
　　C　「法の内生化（legal endogeneity）」研究　36

1-5　小　括——本書の理論的視座　38

第2章　環境規制法とその実施の現場 …………………………… 41

2-1　土壌汚染対策法と水質汚濁防止法　41
　　A　当該法律を取り上げた理由　41
　　B　土壌汚染対策法による土壌調査の契機の拡大　43
　　C　水質汚濁防止法による地下水汚染の未然防止　51
2-2　本書の対象とする現場部署と現場職員　57
　　A　現場部署　57
　　B　現場職員　60
2-3　法実施の流れ　62
　　A　土壌汚染対策法4条2項調査命令の場合　62
　　B　水質汚濁防止法による地下水汚染未然防止の場合　67
2-4　小　括　69

第3章　法適用の難しさ ……………………………………………… 71
　　　　　——困難な場面と対応戦略パターン

3-1　法適用のあいまいさ　72
　　A　法適用のあいまいさが相対的に低い状況　72
　　B　法規定の抽象性　76
　　C　環境被害の不確実性　80
　　D　被規制者の規制負担の大きさ　87
3-2　法適用のあいまいさへの対応パターン　88
　　A　個別自治体部署内での話し合い　88
　　B　外部行政組織へのコンタクト　91
3-3　小　括　96

第4章　自治体間ネットワークと法の実施 ………………………… 99
　　　　　——戦略としてのネットワークの機能と作用

4-1　自治体間ネットワーク　100
　　A　実施過程で扱う情報の複雑さ・文脈依存性の高さ　102

B　他自治体の法解釈適用を知るためのルート　103
　　　C　自治体間ネットワーク——用語の整理　106
　4-2　自治体間ネットワークを通じた相互作用パターン　107
　　　A　パターン1——職員同士の面識　108
　　　B　パターン2——事実上のペッキング・オーダーの存在　108
　　　C　担当者会議の役割　110
　　　D　担当者会議と自治体間ネットワーク　118
　4-3　自治体間ネットワークと規制実施の関係性——質問票調査より　121
　　　A　統計分析データ　122
　　　B　回帰分析結果　127
　4-4　自治体間ネットワークの作用と役割——インタビュー調査より　135
　　　A　あいまいさ対応の1戦略としての自治体間ネットワーク　135
　　　B　グループ間で異なりうる法の具体的意味　137
　　　C　自治体間ネットワークの作用　139
　　　D　同型化（isomorphism）とのリンク　150
　4-5　自治体間ネットワークと規制の効果　154
　4-6　小　括　157

第5章　法適用の正当性を求めて …… 159
　　　——自治体間ネットワークの背景

　5-1　法の具体的意味のプロトタイプ供給源の乏しさ　161
　5-2　被規制者に対する規制実施の正当性と自治体間ネットワーク　165
　　　A　被規制者から自発的遵守を得る——規制負担の公平性という要請　166
　　　B　法の具体的意味をめぐる競争相手としての被規制者　175
　　　C　法解釈の「間違い」を最小化する　180
　　　D　「間違い」の判断と自治体間ネットワーク　186
　　　E　被規制者に対する規制実施の正当性表示——まとめ　188
　5-3　市民に対する規制実施の正当性と自治体間ネットワーク　189
　5-4　小　括　194

vi　目　次

第6章　おわりに……………………………………………………… 197

- 6-1　理論的展望　198
  - A　自治体間ネットワークが作用する条件とは　198
  - B　法の具体的意味の構築と被規制者の影響力　199
  - C　「一貫性・公平性」と「柔軟性・効果性」のバランス　202
- 6-2　政策的含意　203
  - A　自治体間ネットワークの可能性　203
  - B　情報公開の必要性　207

参考文献　209
あとがき　217
索　引　221

序　章　自治体はいかに法を具体化するのか

> 「難しいです．法律ってなんか，すらって書いてあるんですけども，実際運用するとなると……実際使用するとなると，具体的なところまできちっと言わないと事業者さんよく分からないんで．そしたらその，具体的なところの対応がですね，難しいところで．」
> （筆者による自治体職員へのインタビュー調査より）

0-1　問題提起

　法律の実施[1]を担当している行政機関の現場部署は，我々市民にとって身近かつ影響力の大きな機関である．そこでの1つ1つの事例への法の当てはめが，最終的に，ある活動が規制の対象になるのかならないのか，どのような行為が行政命令という強制力の伴う法の行使に相当するのか，ある申請者は生活保護や保育所入所といった行政サービスを受給できるのか否か，というように大きな実質的影響を持つ．また，社会における法の展開を見る上でも，現場部署の存在は極めて大きい．現場部署での1つ1つの事例への法適用判断が蓄積されるにつれ，それらは先例として機能し，またそのような適用判断が現場関係者の間で広がり当然視されていくことを通じて，法の具体的な意味として確定してゆく．現場行政部署による法の適用判断は，法の具体化がまさに行われている生の舞台であり，同時に法の有効性・効果性を左右する極めて重要なものである．

　そのような現場部署の代表例が地方自治体である．地方分権改革以降，環境の保全，建築物の安全性等を目的とする社会的規制[2]の分野では，多くの法実施事務は地方自治体が担っている．第一次地方分権改革において，従来

---

[1] 本書では，法が立法過程を経て制定された後の，実際に運用されるプロセスを広く「実施」過程と呼ぶこととする．その中には，届出・許可申請の受理や審査，立入検査，行政命令の発出といった活動が含まれている．本書は規制法を考察対象にしているため，法実施活動のうち，規制違反の発見や違反対応という活動を強調する場合，「執行」という用語を用いている．

機関委任事務とされていた多くの法実施事務が自治事務として整理されてから久しい．地域の環境保全や市民生活の安全性に関わる法律の多くは，自治体自らが解釈，運用して，実施するという枠組みになっているのである．

いったん法が制定されると，あとは自動的に，現場部署において適用され法効果が生じると想像されるかもしれない．しかし，行政現場における法の実施過程はそのような単純なものでは決してない．それは，法実施の現場では以下のような2種類の不確実性とジレンマが生じているからである．

まず指摘できるのは，法自体が持つあいまいさから生じる不確実性とジレンマである．程度の差はあれ，規制法の規定は通常，一般的で抽象的な表現がなされていることが多い．例えば，「基準に適合しないおそれ」があるときに，行政は行政命令を出すことができる，という規定がその典型であろう．実際の事例において，どのような具体的事実がその「おそれ」に当たるのか，法は明確に語ってはいない．もちろん，施行令や施行規則等により，具体的な指標をもって詳細かつ明確に規定されている分野も存在するが，その一方，一般的記述にとどまり，具体的にどのような事実があれば，法に該当するのかについてはオープンなままのものも当然存在している．そのような規定であると，法自体は，どのような行為が遵守に値するのか，法違反となるのか，また公益実現のために何が規制権力行使の発動に値するのか，現場部署に対し，詳細・具体的に指示してはいない．

このような法デザインは，実際の個別状況に即した柔軟な法の適用判断を行うことができるようにするためのものであり，広く見られる．そもそも立法者は全てのケースを事前に予測し，それぞれに最適な法適用のあり方を具体的に提示することは不可能である．それぞれのケースごとに効果的な法適用判断ができるよう，現場において柔軟な対応が可能となるようなデザインには必然性がある．しかし，柔軟な適用判断という上記ベネフィットのトレードオフとして，一貫性のある法適用と公平性をどのように担保するのかというジレンマが生じ，加えて，規制法の実施を担当する現場行政にとっても，

---

2) 健全な市場競争や市場経済の安定性を目的とする経済的規制（economic regulation）に対して，市民空間の安全性，豊かな市民生活の確保と向上を目的とする規制（例えば環境規制や食品安全規制，労働安全・雇用規制や，建築規制等）は社会的規制（social regulation）と呼ばれる（Kagan 2004）．

どのような場合に法を適用するべきなのか，判断に困難を生じさせる．冒頭に紹介したインタビューの引用はその一例である．このように，現場が直面する法文の一般性抽象性の持つ不確実性とジレンマが1つ目のものである．

現場での法適用判断を悩ませるもう1種類の不確実性とジレンマとして，損害や危害の不確実性（リスク）の中で法適用判断を行う，という点が挙げられる．例えば，環境保全や安全性を確保・向上するための社会的規制では，通常，実際に損害が生じないよう，事前に規制をかけ，環境保護や安全性を確保しようとする規定が存在する．つまり，法の実施は実際に損害が生じる以前から予定されているのである．

言い換えれば，目の前にあるケースが，将来本当に重大な環境への悪影響を及ぼすのかどうかが明らかではない状況において，法を適用するのであり，この判断には不確実性（リスク）への対応が求められているのである．ある場合には，外見上明らかに規制法に違反している，あるいは規制対象に該当しているが，実質的には悪影響を及ぼさないであろうと思われる場合があるかもしれない．逆に，法に該当するのか否かは不明瞭ではあるが，実質的に悪影響を及ぼすことが高い蓋然性をもって推測できるような状況もあるかもしれない．しかし，現実には，事実確認や情報収集を完璧に行うことは難しく，また実際の因果関係は極めて複雑である．ある活動・行為は本当に，健康や環境，安全性に実質的な悪影響を及ぼし，規制対象として規制法を適用するべきなのか，現場行政は限られた情報をもとに判断する他ない．法を適用する際に，この当該行為・活動・施設は本当に悪影響を及ぼしているのか，及ぼすとして法を適用するほどの（つまり対象者に負担を課すほどの）ものなのかという点で，現場部署はこのような将来の不確実性に対応しなければならないのである．

ここから，現場部署は，規制法の実質的効果の観点からも，1つのジレンマに直面していると言える．つまり，本来は悪影響を及ぼさない活動だが，誤って悪影響ありと判断して規制法を適用してしまうというエラー（偽陽性：false positive error）と，本来は悪影響を及ぼす活動だが，誤って悪影響なしと判断して規制法を適用しないというエラー（偽陰性：false negative error）のバランスをいかにとるか，という問題である．この2つのエラーは，一方を重要視し回避しようとする判断をすれば，その分もう一方を軽視すること

になってしまうという点で，こちらを立てれば，あちらが立たないというジレンマを生じさせる[3]．

　このような2種類の不確実性とジレンマの中にある状況の下，法の適用現場部署は，規制法をどのように理解・解釈し，そして実施しているのであろうか．これが，本書の基本的な問題関心である．特に，本書は新しく制定された規制法について取り上げることで，上記関心にアプローチする．法適用の際に生じるあいまいさは，法の実施活動を担当しているありとあらゆる機関に共通して意識されるものである．しかしその中でも，新しく制定された法，つまり制定直後であり，運用の実績が浅い法の実施担当部署において，法適用のあいまいさは特に強く意識されるだろう．法制定直後は法適用判断の過去の蓄積（先例）がなく，どのような状況で当該規定が適用されるのかについて，当然視されるほどの共通理解がいまだ形成されていないためである．

　現場行政部署は，そのような法適用のあいまいさが生じている中，どのように法を理解し，意味付け，そして実施していくのだろうか．どのような条件下で行政命令といった法的規制権限の行使を行うのだろうか．本書は，法が具体化され，現実の法効果を生じさせているプロセスとメカニズムについて，後述するように自治体間ネットワークという視点から把握しようとする試みである．

　本書は，環境規制法，中でも土壌汚染対策法と地下水汚染を扱う水質汚濁防止法の実施現場を考察対象とする（以下，土対法，水濁法と略す）．その理由として，両法とも2010年代に改正が施され，施行されてから日が浅い規制規定があること，法規定の様式が一般的抽象的記述にとどまっていることがまず挙げられる．筆者がフィールド調査を実施した時期は，現場自治体がまさに制定直後の法適用のあいまいさに直面し格闘していた時期であった．加えて，土壌汚染，地下水汚染とも，環境被害の観察が容易ではない．法適用

---

[3]　なお，この2種類のエラーについては，規制行政のみならず，給付行政にも同様に当てはまるだろう．例えば，ある申請者が，本当に法が給付対象としている有資格の申請者に該当するのかどうか，十分な情報がなく不明であるという場合などである．本来は該当者でない者を該当すると判断し給付するという偽陽性エラーと，本来は該当者であるのに該当しないと判断され給付が受けられないという偽陰性エラーとをどのようにバランスをとるのか，という問題となる．

判断の段階では環境被害が生じているのか，あるいは，生じたとしてどの程度深刻であるのかが不明であること，その一方で，一度汚染が生じてしまうと汚染回復が相当困難である点から，環境リスクという不確実性への対応が問われる場面でもある．上記の理由から，両法の実施過程は，本書の基本的な関心に適した場面を提供してくれるため，考察対象として取り上げた（上記規制法については第2章に詳述する）．

ここで法適用のあいまいさについて用語の整理を行っておく．本書では，法文言と現実で起きた具体的事実とのリンクが明確化されておらず，現場部署がどう法適用判断するのか，一義的に決まっていない状況を「法適用のあいまいさがある」と呼ぶこととする．換言すれば，現場部署・現場職員にとって，一般的で抽象的な法文言と現実の具体的で複雑な事実との対応が制度化（institutionalized）されておらず，何が当該事実に対する適切な法適用なのかについて，現場部署の中で当然視される判断内容と手法が確立していない状況を，法適用のあいまいさの中核的な構成要素とする．当然，現場部署における法適用のあいまいさの程度は常に一定ではなく，法運用期間の長短によって変わりうる．法が運用され法適用判断が繰り返されるにつれ，「こういう場合はこう判断する」という判断内容と手法が徐々に確立し，現場部署の中で共有されていく．法適用のあいまいさは，法規定の文言が一般的抽象的である以上ゼロになることはないが，法制定時から時が経ち，繰り返し適用判断が下されるにつれ，あいまいさの程度は低減していくと考えられる．

なお，法適用のあいまいさが低くても，それが必ずしも法目的実現（例えば，水質汚濁の防止）へ向けての望ましい状態になっているとは限らない．ある具体的場面は規制法に該当するのかどうかの理解が現場対応者の間で共有されているとしても，その判断内容自体が法目的実現の観点に必ずしも沿うものだという保証はないことに留意する必要がある[4]．

---

[4] また本書は，上記法適用のあいまいさが高い状態が規範的に悪だと主張している訳ではない．様々なケースにおいて，それぞれのケースで実質的に意味のある規制を実施するためには，法ルールが抽象的文言にとどまっていることにはそれなりの意味がある．むしろ，そのような法の特徴を踏まえた上で，抽象的法文言とその具体的事実への当てはめというリンクの判断が，現場行政によってどのように行われているのか，そのメカニズムの理解と，その理解に基づき法目的実現のために実行可能でより望ましい体制の構築について考えることの方が，より建設的かつ生産的であると考える．

0-2 自治体間の相互作用性と法解釈
―― ネットワーク・アプローチという視点

　本書は，上記の問いに対し，自治体間の相互作用ダイナミクスという視点から取り組む．現場部署にとって，制定されて間もない社会的規制法の適用判断の難しさは，不確実性の高い状況にどのように対応するのかということに他ならない．例えば，ある事例において制定直後の法を適用し，規制対象とした場合，あるいは行政命令を発令した場合，現場部署にとっては，その適用判断は本当に法に適合しているのか，さらに，それは法目的達成のための効果的な対応だったのか（本当に環境保護あるいは安全性を確保する上で実質的に意味があるのか），法対象者は強く反対するのか，行政訴訟の可能性はあるのか，第三者（周辺住民や法の名宛人ではないが影響を受ける者）はどのような反応を示すのか等，法適合性から実質的な効果，対象者及びそれ以外の者からの反応に至るまで，多くの不確定要素が生じてくる．このような不確実性が高い中での組織の行動を理解するには，組織間のつながりを考慮に入れることが有効である．他の自治体がどのように不確実性に対応しているのか，相互参照や情報交換といった組織間でのネットワークが，何が適切とみなされる判断なのか，といった認識形成に大きな影響を及ぼしていると考えられるためである．

　上記の視点は，新制度論（neo-institutionalism）の理論的枠組みに依拠している．新制度論によれば，組織行動は，単一組織の技術的・経済的状況や外部環境への適用能力のみならず，その組織が埋め込まれている広範な制度的コンテクストによって影響を受けるという．特に，不確実性の下で対応を迫られる組織は，自らが属している組織フィールド[5]において共有されている共通理解や社会規範，認識枠組みに沿う形で不確実性に対応しようとし，自らの行動の正当化を図る（Meyer and Rowan 1977; DiMaggio and Powell 1983）．これは，自らと同種の他組織がどのように対応しているのかを参照し，または相互に相談し合い共通認識を形成することで，「適切」と思われる対応を

　5）　組織フィールド（organizational field）とは，制度的コンテクストとして認識された領域を構成する組織の集合体のことを指す（DiMaggio and Powell 1983）．

取り，自らの判断の正当性を確保しようとすることを含意している．その結果，組織同士の類似化・同型化が起こると説明されるのである（DiMaggio and Powell 1983）．

　この組織間のダイナミクスという視点は，本書が分析対象とする地方自治体においても有用である．実際，政策形成については，地方政府間のネットワークに着目する研究が近年盛んに行われている．これは政策波及（policy diffusion）研究と呼ばれ，行政学分野において1つの研究分野として認識されている[6]．例えば，アメリカ合衆国では，児童への健康保険政策，刑事政策（スリーストライク法），反たばこ法など，州や地方政府の間で，ある一定の政策が波及していく様子が報告されているし（Shipan and Volden 2006; Volden 2006; Clark, Austin, and Henry 1997），我が国でも，伊藤（2006）を始めとして景観条例や男女共同参画条例など，自治体間の政策波及プロセスについての分析が進められている（他にも日高 2004 など）．

　その一方，政策が法律となり成立した後に，どのように解釈・運用されていくのかという実施過程については，自治体間のつながりに注目した研究はいまだまれである．政策波及研究は政策の形成過程にその研究関心の力点を置いており，その上政策形成という外部から観察容易なできごとに比べ，法解釈と法適用判断は外部から観察困難な領域である．とはいえ，実施過程における地方政府間のつながりの影響についても，研究対象としての必要性は認識されている．将来研究の展望として，州間・地方政府間のつながりが法政策の実施にどのような影響を与えているのか，政策波及研究の論者から研究範囲を拡張する必要性が指摘されている（Shipan and Volden 2012; Graham, Shipan, and Volden 2013）．

　他方，以前から法の実施過程について研究対象としている分野としては，規制研究（socio-legal studies of regulation），また第一線職員研究（street-level bureaucracy）がある．ともにアメリカ合衆国を中心に海外で盛んに研究が行われており，そこでは行政現場部署による法の具体的展開が広く指摘され，また議論されてきた[7]．我が国でも規制実施過程について，研究の必要性は

---

[6] 1960年代以降，政治学あるいは行政学の分野で政策波及研究はすでに1000件を超える研究が報告されている（Shipan and Volden 2012）．ただ，政治学や行政学での議論では，組織社会学，特に新制度論を用いた議論はあまり見かけない．

従来指摘されており，また数は少ないものの研究そのものは存在する（例えば北村 1997; 北村 2008; 森田 1988; 平田 2009; 鈴木 2009; 村上 2016 など．なお，給付行政分野では田辺 1998; 大橋 1989 などがある）．

しかし，自治体間のダイナミクスという理論的視点の導入は，従来の規制研究・第一線職員研究においてはともにまれである．むしろ，強調されてきたのは，被規制者といった法対象者と現場行政部署との相互作用性，そして個別現場部署の持つ経済的・政治的・社会文化的要素である．例えば，各現場部署の保有する組織リソースやいわゆる組織文化，首長や地方議会の意向，個別行政職員の持つ価値観や対象者に対する評価というように，個体要素に法実施活動の説明を求めるものである．この状況は，我が国における規制実施研究においても同様である．

もちろん，このような各部署・各職員の個体ファクターが大きな影響を及ぼしていることに疑いの余地はない．しかし，不確実性の状況下での組織行動や政策波及研究，新制度論の理論的知見を考慮すると，他の自治体とのネットワークという組織間ダイナミクスの要素について検討する意義は大きいだろう．本書は，従来の規制研究，第一線職員研究という研究成果に依拠しつつ，新制度論に代表される組織間のつながりを通じた法の具体化プロセスという視点を導入することで，法適用のあいまいさがある場合に現場部署はどのように法適用判断を行うのか，という問いにアプローチすることとする．

0-3 本研究の意義

行政現場部署の法適用判断を分析の対象にすることは，(1) 法の実効性を確保するような政策デザイン，(2) 行政裁量の適切な行使と管理，そして (3) 地方分権の下での法実施のあり方という観点からも，必要性が高いと考える．

まず，実際の現場行政において規制法がどのように理解され，実施されているのか，その構造を把握しようとする試みは，より望ましい規制法のあり

---

7) 第一線職員研究は，規制行政，給付行政を問わず，広く現場部署の法適用行動を分析対象としている．

方，規制法の目的達成のための示唆を得るためには必須であろう．規制法の実施過程は，法の政策目的が適切に実現されるか否かを左右する極めて重要な過程である．法が1つ1つの事案に適用される／されないことを通じ，また規制法についての周知と理解が関係者の間に広がることを通じて，規制法は規制対象企業や地元コミュニティ，そして社会全般に直接的に影響を及ぼす．このように，規制対象企業にとって，また市民にとって，規制法の様々な影響が具体的に生じるのは，規制法が成立・施行された後の，まさに法の実施過程においてである．

特に，本書が取り扱う状況は，現場部署にとって身近かつ判断が難しいものであり，実務的にも重要性の高いモーメントである．彼らの対応プロセスを抽出し，メカニズムを捉えようとする本書の取組みは，公益実現のための法実施にとって何が現場行政には必要なのか，または欠けているのかを見ることを可能とする．これは，現場の状況を踏まえた上で何がより効果的かつ実現可能な規制実施のあり方なのかを考える上での必要不可欠な土台である．

また，現場行政部署は絶えず，自らに付与された 行政裁量[8]をいかに行使するか，という問題に直面している（e.g., Bardach and Kagan 1982; Lipsky 1980; Huber 2007; フッド 2000）．本書の分析は，法適用のあいまいさへの対応という観点を通じて，現場行政部署の裁量行使という，あるべき行政活動を考える上で必ず浮上する論点につながるものである．

そもそも，裁量という言葉は，あまり良い印象を与えない．それは現場行政部署の判断について，特にそうである．現場部署・職員個人の恣意的な法適用，それによる不公平な措置，対象者との癒着といった弊害を想像させるためである．そのため，法令，そして通知やガイドラインなどを通じて，何が法に沿った適用判断なのか，そのあり方についてのフレームワークが提供されている．しかし，どの程度詳細に記述されているのかは，規制法の分野や法の運用期間によって様々であり，この点，法適用のあいまいさが生じていることはすでに記した通りである[9]．

---

[8] ここでいう裁量とは，法律によって与えられた枠内で行政が選択できる判断の余地と説明できる（宇賀 2009）．

[9] 法は文章として書かれているものであるため，言語としての解釈によってその趣旨が一義的に把握されるとは限らない．記述されている法規定やガイドライン上の用語を，実際の具体的な状況に落とし込む際，法適用のあいまいさは程度の差はあれ，常に生じうる．

では，詳細なルールを策定し，現場部署に残る裁量が最小限になるように法をデザインするのが最善なのであろうか．必ずしもそうではないことも，すぐに想像できるだろう．仮に，現場部署での裁量判断を狭めるために法令や，通知，ガイドライン等で具体的で詳細な記述が多数提示された場合，今度は，現実のケースにそぐわないルールになってしまう，という可能性が生じる[10]．実質的には規制する必要のないものまで規制対象になってしまったり，規制すべきものが規制対象とならない，という可能性である．過度に制約的なルールが存在すると，実質的には意味をなさない法の実施を導いてしまうという問題が今度は浮上するのである（Bardach and Kagan 1982）．

このように考えると，効果的に法を実施するためには，法適用場面において一定程度の裁量の余地は残さざるをえず，また多種多様なケースに対応するためには現場裁量が必要不可欠である．実際，現場部署では，法文に書かれていることを文字通り実施することが，不可能，あるいは（彼らの目から見て）すべきではない，という状況に直面することが必ず生じるものである（Maynard-Moody and Musheno 2003）．むしろ，裁量がどのように行使されているのかを把握し，その上でどのように現場裁量を管理するのかを考慮する方が生産的である．本書の実証分析は，行政裁量について思料する機会を提供できるだろう．

最後に，3つ目の意義は，本書が現場部署として地方自治体を見ていることから挙げられる．先述したように，社会的規制法，特に環境規制法の実施事務は地方自治体，基礎自治体へと権限委譲されるという流れが続いている．また法の実施過程においては，地方分権改革の流れに沿い，中央官庁による詳細な指示がなされる傾向は弱まり，むしろ地方自治体が自ら法を解釈し，適用判断する場面が強まっている．その一方で，財政縮小のため地方自治体の雇用する正規職員数は減少傾向にある．つまり，所管する法律権限と法実施業務は増加傾向にある一方，法実施を担う現場職員数自体は減少傾向である．地方自治体による規制法の実施の重要性が地方分権を通じて高まってい

---

10) ホッブズ『リヴァイアサン』においても，「すべての法は，書かれたものも書かれないものも，解釈を必要とする．[中略] 書かれた法は，みじかければ，ひとつふたつの語のさまざまな意味によって，誤解されやすく，ながければ，おおくの語のさまざまな意味によって，さらにあいまいであり」と指摘されており，法解釈の不可避的必要性が言及されている（ホッブズ：177）．

く中，担い手不足の中で現場部署は規制法をどのように理解，解釈し，適用していくのか，考えなければならない．本書の分析は，上記の点にも資する．

0-4　本書の構成

　本書の構成は以下の通りである．序章では，本書のリサーチクエスチョンを提示し，研究手法の説明を行う．本書は実証的，経験的アプローチ——具体的には，インタビュー調査，質問票調査，フィールドでの観察——を通じて，提示した問いに取り組んでいる．よって，以降では本書の構成を示したのち，方法論とリサーチデザインについて記す．

　第1章では，行政現場部署が規制法を実施する過程について，理論的，実証的な観点から整理を行い，本書の理論的枠組みを示す．アメリカ合衆国を中心に盛んに研究が行われている規制研究の蓄積を中心に，規制実施のプロセスとダイナミクス，被規制者の相互作用性について取り上げる．規制法の実施は，様々な要因が複雑に絡み合うなかで展開するダイナミックな過程であることを確認し，また現場部署の典型的な執行パターンを把握して，規制実施プロセスの全体像を把握することが目的である．

　第2章では，分析の対象となる法律と現場行政について説明し，場面設定を行う．本書はその実証的分析対象として，土対法と水濁法を取り上げている．両法はそれぞれ2010年，2012年に改正がなされ，新たな規制手段と項目が追加された．ここで強調できるのは，両法がともに運用が始まってまだ日が浅い規制法であること，そして一般的抽象的な規定の1つの具体例である点である．具体的には，本書は土対法4条2項の調査命令の発出をめぐる判断，そして水濁法5条3項，12条の4を中心とする地下水汚染の未然防止の箇所（規制対象施設の判断と構造基準遵守の判断）を取り上げる．第2章の後半では，統計資料，質問票調査から得られたデータをもとに，調査対象の現場部署と行政職員について概観する．同時に，第一線職員研究の知見より，行政現場部署一般に見られる特徴を確認し，本書が対象としている部署もその特徴を示していることを見る．

　第3章以降，本題に入る．第3章では，まず現場行政職員が法適用の判断

の際に苦慮する場面について，インタビュー調査に基づき分析する．この章は，実際にどのようなケースが生じ，何が現場部署を悩ませているのか，具体的なケースをもって描写することで，続く章での考察をより説得力のあるものとする役割も期待されている．運用の実績が浅く，いまだ当然視された法適用パターンが成立していない状況（つまり，現場部署において法適用のあいまいさが強く意識されている状況）で，いかに法解釈をし，実質的にも効果的であり，そして公平な法の適用判断ができるのか，現場行政部署がその判断に苦慮する様子を見る．その際注目するのは，法規定の抽象性，環境リスクの不確実性の高さ，そして被規制者が負う遵守コストの重さという特徴である．章の後半では，上記状況に対して通常取られる，典型的な対応戦略についてもインタビュー調査をもとに分析する．すなわち，まずは担当部署内での対応が図られることを確認する[11]．

　第4章では，第3章で詳述した法適用のあいまいさの高い状況では，部署内による対応戦略にとどまらず，他自治体への問い合わせにみられる自治体間ネットワークが重要な働きをしていることに焦点を当てる．自治体間ネットワークの機能と規制実施活動との関係について，質問票調査による統計分析，インタビュー調査による質的分析の双方をもとに考察する．現場自治体によって，問い合わせを行う相手先自治体へのアクセスの容易さや相手先の数は一様ではないこと，自治体によっては一定の問い合わせグループを事実上形成していることを確認する．その上で，質問票調査の量的分析を通じて，概して，自治体間ネットワークを持つ自治体の方が，規制法をより積極的に実施しやすい傾向にあることを示す．また，グループごとにクラスター化されたネットワーク構造が窺えることを示すとともに，そのグループごとに法実施の傾向は異なることが示される．これは行政現場で醸成される法の具体的意味は，グループごとによって異なる可能性を示唆するものである．インタビュー調査では，より詳細に，自治体間ネットワークの機能を明らかにする．このように，第4章では，現場での法解釈・適用判断，つまり法の具体的意味の肉付けは，単独部署内部においてのみ形成されるのではなく，また環境省といった中央政府からの指示のみで形成されるのでもなく，現場自治

---

11) これは従来，規制研究，第一線職員研究が部署の個体ファクターについてのみ分析していたことを反映している．

体間の相互作用という，自治体同士のつながりを通じて形成される自治体間のプロセスが存在することを，量的・質的分析の双方より明らかにする．章の末尾では，自治体間ネットッワークを通じた法実施の積極化傾向が，法の効果にどのような影響があるのかについても考察を行う．

第5章では，前章で示した自治体間のネットワークが，どのような条件で生じるのか，現場部署間のやり取りを促進する背景と要素について分析する．ここで注目できるのは，現場部署が，いかに自分たちの法適用判断を正当化しようと試みるのか，その正当化プロセスである．まず，日本の環境行政においては，法の具体的意味のプロトタイプ（原型）の供給源，言い換えれば，法解釈の具体的内容とその正当化根拠の供給源が欠けているという背景があることを指摘する．そして，正当化の相手方として，規制現場では規制の負担層である被規制者（事業者）の存在が圧倒的に強く，彼らに対する正当化の試みとして，自治体間ネットワークが促進されているという点が指摘できる．

結論部においては，本書の知見を要約し，そこから導かれる理論的展望と政策的含意を述べる．

0-5　研究手法とリサーチデザイン――実証的アプローチ

本書は，行政現場部署に対するインタビュー調査と質問票調査，そして補完的に，現場部署の観察，被規制者と環境省に対するインタビュー調査をもとに分析を行ったものである．インタビュー調査と現場部署の観察という質的データ，質問票調査と統計資料をもとにした量的データを多角的に収集，分析することで，実証分析の精度を上げるように努めた．統計分析を通じて自治体間ネットワークと実施活動の関係性を量的に捉えることが可能となり，また質的分析を通じて，規制実施の文脈や当事者の認識といった，現象の構造により深く迫る洞察が可能となるよう目指した．

以下では，それぞれの研究手法やデータについて述べる．

表 0-1 本書が依拠する経験的データ

> (1) 現場自治体部署に対するインタビュー調査
> (2) 現場自治体部署に対する質問票調査
> (3) ある現場自治体での観察
> (4) 被規制者側と環境省に対するインタビュー調査
> (5) 政府統計資料（環境省発行の法の施行状況調査等）

A　インタビュー調査（聞き取り調査）

　土対法・水濁法を担当する地方自治体の現場部署，規制対象となる被規制者，環境省に対し，合計59回，対象者のべ88名のインタビュー調査を実施した．そのうち，自治体現場部署については対象部署29カ所に対し計54回（延べ78人），環境省に対して計3回（延べ3人），被規制者に対して計2回（対象組織2つ，延べ7人）である．インタビュー調査は主に，2013年7月から2015年2月にかけて集中的に実施し，2016年1月〜2月にフォローアップのインタビュー調査を行った．それぞれのインタビューについて，約1時間半から2時間弱の時間をかけ，2回目以降のインタビューの場合は30分程度で終了することもあった．自治体の選定に際しては，自治体の規模や管轄地における工業化の程度といったキーとなるであろう属性に配慮し，極端な偏りがないようにした[12]．

　自治体でのインタビュー調査で協力を依頼したのは，実際に現場で土対法あるいは水濁法の法適用の判断を行っている担当者級，もしくは係長・班長級の職員の方々である．環境省においても，当該2つの法を担当している職員の方へのインタビューを実施した．研究協力者からの同意を得て回答を録音し，筆者の手によりインタビューの書き起こしを全て行った．インタビュー調査は，半構造化面接である．インタビュー調査協力者である現場行政職員の属性について，以下の表に示す．

---

[12] 対象部署の内訳は，都道府県に9部署（31%），市に20部署（69%）となっている（なお市の内訳は，いわゆる政令指定都市級に12部署，中核市などその他の政令市級に8部署）．都道府県から大規模都市，中核市など中規模の市など，幅広く調査対象を広げることができた．土対法・水濁法を所管している全国の都道府県数と政令市数の割合は約1対2であり，本書の対象もその割合に沿うものである．

表 0-2　インタビュー調査協力者の現場行政職員の属性（n=78）

	性　別	平均年齢	調査時での現ポスト在職期間（平均）	行政職員としてのキャリア期間（平均）
インタビュー調査協力者（現場行政職員）	男性：68 人 女性：10 人	39.1 歳	2.2 年	13.6 年

　本書は現場自治体での法適用について考察しているが，規制法を取り巻く状況をより深く理解しようとするには，規制者側の分析のみならず，被規制者側の分析も必要となる．そこで，被規制者側へのインタビュー調査も実施した．アクセスの困難等もあり，数多くは実施できなかったものの，工場の現場監督者から本社の環境部局管理職まで，幅広くインタビュー対象に含めることができた．規制者側のみならず，被規制者側の考え方や行動について知見を広げることができ，法適用の場面を理解しようとする際，よりバランスの取れた視点を持つことに務めた．インタビュー調査対象となった組織は2つ（ともに日本経済界を代表するレベルの組織），対象者は合計7名であり，各2時間程度話を伺った．

　インタビュー調査の分析手法として，まずインタビュー調査の書き起こしを作成し，オープン・コーディングと呼ばれる初期のコーディングを通じて分析の焦点を絞ったのち，フォーカス・コーディングを実施した．これらを通じ，典型的パターンの抽出，キーとなる要素間の理論的つながりや関係性について質的分析を進めた[13]（Lofland and Lofland 2006; Charmaz 2006）．

　なお，データ蒐集後，「メンバー・チェック」と呼ばれる手続を行い，分析によって浮かび上がってきた質的コードや概念が，現場職員にとって妥当なものであるか否かの確認を行った．「メンバー・チェック」とは研究協力者（本書の場合は現場自治体職員）が，分析者の解釈やコードが彼らの経験に照らし合わせて妥当なものであるかどうかの確認を行うという手続である．メンバー・チェックを通じて，複数の研究協力者と議論し，分析の解釈が彼らの視点からも妥当なものだとされることは，当該研究のデータ解釈や概念が1つの適切な分析結果であることを担保し，バイアスを減らすことにもつ

---

[13] 質的分析は，Charmaz（2006）を参考に分析を進めた．日本語文献としては佐藤（2008）も参照．

ながるため，メンバー・チェックは分析の適切さを示す1つの手法とされている（Morrill and Fine 1997）．本書もメンバー・チェックを行い，分析の妥当性を確認・向上させることに努めた．最終的なコードや浮かび上がった概念群については，複数の現場自治体職員の方々と話し，その内容やコーディングが彼らの視点から見ても適切なものであることを確認した．もちろん，適切なコードの割り振りや概念群は1つではないだろうが，データ提供者からのチェックを受けることで，本書が使用・抽出したコードや概念群も1つの適切な割り振りであることが確認されたと言えよう．

B 質問票調査（サーベイ調査）

本書では上記インタビュー調査とともに，現場自治体部署に対する質問票調査を実施した．この目的は，自治体間ネットワークの全体像の把握と，それと法実施活動の関係性を見ること，そして全国の自治体部署全体にわたる統計情報を得ることである．土対法，水濁法それぞれについて質問票を作成し，全国全ての土対法担当部署及び水濁法担当部署に送付した．調査は2015年2月に実施された．得られた回答数は，土対法サーベイでは136部署，水濁法サーベイでは137部署であり，回答率は86.4%であった．質問票への回答は，土対法，水濁法を実際に担当している現場職員が記入するようデザインをした[14]．

C ある自治体現場でのフィールド観察

筆者は幸運にも，ある自治体部署で2週間にわたり，実際の現場部署において直に観察を行う機会を得ることができた．当該自治体は土対法と水濁法を1つの班（水質・土壌班）で担当しており，筆者は水質・土壌班の一角に場所を得て，終日を現場職員とともに過ごした．1日の終わりにはフィールドノートを書き，その日1日の記録を記した（Emerson, Fretz, and Shaw 2011）．フィールドノートは110ページに及んだ．

---

14) 質問票への回答は，部署内のチェックを経ている場合もあろうし，経ていない場合もあろう．とはいえ，現場行政部署の通常の文書処理プロセスを考えると，部署内チェックを経ている可能性が高いし，実際その方が望ましい．というのも，本書が分析対象としている法適用に関する部署内の意思決定システムも，これ（現場担当職員が起案し，上司がそれをチェックする）と同じであるからである．

また，自治体担当者が地域ごとに集まり，法実施に関する情報交換を行う現場担当者会議（担当者会議については第4章で後述する）にもオブザーバーとして参加した．筆者が観察した担当者会議は「環境保全担当者会議」と呼ばれ，大気部会と水質部会の2つに分かれていた．筆者は土対法及び水濁法について議論される水質部門を傍聴でき，その様子を観察した．会議は3時間開かれた．

D 経験的データの限界について

本書は主として，上記に示したインタビュー調査と質問票調査に依拠して分析を進めている．もちろん，本書の問いに取り組むに際して，上記データは非常に有用であるが，その限界についても以下に述べておきたい．

（1）一般化可能性

本書は，事例として土対法，水濁法という水・土壌の環境行政を舞台として質的，量的データの収集を行っている．よって，ここでの経験的データと議論が，どこまで一般化可能なのかについて留意が必要である．もちろん，全ての事例研究について，その事例やトピック特有の事情があり，それが研究結果に反映される可能性がある．環境行政は規制の1分野に過ぎないし，また環境部署は，現場部署の1つに過ぎない．

本書はしたがって，その分析結果が，全ての現場行政部署において当てはまる，経験的に一般化可能なものだという主張をするものではない．むしろ，法適用のあいまいさに対し，いかに現場部署が対応し法の解釈適用を行うのか，そのプロセスとメカニズムについて，理論的な理解，すなわち，具体的な事例の考察を通じて，どのような要素が機能しているのか，その理論的枠組みを示すことに主眼を置いている（Luker 2008）．

（2）調査回答のバイアス

規制行政の実施について行政職員にインタビュー調査を実施した場合，「社会的望ましさによるバイアス（social desirability bias）」が生じる可能性がある．これは，回答者が，意図的あるいは無意識に，「社会的に望ましい」と思われる回答をしてしまうというバイアスのことである．本書の文脈では，

現場職員が，問題認識があるにも拘らず，実施はスムーズに行われていると回答したり，成功事例のみを回答する場合がこれに当たる．

　データ収集の過程では，上記バイアスを低減するため工夫を凝らした．質問票調査，インタビュー調査ともに，回答には「正解」も「間違い」もないということを明記したり，自治体を匿名にして分析処理，研究報告することなどである．特にインタビュー調査において，ある特定の回答が社会的に望ましいというイメージを与えないよう，表現の仕方に配慮した．

　インタビュー調査を通じて，そのようなバイアスが働いているとは感じられなかった．むしろ多くの場合，調査協力者は，手に負えず様子見を長期間にわたり行っている事例や，問題回避に終始している事例など，「社会的に望ましい」とは思われないであろうケースについて頻繁に語ってくれた．もちろん，中には「社会的望ましさのバイアス」が作用していた可能性もあろう．しかし，致命的な程度のバイアスがかかっていたとは考えにくい．本書が目的とするリサーチクエスチョンに取り組む上で，本データは有用であると言ってよいだろう．

第1章　分析の視角と理論的背景
　　　──現場部署による規制法の実施

　規制法は，制定された後，現場部署においてどのように実施されているのであろうか．規制法の実施過程は，法規定のみならず，現場部署の置かれている経済的，政治的，文化社会的な要素，また被規制者についての現場部署による評価や被規制者との長期的関係性の有無といった，様々な要素が絡む複雑かつ多層的なダイナミクスである．本章では，本書が依拠する先行研究群と理論的枠組みについて示す．

　まず，規制研究（socio-legal studies of regulation）において蓄積された知見をもとに，典型的な規制執行パターンのヴァリエーションとその背景について概観する．これにより，規制法の実施過程，特に違反の発見や違反対応活動に焦点を当てる執行過程の全体像を確認する．また，第一線職員研究（street-level bureaucracy）の観点から現場部署や現場職員の法適用判断の様態や，法対象者との関係性についても確認する．最後に，組織社会学の新制度論（neo-institutionalism）を紹介し，本書が特に焦点を当てる他自治体とのネットワークと法の具体化プロセスとの関係性，つまり，組織間の相互作用を通じて法の理解が形成される様相の理論的枠組みを述べる．

1-1　社会的プロセスとしての規制法実施

　規制法が現実に効果あるものになるかどうかは，単に何が法律に書かれているかのみならず，その法律が人々によって実際どのように実施されているのかにも大きく左右される．そして，人々の法に関わる判断や行動は，法文言，裁判例のみから説明できるものではなく，組織的，経済的，政治的要素，そして人々の間で共有されている法に関する認識と理解枠組み，現場行政職員や被規制者が抱いている法に関する認識や規範意識といった認識枠組みも

考慮にいれて，理解する必要がある（Tyler 2006; Ewick and Silbey 1998）．

　規制研究は，上記の視点にたち，現場行政・現場職員は法をどのように用い，実施活動を行っているのか，被規制者は規制法についてどのような認識をしているのか，そして規制の執行の仕方は被規制者の規制遵守行動とどのような関係性にあるのか等々，現実社会における規制法の展開について扱っている．その対象となる規制法は，環境規制や，食品安全規制，労働安全規制，建築規制，雇用規制というように，市民生活の安全性の確保と向上，市民の権利の確保を目指す社会的規制（social regulation）である（Kagan 2004）．社会的規制は，「市場の失敗（market failure）」が生じる状況でもいかに安全な環境や望ましい状況を導き出すかということを目的として設計された規制群である．そのため，行政の活動は社会的に極めて重要な役割を担うのである．

1-2　規制執行の全体像――規制研究

A　規制執行のヴァリエーションとその背景

　行政機関及び規制職員は実際どのように規制法を実施しているのだろうか．それを見る1つの方法は，規制者の「執行スタイル（enforcement style）」に目を向けることである．これは行政部署による法適用が，どの程度強制力を行使する傾向にあるのか，あるいはどの程度宥和的で協調的な傾向をとるのかという軸をもって，分類・整理される[15]．もちろん，これは非常に単純化したモデルではあるが，法適用判断の典型的パターンを把握するにはなお有用である．規制執行スタイルは決して一様で画一的なのではなく，国によって，現場部署によって，規制法分野によって，また職員個人によって異なることが報告されている（Mascini and Wijk 2009; Kagan and Axelrad 2000; Aoki and Cioffi 1999; Kagan 1994, 2000; Hutter 1989; Bignami 2011）．

　まずは，部署ごとの執行スタイルのヴァリエーションとその背景について見ていこう．最も代表的なスタイルは，以下の2つである[16]．1つは規制執

---

[15]　執行スタイルの把握は，①行政職員・被規制者に対する質問票調査，②行政職員・被規制者に対するインタビュー調査や，観察，エスノグラフィー調査といったフィールドワーク調査，③執行活動の統計資料の，いずれか少なくとも1つを用いて行われる．

行が厳格でサンクションを頻繁に使用するスタイルであり，サンクションによる抑止効果・強制力をてこに遵守を引き出そうとするアプローチである（「抑止的アプローチ」deterrent strategy）．もう1つのスタイルは，被規制者への説得や教育，彼らの協力を重視するスタイルであり，ケースに応じた柔軟な対応，つまり，個別状況への理解を示し，宥和的に被規制者に対応することで遵守を引き出そうとするアプローチを取る（「宥和的アプローチ」accomodative strategy）．

　上記2つのスタイルのそれぞれの利点としては，以下の点が指摘できる．まず抑止的アプローチの場合，どのような違反者であっても罰則をもって対応することを通じて規制遵守の重要性を示すことができ，また悪質な事業者に対しても毅然とした対応を取ることができる．一方，宥和的アプローチの場合，様々な事例の違いを考慮し，またサンクションではなく説得を通じて規制が理にかなったものであると納得させることで，被規制者の遵守意欲や自発的遵守を促すことができる．

　どちらのスタイルも行き過ぎると弊害が生じることも明らかにされている．前者の抑止的アプローチは行き過ぎる場合，実質的に何も問題はないような些細な違反に対しても法律を機械的に当てはめ罰則を与えるという不条理さと，それに伴い被規制者の規制に対する理解や遵守意欲を失わせ，結果として法目的の実現が困難になるという弊害を生じさせる（リーガリズム，legalism）(Bardach and Kagan 1982)．一方，宥和的アプローチも，行き過ぎるならば，牙のない規制活動となり，事業者に取り込まれ（capture），規制者としての機能を行政が果たすことができないまま，法目的が達成されないという弊害につながる（e.g., Gunningham 1987）．後述するが，効果的な規制執行のあり方は，両者2つのスタイルを場面に応じて使い分けることであり，また執行スタイルと被規制者のタイプとのミスマッチを防ぐことであるとされ

---

16) なお，この2つの典型的なパターンは，どの程度厳格にルールを適用するのかという，いかなる現場行政にも共通するイシューの存在を反映している．給付行政における現場職員の法適用パターンにも同種の傾向が見られる．例えば，Watkins-Hayes (2009) は，生活保護ケースワーカーの法適用パターンとして，2種類を挙げている．1つのパターンは，ルールを厳格に適用し迅速正確に事案を処理する「効率重視のエンジニアタイプ（efficiency engineers）」，もう1つのパターンは1人1人の状況に即した保護プログラムを提供しようとする「ソーシャル・ワーカー・タイプ（social workers）」である（Watkins-Hayes 2009）．

る（Ayers and Braithwaite 1992; Pires 2008; Parker and Nielsen 2012; Bardach and Kagan 1982; Kagan and Scholz 1984; 平田 2009）．

　上記執行スタイルの違いを生み出す要因として，数多くの点が指摘されている（Gunningham 1987; Hutter 1989; Bardach and Kagan 1982; Kagan 1994, 2004; Lo and Fryxell 2003; Pautz 2009; 北村 1997; 平田 2009）．規制部署の保有する人員数，予算，ケースロード，職員のトレーニングと職員採用方針，上司からの統制の程度といった行政組織ファクター群，首長の意向や地元議会の構成，市民団体・NGOといった団体の持つ政治的影響力の強さといった政治的ファクター群，立入検査頻度や行政と被規制者との長期的関係性の有無，被規制者についての行政による評価といった被規制者と行政との関係ファクター群，職員自身の規制法に対する認識やプロフェッショナリズムの程度といった行政職員ファクター群，事業者の規模や能力の程度，違反履歴や遵守コストといった被規制者ファクター群，現場行政機関に付与されている裁量の程度や法規定の細かさ，規制基準のあいまいさといった法制度ファクター群，違反行為の深刻度や規制違反行動の外部からの観察の容易さという違反行動自体のファクター群というように，執行スタイルを説明する変数は数多く指摘されてきた．いかに規制執行過程が，法制度そのものから，現場部署の置かれている状況，人々の認識枠組みに至るまで，様々な要素が絡み合い展開している過程であるかが分かる．

　上記で指摘された諸要因が，執行スタイルへどう影響するのか，つまり抑止的スタイルを導きやすいのか，宥和的スタイルを導きやすいのかについては，経験的に一定の方向性が明らかにされているものもあるが，そうでないものも多い[17]．前者のものとして，例えば，アメリカの場合，地元政治が民主党優勢の場合は，頻繁な立入検査と違反に対するサンクションの頻度・程度とも大きくなると報告されており，また地元市民の関心が高い場合，あるいは違反の見えやすさが高い場合，より厳格な法適用が行われやすいことは複数の分析で報告されている（Lo and Fryxell 2003; Hutter 1989; Kagan 1994;

---

[17] その原因として，第1に，数多くの変数が同時に作用しているため変数ごとにコントロールすることが困難であること，第2に，変数の中には検証のための操作化が現実的に困難なものがあること，第3に，先行研究の中には理念的モデルとそれに基づく規範的主張を主に議論しており，必ずしも経験的に裏打ちされた分析ではないものがあることが挙げられる．

Wood 1988)．一方で後者の，経験的に方向性が明確でないあるいは一貫性がないものとして，規制基準のあいまいさ，現場職員の抱えるケースロード，事業者の規模等，多くの要因が挙げられる．例えば，現場職員が抱えるケースロードが軽く，1つの事例に時間を費やすことができるほど，説得や教育といった手法をとる宥和的アプローチを取りやすく，ケースロードが多いほどリーガリスティックで抑止的な執行スタイルになりやすいという分析がある（Lo and Fryxell 2003）．他方，サンクションを課すためには追加的な手続やそれに伴う時間と労力が必要なことから，ケースロードが重いとより宥和的スタイルを取りやすくなるという報告もある（Girth 2014; Gunningham 1987）．同様に，現場職員が当該法律の目的や手続にあいまいさを感じていると，より形式的でかつ強制的な執行スタイルとなりやすいという分析がある一方（Lo and Fryxell 2003），サンクションを忌避する傾向も見られている（Girth 2014）．このように，執行スタイルを説明する要素が数多く指摘されてはいるものの，それらの影響の程度と方向性はいまだ明らかにされていないものも多い．複数の要素が錯綜的に作用しているためと考えられる．

　また国ごとにも，執行スタイルの違いは指摘されてきた．国による執行スタイルの描写として最も広く知られているのは，アメリカの当事者対抗的リーガリズム（adversarial legalism）であろう（Kagan 2001）．Kagan はアメリカの環境規制法を例にとり，規制違反に対して，たとえその違反が実質的な環境負荷をかけないような些細なものであっても（例えば産業廃棄物へのラベリングのし忘れや廃棄物の配置のミスなど），フォーマルな制裁を課しやすいこと，その制裁の程度が厳しいものであること，裁判といった公式的な場での行政と被規制者間，行政と市民間の法的争いが頻繁であることを，日本の自治体による環境規制執行と比較しつつ描写している（Kagan 2001: 181-206）．アメリカに比べ，日本やヨーロッパ諸国は，違反に対してフォーマルな制裁を発動したり訴訟を通じた執行を行うのではなく，インフォーマルに行政と事業者間の話し合いを通じた執行アプローチを取ると描写される（Kagan 2000; Bignami 2011; Vogel 1986; Kagan and Axelrad 2000）．

　我が国の環境規制法における規制執行については，「インフォーマル志向」と称されるように，行政指導を中心とした規制違反対応であり（北村 1997; 六本 1991; 平田 2009）[18]，これは上に整理した執行スタイルの分類では，宥和

的アプローチの流れに与する.そこでは不合理な強制力が行使されず,自主的な遵守を促すことができるという利点がある一方(Aoki and Cioffi 1999),弊害として,効果のない行政指導を漫然と繰り返していると指摘されるように,違反の放置化など,規制法の実効性に疑問が持たれる場合も報告されている(e.g., 北村 2008).

このような「インフォーマル志向」の要因としても,上記にまとめた執行スタイルの違いを生み出す要因と同様の点が多数指摘されてきた.即ち,組織リソースといった行政組織のファクター,被規制者と規制者の関係性のファクター(継続的関係であるかどうかという点),法制度のファクター(処分発出要件が抽象的であることや罰則が厳格でない等),行政活動の透明性の程度(市民など外部から執行活動をチェックする体制がない等),行政組織の執行意識(警察のように処罰をするのは行政の役割ではないという認識)等々が,行政指導多用という「インフォーマル志向」を生み出していると指摘されている(e.g., 北村 1997; 平田 2009; 北村 2008).

B 執行スタイルと規制遵守の関係

規制研究の当初から,何が規制遵守を引き出す上で効果的な規制執行のあり方なのかという問いも提起され議論されてきた.抑止的スタイルは,サンクションを使用することで悪質な被規制者に対しても規制の実効性を確保することができるが,行き過ぎると不合理でリーガリスティックな執行になり,被規制者の規制への理解や自発的遵守行動を妨げてしまう.他方,説得を通じた宥和的スタイルでは,被規制者からの自発的遵守を促進し,規制者と被規制者との信頼関係を構築することができるが,行き過ぎると規制者が被規制者に取り込まれ,牙のない規制活動に陥ってしまう.

このような代表的な上記2つの執行スタイルのそれぞれの強みを生かし,その上で,リーガリズムあるいは牙のない規制活動という弊害を防ぎつつ,効果的な規制執行を行うためには,両者2つのスタイルを場面に応じて使い分け,執行スタイルと被規制者のタイプとのミスマッチを防ぐことが必要であると言われてきた(Ayers and Braithwaite 1992; Pires 2008; Bardach and Ka-

---

18) なお,ここでの行政指導は,行政命令が背後に控えている中での行政指導である.法律の根拠があるという点を一応書いておく.

gan 1982; Kagan and Scholz 1984; 平田 2009)[19]．先行研究では，被規制者のうち，意図的に規制違反を行う悪質な事業者は一部分であり，大多数の被規制者は規制の重要性を認識し規制遵守を試みると経験則的に言われている（Kagan, Gunningham, and Thornton 2011）．そのような良識のある被規制者が多い状況では，抑止的スタイルを取るよりも，宥和的アプローチを選択し，ケースに適応した柔軟な対応をする方が，規制法への自主的遵守を得られやすく（その分行政の執行活動負担は減少する），規制行政との信頼関係も構築しやすく，また最も詳しく現場の情報を持っている事業者が最も効果的，効率的に遵守行動ができるという点からも，有益だと言われている．

　以上より，総じて抑止的スタイルよりも宥和的執行スタイルの方が，遵守を引き出す上で有効であると言われるが（Bardach and Kagan 1982），宥和的スタイルが機能しなかった場合には，サンクションを課したり，課すことを示唆することも必要不可欠であることが一貫して指摘されている（Pires 2008; Bardach and Kagan 1982; Ayers and Braithwaite 1992; Tombs and Whyte 2013)[20]．例えば Gunningham は，オーストラリアの鉱山安全規制の執行が，専ら協力と説得をベースに行われていたため，実効的な規制が実施できず，結果としてアスベスト被害を見過ごし労働者の健康被害を防げなかった例を紹介している（Gunningham 1987）．また Pires はブラジルの労働安全規制において，説明会やパンフレットの配布といった教育的・説得的な手法のみを行っている地域では労働環境の改善がみられず，教育的・説得的手法に加えて労働基準違反に対し罰金等，サンクションを課す地域の方が，労働事故率が減少しており，効果をあげていることを報告している（Pires 2008）．執行スタイル

---

19) それに関する代表的なモデルが，執行ピラミッド（enforcement pyramid）を提唱した応答的法執行（responsive regulation）である（Ayers and Braithwaite 1992）．応答的法執行は，違反行為の段階に応じて執行手段を幅広くそろえておくことを推奨している．違反の当初は宥和的執行スタイルで違反に対応し，被規制者がそれに応じないと，徐々に規制対応を厳しくし，最終的には刑事罰を課すといった強制的手段を発動すべきだ，という．これは，ゲーム理論でのしっぺ返し戦略（tit-for-tat strategy）として理解することも可能である．ゲーム理論による規制執行プロセスの分析は，平田（2009）を参照．

20) サンクションの必要性に関しては，違反者に対する直接の抑止効果のみならず，より広く一般的な被規制者集団に対しても，規制法のリマインダー効果，遵守者に対し遵守行動は愚かな行為ではないと安心させる効果（reassurance function）（Gunningham, Thornton, and Kagan 2005)，サンクションを課すことによって，被規制者全体へ規制法の重要性を周知させるという表出的機能（sanction as expressive device）も指摘されている（Hawkins 2002）．

の形式度・強制度という2つの軸によってこれを整理すれば，形式度は低めで柔軟性を保ちつつ，強制度はある程度保ち必要な場合には断固として強制力を課すことが，規制執行のやり方として効果的である，とまとめることができる．

C　既存の規制研究の特徴と本書の位置づけ

このように従来の規制研究については，以下の2つの特徴があると整理でき，またこれらの特徴は既存研究から抜け落ちている論点について示唆的である．1つ目の特徴は，すでに現場部署において法の具体的意味は確定しているという前提に立った上で，規制権力を行使する傾向が強いのかどうかという点が分析の中心となっている点である．いま1つの特徴は，現場部署の法適用判断の傾向を理解する際，ケースロードや被規制者との関係性，ローカルな政治的状況といった現場部署の単一個体レベルの変数で説明を試みている場合がほとんどであるという点である．以下において，それぞれを説明し，本書の位置づけ，そして分析の理論的視点について示す．

まず，従来の研究は，何が当該規制法で求められていること・許容されることなのか，何が「遵守行動」なのか・何が「規制対象」なのかといった法の具体的意味がすでに明確なものであるという前提に立ち，その上で，規制行政やその職員がいつどのような条件の下でサンクションを課すのか，あるいは被規制者がいつどのような条件の下で規制遵守行動をとるのかを議論していた．いわば，従来の研究は政策決定者の視点から分析を行うトップダウン型であり（Almond and Gray 2016），現場部署や現場職員の視点から見た規制法の具体化のプロセスを直接取り扱うものは，例外を除き，まれであった（例外として Kagan 1978; Sandfort 2000; Mashaw 1985)[21]．つまり，執行スタイルが抑止的なものであれ，宥和的なものであれ，何が法の意味なのか，何が遵守に相当し，どうすればそれが達成されたとみなされるのか，何が許容さ

---

[21] なお，被規制者側の分析では，遵守・違反という二者択一的な選択を行う主体という従来の単一的な描写を超えて，何が遵守（コンプライアンス）に当たるのかという理解の形成プロセスについて，組織内エスノグラフィーを通じた研究が行われている．そこではコンプライアンス担当職員同士が彼らのローカルな経験を共有し理解し合うことを通じて，法文言と現実の隔たりを埋めることとなるプロセスが抽出されているのである（Huising and Silbey 2011).

れないとみなされサンクションの対象となるのか，という規制活動の出発点となる現場部署による法の解釈・理解が成立するプロセス自体について，従来の規制研究では，検討が十分になされていない．

　規制実施現場を見てみると，法の意味は常に具体的であり，明確で確定的に分かっている訳ではない．この状況は，特に規制法が成立した直後，何が許容される行為なのかという理解が制度化されていない段階でより頻繁に見られる（Parker 2006）．ガイドラインや通知など，目前の事例における法の具体的意味を探る手掛かりは存在するものの，やはり，多種多様な生の事実に対し法を適用する際には，何が規制対象で，何が「遵守」とみなされる行為なのか，何が許容される行為で，何が行政命令といった法発動を受ける行為なのか，法の意味は当該ケースではどのように解釈すればよいのか，現場部署・現場職員は頭を悩ますことが多い．法規定の適用は抽象的な論理のみで導きだされるというよりは，現場部署内でのやり取りや話し合いに代表されるような職員同士の相互作用によって，法規定の意味が何を指しているのか，いつ法が適用されるべきなのかの共通理解が徐々に形成され，それに基づいて法適用判断がなされるのである．

　本書は，現場部署・現場職員の視点から，法の具体化プロセスを観察対象とするものである．その際，第一線職員研究からの研究蓄積の利用が有益である．この研究は，政策の企画立案を行う上級公務員ではなく，第一線の現場で法実施活動に携わっている行政職員に焦点を当て，彼らの視点から法適用にかかる判断や行動について扱っている．以下ではこの第一線職員研究について概観しよう．

1-3　第一線現場での法適用判断──第一線職員研究

　法が適用される場面を理解し，法の実現化のプロセスを把握するためには，現場部署と現場職員の働きを無視することはできない．彼らは，法対象者に直接に接し，状況を把握し，法を解釈し，適用する．その際，彼らは相当程度の裁量も保有している．第一線職員は，影響力のない，単なる事務的作業を行う「顔のない」存在なのではない．むしろ，個々の事例に対し，法の解釈やサンクションの発出，給付サービスの分配を行うことを通じて，実質的

に政策結果を形成する，事実上の「政策形成者（policy makers）」として理解することができる（Lipsky 1980）．実際，市民が自らの身において経験することとなる政策は，彼ら第一線職員の法適用判断を通じて実現される．また，第一線職員は市民や被規制者といった法対象者と直接に接し，法を適用することから，国家の具体的な顔として法対象者から認識されるという，シンボリックな役割も担っている．

　第一線職員の典型例は，警察官や生活保護ケースワーカーであるが，その他，公共サービスの提供に携わる公務員，そして規制の実施を行う現場職員もそれに当たる．本書が対象としている，環境規制法の実施を担当している現場職員もまた第一線職員である．

　第一線職員の特徴として，以下の5つが指摘できる（Maynard-Moody and Portillo 2010）．第1に，「第一線」であるということ，つまり，行政組織のヒエラルキー構造では末端に属し，法の実施を直に担当する部署であるということである．第2に，法の対象者と直接面と向かって業務を遂行するということである．その期間に長短はあるものの（スピード違反の取締警察官とドライバーという短時間の接触もあれば，ケースワーカーと生活保護受給者というように長期間の関係性を持つものもある），この第一線職員が持つ法対象者との face-to-face の関係性は，第一線現場を理解する上でキーとなる要素である．第3の点として，彼らの行う法適用判断には相当程度の裁量があることである．これは現実の多様なケースに一般的な法を適用するという彼らの役務からして事実上必然的に生じるものである[22]．第4に，管理職部門からの濃密な指揮監督を受けにくく，自律的な判断領域があるという点である．これは第一線職員が遂行している業務の量と質を反映している（数多くの事例対応と各事例での細かな判断の積み重ねである第一線職員の行動を，管理職部門が詳細に監督することは困難である）．そして，最後に，第一線職員は実質的な政策形成を行っているという点が第5の特徴である．市民と直接相対し法を適用する第一線の

---

[22] 現場裁量を統制するため，現場部署には法やそれに付随するマニュアルや内部ルールが数多く存在する．また職員は常に自分たちの判断内容について文書に記録し報告を行う．しかし，数多くのルールや手続が存在するがゆえ，どのルールに依拠するのかについてもまた裁量が生じ，統制が困難になる点も指摘されている．Maynard-Moody & Musheno（2003）は，それに関して，現場部署は「ルールで満たされているが，ルールに縛られてはいない（rule saturated but not rule bound）」と表現している（Maynard-Moody and Musheno 2003: 10）．

場面においてこそ,法政策目的が相互相反するというジレンマ[23],誰が何を給付されるのかという分配と衡平の判断,法適用の一律性と柔軟性のジレンマという,法政策自体や適用行為に内在する数々のジレンマが表出するのであり,その判断を行う法政策の具体化を行っている第一線職員は,事実上の「政策形成者」であるとされる.

　第一線職員の法適用行動をどのように管理し,望ましい法適用のあり方を実現すべきなのであろうか.この問題意識が,第一線職員研究の背後にあり,それゆえ,何が第一線職員の行動に影響を与えているのか,彼らの行動はどのように説明できるのか,研究の蓄積が進んでいる.

　現場部署の行動を説明する1つの見方として,政治的コントロールを指摘するものがある.例えば,Scholzらは,アメリカ合衆国の労働安全規制の現場規制活動についての統計的分析を通じて,地元政治の選好に沿った執行活動がなされている点を指摘し,現場部署の執行活動には,政治的コントロールが働いているという結論を導いている(Scholz, Twombly, and Headrick 1991).しかし,政治的コントロールの有無や影響力の大きさは研究によって異なる.例えばMay & Winter (2009) は,政治的コントロールが現場部署の法適用に影響を与えているものの,その効果は限定的であることを示している.立入検査数といった外部的に観察容易な活動か,立入検査での検査の厳密さやサンクションの厳しさといった外部的に観察困難な活動かによって,政治的コントロールの影響力は異なるのではないかと分析している.

　その一方,多くの先行研究において,現場部署での法適用判断に大きく影響を与えているものとして特に強調されるのは,(1) それぞれの現場部署が置かれている業務遂行上の組織環境(組織リソースの少なさ,業務の複雑さ)と,(2) 現場職員個人が持つ価値観やアイデンティティ,規範意識である.現場部署では,絶えず流れ込む大量の事例に対し,有限の組織リソースをもって対応しなければならないという現実があるため,現場職員には事例に優先順位を付けたり,業務の合理化を進め事例を処理するようなインセンティブが働く.この時間的・人的リソースの有限性,そしてその有限なリソースをどのように配分しているのかという点は,現場での法適用を理解する上で極め

---

[23] 例えば,生活保護法制では,自助支援と最低生活の維持という,2つの相反しうる政策目標が存在する.

て重要な要素である.

　また，現場職員個人の持つ価値観や規範意識，役割意識の重要性も指摘されている (Maynard-Moody and Musheno 2003; Oberfield 2014, 2010; Portillo 2012). 例えば Maynard-Moody & Musheno (2003) は，警察官，社会福祉職員，教師からの語り（ナラティブ）をもとに，彼らが各自の規範意識，価値観に依拠して法適用判断をしている様子を描写している. 同研究はまず，第一線職員には，法ルールを一律，厳密に適用するという「国家の代理人 (state-agent)」としてのアイデンティティと，法対象者のそれぞれの状況に配慮し柔軟に法ルールを適用するという「市民の代理人 (citizen-agent)」としてのアイデンティティが同時に存在していることを示し，次に，どちらのアイデンティティが発現するのかは，第一線公務員が自らの規範意識[24]に基づいて法対象者をどのように評価するのかによる，と指摘している. 法対象者にその価値があるとみなしたときに，「市民の代理人」としての顔が現れる. このような形で，第一線職員の判断，特に彼らの規範意識の重要さが指摘されている (Maynard-Moody and Musheno 2003).

　加えて，現場部署内での日常業務遂行の過程で徐々に形成される共通理解や認識の影響力についても論じられている. Sandfort (2000) は，現場部署内で醸成された共通理解の影響力の強さを指摘しており，また Watkins-Hayes (2009) は，現場部署での職員のもつ規範意識と何が望ましい考え方かについて上層部から送られるシグナルの解釈が相まって現場職員の法適用判断に影響を与えている様子を明らかにしている.

　このように，現場部署・第一線職員は自らに付与された事実上の裁量を，恣意的にランダムに行使している訳ではなく，むしろ，一定の系統だったやり方で意思決定をしている. それは政治的コントロールの影響であったり，部署内で醸成された共有認識であったり，職員自身の規範意識であったりする. 有限な組織リソースという制約と大量の事例処理という必要性ゆえに，法適用判断にはルーティーン化が多くみられる一方，規制者による法対象者の評価（受給を受ける資格があるかどうか，あるいは悪質かどうかといった評価）

---

24) なお，ここで指摘される規範意識とは，現場職員個人が独自に発達させたものである場合もあれば，社会全体の中で，あるいは行政組織内で醸成され受け入れられている規範意識をも含んだ概念である.

によっても，法適用判断は影響を受ける．

1-4　組織間ダイナミクスという視点の導入
——本書の理論的枠組み

これまで見てきたように，規制研究および第一線職員研究を通じて，現場での法適用は画一的に一様に行われているのではなく，現場部署によってヴァリエーションが生じていることが明らかになっており，そのヴァリエーションを説明する要素として，数多くの点が指摘されてきた．それらを整理すると，大きく3つのカテゴリーとしてまとめることができよう．

第1に，職員個人に関わるカテゴリーである．職員個人の持つ規範意識や，担当する法政策に対する個人的見解，規制者としてのアイデンティティといった要素がこれに当てはまる（Atkeson et al. 2014; Oberfield 2010; Maynard-Moody and Portillo 2010; Maynard-Moody and Musheno 2003; Sandfort 2000; Watkins-Hayes 2009）．

第2に，法実施業務上置かれている現場部署ごとの状況である．これが最も多く指摘されてきた．ケースロードや人員数，予算といった組織リソース関連のものから，同僚や上司との話し合いの程度，上司による監視の程度，部署内で醸成された共通理解，OJT（on-the-job-training）や研修といった教育の機会という現場部署内の要素，また市民，NGO活動の程度や地元政界の選好，首長の選好といった政治的要素，法対象者との関係性（長期的関係性の有無，法対象者からの協力の必要性）から生じる要素である（Howe, Hardy, and Cooney 2013; Meyers and Vorsanger 2007; Sandfort 2000; Watkins-Hayes 2009; Scott 1997; Kagan 1994; Hutter 1989; Mascini and Wijk 2009; May and Winter 2000, 2011; Lo and Fryxell 2003; 北村 1997; 平田 2009）．

第3に，国レベルの法システムに関する要素である．例えば，裁判所が執行判断に介入する程度や，法規定の細かさといった法デザイン，情報公開の程度も，現場での実施執行活動を説明する上で考慮されてきた（Kagan 2000, 2001; Jewell 2007）．

特に，第1と第2のカテゴリー，つまり現場部署，現場職員という個体レベルの要素を用いて説明している点が，従来の規制研究，第一線職員研究の

図1-1 規制法適用判断に影響を与える要素としての自治体間ダイナミクス

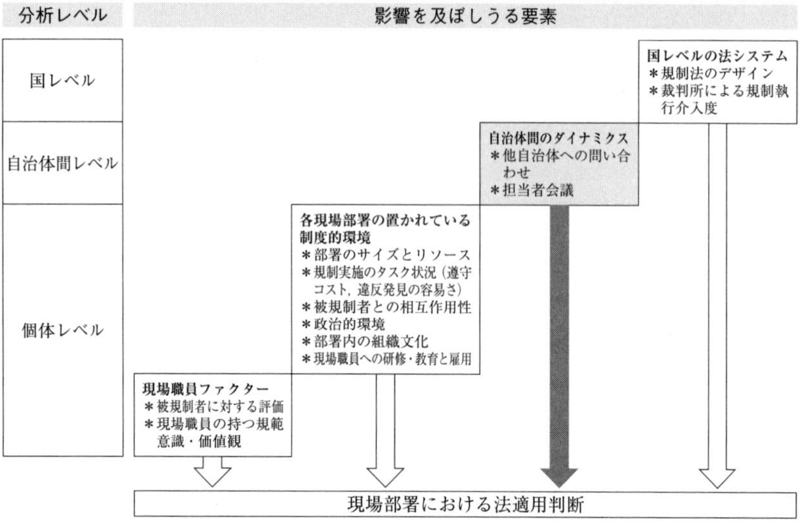

分析レベル	影響を及ぼしうる要素
国レベル	**国レベルの法システム** ＊規制法のデザイン ＊裁判所による規制執行介入度
自治体間レベル	**自治体間のダイナミクス** ＊他自治体への問い合わせ ＊担当者会議
個体レベル	**各現場部署の置かれている制度的環境** ＊部署のサイズとリソース ＊規制実施のタスク状況（遵守コスト、違反発見の容易さ） ＊被規制者との相互作用性 ＊政治的環境 ＊部署内の組織文化 ＊現場職員への研修・教育と雇用
	現場職員ファクター ＊被規制者に対する評価 ＊現場職員の持つ規範意識・価値観

↓ 現場部署における法適用判断

特徴である．国際比較の観点からは，国レベルの法制度のあり方というマクロレベルの変数も指摘されているが，分析の傾向としては各現場部署・各現場職員が備えている個別の特徴や属性をもとに，規制法の実施，法適用判断の傾向を説明するというミクロ・レベルの分析視点を採用しているものが主流であった．

本書は，規制法の適用プロセスを理解する際に，自治体間のネットワークという組織間ダイナミクスの視点を分析の対象に組み込む．もちろん，従来の研究が指摘してきたように，個体レベルの特徴や属性が現場での法適用判断に影響を与えていることは言うまでもない．しかし，法適用の理解を深めるため，本書は自治体間の相互作用性という従来指摘されていなかった中間レベル（メゾ・レベル）の要素も，現場での規制法適用のプロセスでは実際に機能していることを指摘する（図1-1）．

A 新制度論と組織の同型化

本書は，自治体間ネットワークと法の具体化プロセスの関係性を見る際，組織社会学の新制度論（neo-institutionalism）の理論枠組みを採用している．組織行動は当該組織を取りまく外部の制度的要素によって影響を受けるとい

う基本的理解にたつ考え方であるが,特に,他組織からの影響,組織間で醸成された認識的要素を強調している点がこの新制度論の特徴であろう.

新制度論によると,不確実性の高い状況下では,組織行動は各組織が独自に行う合理的な意思決定によってなされるというよりも,自らが属する組織フィールドにおいて共有されている認識枠組みや規範に沿ってなされる,と理解される.自らと似通っている他組織の行動を参照し,あるいは他組織との相互作用を通じて,共有した認識,何が適切であるかという価値観が形成される.そして,対外的に正当であるとされるべく,その共有化された認識枠組み,価値観をもって組織行動がなされている,と説明される.組織が抽象的な法の意味をどのように具体化し,各状況に当てはめ,対処するのかも,この共有化され当然視された認識枠組みを通じてなされる,と考えられる.

不確実性が高い状況下では,特にこの組織間ダイナミクスを通じて,同種の組織の間では似たような組織行動や判断内容に収斂する,つまり「同型化 (isomorphism)」が起こる,とされている (DiMaggio and Powell 1983).これはあいまいな状況下での組織行動を正当化させたいという欲求及びその必要性から生じる現象である.本書が取り上げている環境規制の実施場面においても,法的,事実的の両面から,現場部署は不確実性への対応を迫られていることはすでに確認した.実際に生じるかどうかも分からない不確実な環境リスクと,法適用のあいまいさという状況に直面し,現場部署がどのように具体的な法適用判断を行うのか,その際他の自治体から受ける適用判断への影響を理解する上で,この同型化モデルは有益である.そのため,以下では同型化のプロセスについてまとめる.

同型化のプロセスには3つのパターンがあるとされているため,以下簡単にその3つのパターンを規制執行の文脈に引きつけて整理しよう.同型化の3つのプロセスとは,強制的プロセス (coercive process),模倣的プロセス (mimetic process),そして規範的プロセス (normative process) である.

強制的プロセスは,上位権力からの強制的命令を通じて組織間の同型化が進むというパターンである.上位権力機構から発せられた基準や方針に従うことが要請され,また従わない場合にはサンクションが課されるという構造がその典型である.本書の文脈に当てはめると,環境省が土対法・水濁法の実施を所管する全ての地方自治体に対し,一定の法解釈や法適用の具体的内

容を指示し，そして，それに従わない場合は罰則や不利益などのサンクションを与えるという場合である．しかし，すでに説明したように，土対法・水濁法とも自治事務であり，環境省が法解釈や法適用の具体的な指図を行い，従わない場合にサンクションを課すという構造ではない．したがって，この強制的プロセスというパターンは，別の規制分野ではありうるのかもしれないが，本書が対象としている文脈には当てはまらない．

　むしろ，模倣的プロセス，あるいは規範的プロセスを通じた同型化が，本書の文脈に沿うものである．模倣的プロセスとは，あいまいな状況に直面した組織が，自らと似たような組織が取っている組織行動や判断内容を模倣することで，組織間の同型化が起こる，というプロセスである．自分たちに似た組織の中で成功例を持っているものや，正当性があると思われている組織の採用している，あいまいな環境への対応策を模倣するのが典型例である．規制実施の文脈においてこの模倣的同型化プロセスを理解するならば，環境被害発生の不確実性が高い場合，また運用後日が浅くまだ法適用判断方針が定まっていない場合に，自治体は他の自治体の行っている法解釈，法適用判断を模倣する，というものである．この状況は，本書が対象としている土対法・水濁法の実施場面にまさに当てはまる．土対法4条の調査命令の発出は，当該土地が汚染されているのかどうか不明である状況下で発せられ，また水濁法の地下水汚染未然防止は，当該施設が地下水汚染を起こすより以前に規制を課すという点で，両方とも環境被害の不確実性の下で行われる法適用判断である．そして，法律も運用が始まってから日が浅く，先例も存在せず，当然視されるほどの定型化した適用パターンはいまだ確立されていない．このような不確実性，あいまいさが高い状況の中での法解釈，法適用判断を迫られる場合，自治体の間でそれらの同型化が起こるのではないか，ということがまず予想できる．

　また，規範的プロセスによる同型化の可能性も指摘できる．これは，専門家から提唱されたアプローチや対応策が正当なものとして組織間に広まり採用されることで，組織行動や判断内容の同型化が起こる，というプロセスである．環境規制法制や環境工学技術の複雑化，専門化が進行するにつれ，法専門職や科学者といった専門家集団からの助言や提言は，規制の効果や妥当性，また法適合性の判断に影響を及ぼすこととなる．実際の場面でどのよう

な団体や専門家集団が専門的知見を提供し影響を与えるのかは，経験的検証による（DiMaggio and Powell 1983）．通常，このような専門家からの影響は，学会や協会，専門家が関与する NGO 等の活動グループといった当該組織の外部集団からもたらされることが多いが，規制実施の文脈では，行政サイドからももたらされる可能性もある．例えば，地方自治体が運営している環境関連研修所や環境分析センター，そして事例経験が豊富な自治体からの意見や助言も，法適用判断についての専門的見地からのアドバイスとして受け止められ，規範的プロセスを通じて各組織行動に影響を与えることが可能である．

本書の取り上げる土対法・水濁法の規制実施の場面では，行政外からの専門家の意見が各自治体での具体的法解釈判断に影響を与えるというルートの存在はまれだと考えられる．筆者が実施した全国自治体に行った質問票調査（$n=273$）の結果によると，法運用の際，土壌や水質の大学研究者といった専門家から助言を受けると回答した自治体は 13.9％（$n=38$）のみであり，またインタビュー調査においても，弁護士等法的専門家に法適用判断について相談をしたという事例はインタビュー調査対象者 78 名中 2 人のみであった．

専門的知見はむしろ行政サイドから現場部署へ供給されると考えられる．例えば，環境行政に携わる現場職員の研修を定期的に開催している環境調査研修所や都道府県が行っている環境分析センターによる研修等を通じて，環境技術や法解釈に関して，専門的見地からの同型化プロセスが生じる可能性がある．上記に加え，現場部署にとって最も影響力が強いと思われるのは，先進自治体の法解釈適用の判断である．つまり，取り扱い事例数と個別事例の幅が広く，豊富な事例経験を持っている大規模自治体の法解釈が，現場での豊富な判断経験を支えているものとして，現場部署での専門的アドバイスと同様のものとして機能しうることが指摘できる．特に小規模自治体にとって，大規模自治体は，豊富な事例数，比較的恵まれた人的リソースを背景に，法的・技術的・実務的により優れた知見に基づいた判断をする主体として受け止められ，そうして規範的同型化のプロセスが生じるということが予想される．

B　自治体間での密な相互作用の必要性

　自治体間ダイナミクスを考慮する際，同型化の対象である規制実施判断の持つ特徴についても指摘しておく必要がある．新部署の創設といった組織構造やガイドライン等のルールの新設と比べて，法適用判断は，組織外部から容易に観察可能な情報ではなく，また極めて複雑かつ文脈依存性が高いものである．例えば，当該事例のどの事実を取り上げて判断考慮に加えるのかという判断，事実が法規定に該当するのかどうかの判断，加えて法適用が現実的かどうかや，環境に対する実質的効果の有無，当該事業者のモチベーションと能力など，法の適用判断は，高度に文脈依存的な判断であり，扱う情報はそう単純なものではない．

　法適用判断に関わるこのような情報の複雑性・文脈依存性の高さのため，法適用判断の共有化には，事例内容について踏み込んだ話し合いが必要であり，そのような話し合いが可能となるような組織間相互作用の様態が求められる．つまり，会議やワークショップ，自治体間の1対1の問い合わせなど，具体的な事例内容に踏み込めることを可能にするような密な相互作用を通じてのみ，同型化プロセスが展開可能となるだろう．そして，そのような密な情報交換が可能となるためには，自治体間の相互作用は1回限りのものではなく頻繁なものでなければならない．有限な時間の中で頻繁な相互作用を行うことができる相手方人数は限られているので（Granovetter 1973），事例内容に踏み込むような話し合いが可能となる相手方自治体の数は，当然限られてくるだろう．この点から，法適用判断に関する自治体間相互作用の相手方は，一定の数にとどまり，また固定化することが予想される．

C　「法の内生化（legal endogeneity）」研究

　ところで，組織間のダイナミクスと，法の具体的意味の展開との関係性について見たものに，「法の内生化（legal endogeneity）」研究がある．同研究分野は，上記新制度論の枠組みにたち，抽象的な規制法では具体的意味がどのように構築されていくのかという，まさに本書の問題意識と重なる問いについて直接的に取り組んでいる．この研究群では，被規制者である事業者の側に分析の焦点を当てた考察がなされており，その基本的な主張は，法規制が

あいまいである場合，実際の文脈での規制法の具体的意味は被規制者によって構築されているというものである．従来の規制研究では，被規制者は，外から与えられた規制法に対し，遵守する・遵守しないという選択を行うに過ぎない客体として描写されていたが，「法の内生化」研究では，遵守行動を上記の二分法的な理解ではなく，被規制者が展開するプロセスと捉えている．そして，むしろ規制の対象となっている被規制者側が，何が遵守行動となるのかという具体的な意味を付与する場面で決定的に重要な働きをする，と主張する．

具体的な例として，アメリカ合衆国の雇用差別規制法についての研究を挙げよう．この法律では，個人の人種，肌の色，宗教，性別や出身国によって，雇用・解雇の判断や雇用条件について差別をすることを禁じている（Title VII of the 1964 Civil Rights Act §703(a)(1)）．しかし，具体的にどのような行為が差別となり，差別を回避するためにどのような行為を実際に行うと法遵守となるのかについて，法律自体は明示していない．本書との関係で特に関連が深いのは，このような状況において，「法の内生化」研究は，弁護士や人事部といった専門家集団，同業者集団内でのネットワークを通じて，何をすれば法規制を遵守したことになるのかという理解について，企業間で，一定の行動（組織内に雇用差別対策部署を新たに設置する，ガイドラインを作成する等，通常外部から見える形で遵守を象徴するような行動である）が合理的なもの，法律に沿ったもの，訴訟リスクを低減するものとして広まり[25]，徐々に適切な行為と認識され制度化されていく（institutionalized）というプロセスを抽出している点である[26]．

このように，「法の内生化」研究は，抽象的一般的な法規定が，現場でどのような意味として理解され，運用されていくのかという点を理解しようとする際に，極めて有用である．しかし一方で，被規制者の果たす役割を分析対象としているため，規制者側の行動について分析の光が当てられていない．規制法実施過程，特に抽象的な法規定の実施をめぐっては，当然，規制者た

---

[25] 例えば，1964年に成立したアメリカ雇用差別規制法においては，1969年の段階では，サンプル数346の企業のうち，企業内での差別禁止のガイドラインを作成していたのは30の企業に過ぎなかった．しかし1970年代にはいると118の企業が新たに同種のガイドラインを策定し，さらに80年代には75の企業が加わった（Edelman 1992）．

る行政側もその意味について考え，働きかけをするであろうが，そのプロセスが既存の「法の内生化」研究では触れられていないのである（Gilad 2014）．

1-5 小　括——本書の理論的視座

　新制度論の理論，そしてそれを援用している「法の内生化」研究を踏まえると，抽象的一般的な法規定内容の具体的な意味付けの展開過程を理解するには，組織間ダイナミクスを分析に組み込む必要性の高いことが分かる．しかし，これまでの研究は，被規制者（事業者）側での組織間ダイナミクスを中心に扱っており，規制者側である，現場行政部署の組織間の要素については，分析の光が当てられてはこなかった．翻って，従来の規制研究，第一線職員研究では，すでに多くの知見を明らかにしているものの，現場部署・現場職員といった個体レベルの変数を中心に説明がなされてきた．現場部署間に存在するであろう，組織間のネットワークという要素に着目した分析は，規制研究，第一線職員研究ではいまだまれである．

　このように，組織間ダイナミクスが法の具体化に与える影響に対し，規制者サイドについて分析を試みている例はまれであるものの，その具体例がいくつか観察され，研究関心は高まってきている（Grattet and Jenness 2005; Füglister 2012; Goldman and Foldy 2015; Binz-Scharf, Lazer, and Mergel 2012）．例えば，

26）　最終的に，業界内で制度化された対応（例えば，雇用差別対策部署の設置やガイドラインの策定など）が，法的にも適切で，公平で差別のない取り扱いを行っている証拠だとして，裁判所によって法的妥当性が認められる．以上を通じて「規制法の内生化」，つまり，規制法の内容は，実は規制を受けている側が構築しているというサイクルが完成するのである（Edelman, Uggen, and Erlanger 1999; Edelman et al. 2011）．このように，明確ではない法規定の具体的意味は，被規制者側が生み出した対応策とその制度化，最終的に裁判所がそれに法的妥当性を認めることで，構築されると主張されている．なお，組織の間で正当だとされた対応が，必ずしも実質的な効果を生じさせるように設計されるとは限らず，うわべだけの対応となる可能性も否定できない．上記の雇用差別の例では，新設された雇用差別対策部署や社内での申立手続は，企業内部での意思決定に深く関わるような影響力を持つように制度設計されているとは限らない．うわべだけの部署設置・手続策定として，むしろ，規制法の実質的効果を最小化し，企業経営者側の裁量を低減させないように慎重に設計されることもある．そして，多様な人々の雇用権利保護を目的とする本来の法的文脈から，職場構成員の多様性は生産性を促進するという，経営側になじみやすく，受け入れられやすいようにレトリックを変えることもある（Edelman 1992; Dobbin 2009; Edelman, Fuller, and Mara-Drita 2001）．

Grattet & Jenness (2005) では，ヘイトクライム (hate crime) の執行を担当する現場警察部署が，具体的にどのような行為をヘイトクライムとみなし，取り締まるのかを具体的に定めるマニュアルを作成する際，他の現場部署のマニュアルを参照している様子が報告されており，この点，法の具体化のプロセスにおいて，法実施機関同士の横のつながりが重要な役割を担っていることが指摘されている．現場部署間，現場職員間のネットワークといった，人々や組織間のつながりが，法の実施活動，法の具体化のプロセスに影響を及ぼすものとして指摘され始めている．

　本書は，従来の規制研究，第一線職員研究からの知見に基づきつつ，新制度論やそれに基づいた「法の内生化」研究が指摘している組織間ダイナミクスという理論的視座を規制者側にも導入し，議論を進める．不確実性の高い状況の下，法適用判断を迫られている現場行政部署が，個体レベルの要素のみならず，組織間からの影響も大きく受けながら，法解釈・法適用判断を行っているメカニズムを抽出，分析することで，法が具体化・現実化するプロセスの実証的・理論的理解を深めることを目指している．

　なお，「自治体間ネットワーク」という用語について，ここで簡単に整理をしておこう（第4章で再度述べる）．法適用に関わる情報は，極めて複雑かつ文脈依存的であることを指摘した．本書では，そのような複雑かつ文脈依存性が高い情報のやり取りが可能となるような自治体間のつながりに注目するため，法適用判断について具体的内容や状況に踏み込んだやり取りを行うことができる自治体間のつながりを，「自治体間ネットワーク」と呼ぶことにする．自治体間で，定期的に法適用判断について問い合わせを行ったり[27]，会議の場を通じて，他の自治体の法適用判断の情報を知るというように，電話・メールによる問い合わせ行動と，地域ベースの担当者会議というルートを通じて，法適用判断の情報交換を行うことができるつながりのある自治体同士には，自治体間ネットワークがある，と表現することにする．データの操作化としては，担当者会議という機会がある自治体間では，その会議の場において，あるいは平時の問い合わせを通じて，法適用判断の内容の共有化

---

[27] 非公式，公式は問わない．しかし，インタビュー調査によると，他自治体への法適用に関する問い合わせは専ら電話を通じたインフォーマルなものであり，例えば，特定の自治体に対して，課長印付きの文書を通じてという公式的な問い合わせは把握されなかった．

が促進されることが観察されたため（第4章4-2, D），統計分析では担当者会議という機会があるかどうかという変数を自治体間ネットワークを把握する指標として便宜上用いている．

第2章　環境規制法とその実施の現場

　本章では，本書の分析対象である土対法4条（2010年施行部分）と水濁法の地下水汚染未然防止規定（2012年施行部分）の内容，及び法実施の流れを確認する．また，これらの法律の実施を担当している自治体行政現場についても概観する．

2-1　土壌汚染対策法と水質汚濁防止法

　本書は土対法と水濁法のうち，改正後導入された新規定の箇所，具体的には，土対法4条の土地の形質変更に対する調査命令発出の箇所，そして水濁法5条3項，12条の4を中心とする地下水汚染の未然防止の箇所（有害物質貯蔵指定施設への該当性判断と構造基準遵守の判断）の法適用判断を分析対象としている．まず，上記2つの法律を取り上げた理由を整理し，そののち，それぞれの規定を確認しよう．

A　当該法律を取り上げた理由

　土対法と水濁法を取り上げた理由として，以下の3つの点を挙げる．
　第1に，両法ともに施行されてから日が浅い規制法規定であり，かつ環境被害の不確実性が高い状況下での法適用判断が求められている点で，本書のリサーチクエスチョンに適した場面を提供しているためである．本書の調査期間中は，両法とも施行されてから日が浅く，いまだ現場において当然視されるような法適用判断が固定化されておらず，法適用のあいまいさが高い典型的な場面であった．また，環境被害の不確実性の中で法適用判断が求められているという点も，土壌汚染調査の必要性の判断と地下水汚染未然防止とに共通している．土対法・水濁法とも，このような法的・事実的なあいまい

表 2-1　本書が対象とする法規定

1	【土対法 4 条】 土壌汚染のおそれがある土地の形質の変更が行われる場合の調査（2010 年施行）
2	【水濁法 5 条 3 項，12 条の 4】 地下水汚染の未然防止（2012 年施行）

さの高い規制法実施現場の 1 つの典型例であり，現場部署がどのような法適用判断を行うのか，彼らは何を重要視し，何を恐れているのか，また自治体間のダイナミクスはどのように作用してくるのか，法の具体化の現在進行形の過程と環境リスクに対する現場部署での対応を分析対象とする上で，両法は 1 つの有益な場面を提供してくれている．

　第 2 の理由として，社会に対する実質的な影響力並びにその重要性を挙げる．取り上げた規制分野ともに，人体への健康被害や周辺環境の汚染被害を防ぐための基本的な環境保全規制であるが，汚染事例も毎年確認されている[28]．環境意識の高まりはあるものの，コスト削減のため汚染の発生や看過のインセンティブは常に存在するし，また地下水汚濁・土壌汚染は近年問題視されている環境汚染分野である．川や海の水質汚濁や大気汚染と比較すると，土壌汚染や地下水汚染は可視性が乏しいため発見が容易ではないが，一度発生するとその原因経路の特定や対策は極めて困難であるため，汚染の未然防止・適切な把握と管理が重要になってくる．加えて，土地取引や大規模開発の際の土壌汚染のリスクマネジメントや土対法の手続の必要性，地下水汚染のリスクマネジメントが実務上高まっているように，経済活動への影響が大きい分野でもある．

　第 3 に，法規定の文言が一般的抽象的な表現であることと，法の実施が自治事務として地方自治体に委ねられていることも，これらの規制法を取り上げた理由である．中央政府からの具体的指示に乏しく，各地方自治体に法解

---

28) 工場・事業場からの有害物質漏えいによる地下水・地下土壌の汚染発覚は少なくない．環境省の統計によると，平成 26 年度末までに都道府県等が把握している，環境基準を超える値が検出されたことのある地下水汚染事例は全国で 7589 件報告されており，土壌汚染による指定区域数（要措置区域と形質変更時要届出区域）は平成 28 年 10 月 3 日までの統計で計 1719 件ある（環境省水・大気環境局「地下水汚染事例に関する実態把握調査の結果について」 http://www.env.go.jp/water/report/h27-02/index.html（2016 年 10 月 31 日アクセス），「土壌汚染対策法に基づく要措置区域・形質変更時要届出区域」 http://www.env.go.jp/water/dojo/wpcl.html（2016 年 10 月 31 日アクセス））．

釈が委ねられている分権化時代において，各地方自治体は法の意味をどのように具体化し，効果を現実化していくのか，自治体間の横のつながりがどのように法の具体化プロセスに影響を及ぼすのかを分析する点で，両法律の実施場面は理想的な状況にある．また，国会によって制定された法律が各現場自治体でそれぞれ解釈・適用されるため，当然解釈や適用判断には違いがでるであろう．後述するように，法の公平性と法の効果（事例に即した柔軟性）のバランスをどのようにとっていくのかという課題を考える上でも，両法は示唆的な場面を提供している．

加えて，法律の実施，特に法適用のあいまいさの高い状況における，自治体現場部署による法の適用判断のメカニズムの構造を分析することは，土対法と水濁法のみにとどまらず，地方自治体現場による法の実施一般を考える上でも，汎用性のある1つの理論的視座を提供できるのではないかと考える．

なお，土対法と水濁法は，自治体組織において同じ部署が管轄している点は本分析にとって好都合である．土対法と水濁法は，公害対策を担当する課が管轄し（「環境保全課」という名称が一般的である），その中でも，水質・土壌環境を担当する係・班が，両法の実施事務を担っていることが大半である．つまり，同じメンバーが2つの法律の実施に関わり，それをまとめる上司も同一人物であることが多い[29]．多くの自治体部署では，土対法と水濁法は同じ部署が担当していることから，本書では2つの異なる法律を分析対象としているものの，部署や上司の違いから生じる差や部署を取り巻く環境という一連の変数群の統制ができ，法適用のあいまいさへの各部署の対応について，より的確に観察することが可能となる．

B 土壌汚染対策法による土壌調査の契機の拡大

近年，土壌汚染は日本国内，そして国際的にも認識され対策が始まっている．統計によると，日本ではおよそ11.3万ヘクタールの土地で土壌汚染が生じている可能性が高いと推定されており，その土地資産価値は43.1兆円に上るという[30]．海外でも土壌汚染への問題意識は高まっており，例えば，

---

[29] もちろん，自治体規模によってこの状況は異なる．大規模自治体では，水質担当部署と土壌担当部署は異なるチームである場合もある．とはいえ，課長等上位管理職は同一人物である場合が圧倒的である．

ヨーロッパでは34万カ所の土地が土壌汚染の可能性があり対策を要すると推定されており（European Commision Joint Research Centre Institute for Environment and Sustainability 2014），また中国では，国土の約5分の1が土壌汚染の可能性があると報告されている（Chinese Ministry of Environmental Protection 2014）．実際，土壌環境に対する意識は年々高まってきており，土壌に対する認識向上のため，国連食料農業機関（FAO）は2015年を「国際土壌年（International Year of Soils）」と定めたほどである．

土壌汚染対策が困難であることの原因の1つに，そもそも土壌汚染の全体像がいまだ把握されていないという理由が挙げられる．土壌汚染が実際に起こっているのかどうかは，土壌調査を行わなければ分からず，その汚染が把握されて初めて，盛り土や掘削除去といった汚染土壌の管理・対策が可能となるからである．したがって，土壌汚染対策の第一歩は，土壌汚染の存在を確認することであり，その汚染土地を法の枠組みの下で適正に管理し，対策を施すことである．

以下土対法について概観しよう．土対法は「特定有害物質」（2条1項）[31]による土壌汚染の把握と被害防止の措置を定めることにより汚染対策の実施を図り，もって国民の健康を保護することを目的としている（1条）．本書は2009年に改正され，2010年に施行された改正土対法の4条をめぐる法適用判断を分析対象にしている．

4条は改正時に導入された新規定である．改正前の土対法では，法に基づく土壌調査件数が少なかったため，改正法は法に基づく土壌汚染の把握の機会を拡大した．4条は以下のように定められている．

---

30) 土壌汚染をめぐるブラウンフィールド対策手法検討調査検討会 平成19年3月「土壌汚染をめぐるブラウンフィールド問題の実態等について 中間とりまとめ」http://www.env.go.jp/press/8300.html（2016年10月31日アクセス）．なお，我が国における法人及び世帯（個人）が所有する土地資産は約1150兆円，面積は約1348万ヘクタールである（土壌汚染をめぐるブラウンフィールド対策手法検討調査検討会2007）．したがって，土壌汚染が実際に発生していると想定される土地は全体面積の約0.8%，土地資産の約3.7%に相当する．

31) その物質が土壌に含まれることに起因して人の健康に係る被害を生ずるおそれがあるものとして政令で定めるもの．2016年現在，鉛，砒素，トリクロロエチレンなど，25物質が指定されている．鉛やカドミウムなどの重金属系，トリクロロエチレンなどの揮発性有機化合物，シマジンなどの農薬系がある．

4条1項

「土地の掘削その他の土地の形質の変更であって，その対象となる土地の面積が環境省令で定める規模以上のものをしようとする者は，当該土地の形質の変更に着手する日の三十日前までに，……，当該土地の形質の変更の場所及び着手予定日その他環境省令で定める事項を都道府県知事に届け出なければならない．」

4条2項

都道府県知事と土対法政令市の市長は（施行令8条），「前項の規定による土地の形質の変更の届出を受けた場合において，当該土地が特定有害物質によって汚染されているおそれがあるものとして環境省令で定める基準に該当すると認めるときは，……当該土地の所有者等に対し，指定調査機関に……調査させて，その結果を報告すべきことを命ずることができる．」（下線は筆者追加）

このように，4条は，1項で一定規模（3000㎡）以上（規則22条）の土地の形質変更を届出対象とし，2項で自治体は土壌汚染の「おそれあり」と判断した場合に調査命令を出すという仕組みにより，土壌調査の契機を拡大した．

4条2項の調査命令の発出要件は，土壌汚染の「おそれがある」場合である．「おそれ」の判断について，施行規則では以下5つの場合に分けて定めてある（土対法施行規則26条1号から5号）．

土対法施行規則26条

「法第四条第二項の環境省令で定める基準は，次の各号のいずれかに該当することとする．
　一　土壌の特定有害物質による汚染状態が土壌溶出量基準又は土壌含有量基準に適合しないことが明らかである土地であること．
　二　特定有害物質又は特定有害物質を含む固体若しくは液体が埋められ，飛散し，流出し，又は地下に浸透した土地であること．
　三　特定有害物質をその施設において製造し，使用し，又は処置する施設に係る工場又は事業場の敷地である土地又は敷地であった土地であること．
　四　特定有害物質又は特定有害物質を含む固体若しくは液体をその施設にお

いて貯蔵し，又は保管する施設に係る工場又は事業場の敷地である土地又は敷地であった土地であること．

　五　前三号に掲げる土地と同等程度に土壌の特定有害物質による汚染状態が土壌溶出量基準又は土壌含有量基準に適合しないおそれがある土地であること．」

　特に，上記第5号は現場での判断により「おそれ」があるかどうかが問われる場面であり，具体的にどのような状況で調査命令を出すのか出さないのかは，各自治体に委ねられている．換言すれば，法が定める行政命令に該当するのは何であり，その判断は妥当かという法の意味の具体的構築と実現は，実施現場に委ねられている場面である．

　4条の届出対象となる「土地の形質の変更」とは，土地の形状を変更する行為全般をいう（環境省水・大気環境局（2012）『土壌汚染対策法に基づく調査及び措置に関するガイドライン（改訂第2版）』）．主に掘削や盛り土が該当し，具体的な届出対象事例として，土地の整地や宅地造成，掘削を伴う工事などが当てはまる．なお，土地の形質変更にかかる深さが50cmより浅いものは，軽易な行為として形質変更の対象外となっている（規則25条）．後述するように，何が形質変更に該当するのかという判断は，単純ではなく，ここでも法適用のあいまいさが生じることとなる．

　なお，改正後の土対法では，自主調査で土壌汚染が判明した場合，土地所有者等は，規制対象区域（後述する「要措置区域」又は「形質変更時要届出区域」）として指定されることを申請できる（14条）．これは事業者による自主調査を，法律の規律の枠内に積極的に取り込もうというものである[32]．

　さて，土壌汚染状態が判明した[33]場合，その土地は，①要措置区域（6条）もしくは，②形質変更時要届出区域（11条）のいずれかの区域に指定される．この2つは，汚染土壌により健康被害が生ずるおそれがあるかどうかで区別

---

32)　後述するように，自治体へのインタビュー調査によると，4条2項の調査命令発出と汚染判明時に取られる指定区域の指定手続の代替手段として，自主調査と14条が使用されることがある．

33)　土壌汚染状況調査の結果，当該土地の土壌の特定有害物質による汚染状態が環境省令で定める基準に適合しないこと（6条1項1号，規則31条1~2項．土壌溶出量基準と土壌含有量基準）．

される．要措置区域は，周辺に飲用井戸があるなど，汚染土壌の摂取経路があり，健康被害が生じるおそれがあるため，汚染の除去等の措置が必要な区域であり[34]，原則として土地の形質変更は禁止されている（9条）．一方，形質変更時要届出区域は，汚染土壌の摂取経路が遮断されており，健康被害が生じるおそれがないため，汚染の除去等の措置が不要な地域であり，当該土地の形質変更時には知事・政令市市長への計画の届出義務が定められている（12条）．なお，形質変更時要届出区域内での土地の形質変更に当たっては，周辺環境に有害物質を拡散させないよう，一定の基準に適合した方法で行われる必要がある（規則53条）．

　4条をめぐる法適用判断に関連して，上記の土対法の規定に加え，指定調査機関と自然由来の汚染とについて自治体現場で頻繁に語られたため，以下これらについて概説しよう．

　指定調査機関とは，4条2項など，法に基づく土壌調査を実施する義務が生じた土地の所有者等からの委託を受け，土壌の調査を実施する機関のことである．土壌汚染の調査は，試料の摂取地点の選定，試料の摂取方法などにより結果が大きく左右されるため，調査結果の信頼性を確保するためには，調査を行う者に一定の技術能力が求められる．それゆえ環境大臣が指定した機関が法に基づく土壌汚染の調査を行う，という仕組みになっている[35]．実際，実施現場では，4条の土壌調査をめぐるやり取りに際しては，自治体側，事業者側（土地所有者等），指定調査機関の3者での話し合いが行われることが多い．2016年10月現在，指定調査機関数は全国で708である．指定調査機関として指定を受けているものは，ゼネコン，建設会社や分析会社など幅広く，全国展開するものや地元のみで業務を行っているものなど，事業範囲も様々である．

　自然由来の土壌汚染も，人為的汚染同様に存在する．自然の岩石や堆積物中には砒素や鉛，フッ素などが含まれていることがあり，例えば，市街地や

---

34) 要措置区域に対する対策は，掘削除去だけではなく，盛り土や封じ込めなどで十分であることが明記されている．これは，旧法の下では汚染除去の対策として掘削除去が主として選択されてきたことの弊害（高いコストにより土地の所有者等が対策を取ることが困難であること，掘削された土壌が運搬後投棄されて汚染リスクが増加する可能性があること等）を受けた変更点である．
35) 指定調査機関の指定の基準等については，土対法第5章で定められている．

埋立地の海成堆積物から自然由来の土壌汚染が判明することがある．改正以前の土対法は工場・事業場からの人為的汚染のみを対象にしていたが，改正後は健康被害防止の目的に照らし，自然由来の土壌汚染も法の対象となった．自然由来の汚染に対しては，基本的に要措置区域は予定されておらず，形質変更時要届出区域中の自然由来特例区域として指定される[36]．

（1）調査命令の遵守コスト

土壌調査や，汚染が発覚し要措置区域となった場合の対応など，汚染対策に関する費用は決して軽い負担ではない．本書が対象としている4条2項の調査命令が課す被規制者への規制負担を見よう．

まず，土壌調査自体の費用負担が発生する．土地の規模や調査対象の物質，形質変更後の土地の使用予定など，状況によって費用負担の多寡は異なるものの，土壌環境センターが実施している土壌汚染状況調査・対策に関する実態調査結果によれば，調査命令を契機とする調査費用は1件あたり平均およそ740万円である[37]．しかも，被規制者にとっての経済的負担は，調査自体の費用にとどまらない．4条調査命令が発出されると，行政手続の介入や土壌調査にかかる作業のための建設工事の遅延が生じ，それも事業者にとってさらなる経済的負担である．土対法4条1項の届出の際，形質変更の工期予定を提出する必要があるが，調査命令を受けた場合，一旦設定した工事日程を変更し，調査を実施しなければならない．事業者は工事の完成時期から逆算し事業プランを作成するが，土壌調査による建設工事の遅延は，その分経済的損失となるのである[38]．さらに，土壌汚染調査の結果いかんによって，汚染対策が必要となった場合には，さらなる工事遅延の可能性といった不確実性も負担しなければならない．このように，被規制者である土地所有者等にかかる経済的負担は決して軽いものではない．そのため現場部署での法適用はときに難しい判断を迫られることとなる．

なお，調査命令の持つインパクトは被規制者の経済的負担にとどまらない．

[36) 改正当初は，自然由来の汚染も通常の形質変更時要届出区域として指定されていたが，人為的汚染と同様の規制が課されることに批判が寄せられたため，2011年に施行規則改正により自然由来特例区域が新設された．

37) 一般社団法人土壌環境センター「土壌汚染状況調査・対策に関する実態調査結果（平成27年度）」（https://www.gepc.or.jp/04result/press27.htm 2016年10月31日アクセス）

例えば，保育所の新設工事や病院の改築工事等，汚染の「おそれ」があるとみなされた土地の上での公共的サービス施設の建設が，土壌汚染調査によって遅延することもある．これは，地域の公共的サービスの提供が遅延されるというコストも併せ持つ．

そもそも規制とは，一定の公共の目的を達成するために，新たな義務や負担を創出するものである．土対法の調査命令も同様であり，調査命令の発出は，土壌汚染の把握，適正な維持管理を行うという公的な目的のためになされるが，その一方で被規制者等に負担を強いるものでもある．現場部署は，現実の事例が生じている第一線にたち，上記相反する利害に直面しつつ法適用を行っているのである．

(2) 自主調査へのインセンティブ

調査命令発出に伴う，被規制者の負う経済的負担が大きいことはすでに指摘した．特に，調査命令という行政措置の介在と，その後の汚染発覚の可能性から，工期終了の予定は不透明であるという点が指摘された．そこで，4条の届出に先駆けて土壌汚染があるのかどうかの自主調査を行い，汚染がなかった旨の結果を添付して4条の形質変更の届出を行うという，事前の土壌汚染自主調査へのインセンティブが被規制者側には存在する．実際，このような，4条命令を介さず自主調査を行うということが，法規定の1つの運用手法として複数の現場部署で見られた．その場合のメリットは，行政手続を挟まないため，事業者にとって工事の日程が予測可能になり経済的負担が軽減されること，自治体にとっても土壌調査が実施され，土壌汚染有無の情報が分かるという点である．4条による調査命令による経済的負担の可能性を回避できるため，事業者は4条の届出前に自主調査を行うことを好む傾向があるという．なお，ここで自主調査が選択されるのは，調査命令を受けるこ

---

38) 現場職員は，調査命令の発出と工事計画の遅延による，事業者の経済的負担を指摘している．「［事業者は］最終的な工期っていうのは決まっていて，その段階から生産をしてっていうことで，その新商品でいつから稼ぎをだしてっていうのが，もうプランニングとしてお尻まで入っている形なので，［工事を］遅らせる訳にはいかないんですね．で，そうはいっても，環境サイドとしては命令を出さない訳にはいかない」[i3]．別の職員も，「工事が遅れるっていうのはそれだけで施工費用，お金がどんどんかかるっていうことですからね，それは企業にとっては死活問題です」[i18] と言う．なお，角かっこの中はインタビュー調査協力者の番号を表す．

とは事業者にとって金銭的リスクが大きく，また指定調査機関からの情報もありどのような場合に命令が発出されるのかが事業者側にもある程度予測可能になるという構造が働いているからであろう[39]．

（3）土対法の施行状況

最後に，土対法の施行状況について概観しよう．2010年の施行以降，調査命令は4条1項の形質変更届出のうち，2010年を除き毎年2%弱に対して発出されている[40]．例えば，2014年では，10,602件の届出のうち，164件（1.5%）の調査命令が出されている．

表2-2は，4条1項の形質変更の届出数，4条2項の調査命令発出数，14条申請件数，そして指定区域（要措置区域と形質変更時要届出区域）数をまとめたものである．土壌汚染が判明し，要措置区域，形質変更時要届出区域として登録されている土地件数は着実に増加している．土対法改正4年後の2014年度には，登録数は1562件にのぼり，改正前の2009年度とくらべると，7倍以上の増加となっている．

図2-1は，土対法3条，4条，5条，14条に基づいた土壌調査結果報告数の推移である．改正土対法が施行された2010年度（平成22年度）以降，法の枠組みが変わったため，内訳は異なっている．全般的傾向として，土対法に沿った土壌調査の契機は増えていることが分かる．また，土壌調査の契機としては3条，4条，14条にほぼ3分されていたが，14条による調査報告結果が増えていることも読み取れる．

図2-2は，毎年度における指定区域の指定件数の推移である．土壌調査の結果，土壌汚染が判明した場合，要措置区域または形質変更時要届出区域に指定される．図から分かるように，改正以後，指定区域の指定件数が増加しており，またその多くは形質変更時要届出区域として指定されたものである．

---

[39] 4条の調査命令が発出されていないことをもって4条の調査命令の規定が不要だということではなく，その規定が存在するからこそ自主調査が促進されているということである．

[40] なお，調査命令の発出率が2%という数字は，他の環境規制法における行政命令発出率と比較すると，高い割合である．例えば，2014年度において，大気汚染防止法では立入件数32135件のうち行政処分1件（0.003%），行政指導6856件，水濁法（排水規制）では立入件数41110件のうち，行政処分11件（0.03%），行政指導8872件であった（環境省「平成26年度大気汚染防止法に係る施行状況について（概要）」，「平成26年度水質汚濁防止法等の施行状況」）．

表 2-2 土対法の施行状況

	2009 (H21)	2010 (H22)《改正土対法施行》	2011 (H23)	2012 (H24)	2013 (H25)	2014 (H26)
形質変更の届出数	—	10,815	9,525	9,949	10,848	10,602
調査命令数	—	270 (2.5%)	180 (1.9%)	126 (1.3%)	142 (1.3%)	164 (1.5%)
14条申請件数	—	89	241	303	298	390
指定区域指定数	202	380	666	930	1,295	1,562

出典：環境省『土壌汚染対策法の施行状況及び土壌汚染調査・対策事例等に関する調査結果』

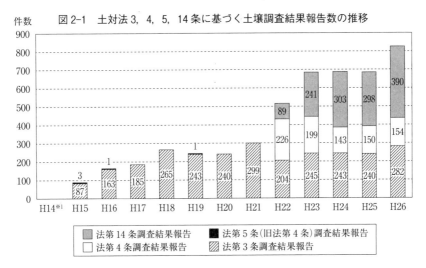

図 2-1 土対法 3, 4, 5, 14 条に基づく土壌調査結果報告数の推移

※1：平成14年度については法施行日（平成15年2月15日）から平成15年3月31日までの状況
出典：環境省『土壌汚染対策法の施行状況及び土壌汚染調査・対策事例等に関する調査結果』平成26年度より抜粋

C 水質汚濁防止法による地下水汚染の未然防止

水濁法は1970年のいわゆる公害国会において，水質二法（「公共用水域の水質の保全に関する法律」及び「工場排水等の規制に関する法律」）に代わって制定され，71年から施行されている．水濁法はその後何回かの改正を受けており，近年では工場・事業場からの有害物質の非意図的な漏えい，床面からの地下浸透の未然防止を目的とする改正が行われ，2012年から改正法が施

図 2-2　指定区域の指定件数の推移

出典：環境省『土壌汚染対策法の施行状況及び土壌汚染調査・対策事例等に関する調査結果』平成 26 年度より抜粋

行されている．

　水濁法は，工場・事業場からの公共用水域への排水行為と地下への浸透行為を規制の対象とし，公共用水域及び地下水の水質の汚濁防止を図ることをもって，国民の健康を保護するとともに生活環境を保全することを目的としている（1 条）[41]．公共用水域とは，河川，海域，湖沼や，下水道を除く各種水路を指す．

　以下では 2012 年に施行された改正部分について概観しよう．

　改正の背景は，(1) 近年の調査により，工場又は事業場からの有害な物質による地下水汚染の事例が毎年継続的に確認され，その中には周辺飲用井戸から有害物質（トリクロロエチレン）が検出された事例もあることが明らかとなったこと，(2) 地下水は都市用水の約 25% を占める貴重な淡水資源であること，(3) 地下水汚染は経路が複雑なため一度汚染されると回復困難であること，以上により，地下水汚染の未然防止のための取り組みが必要とされたことである（環境省水・大気環境局『地下水汚染の未然防止のための構造と点検・管理に関するマニュアル 第 1.1 版平成 25 年 3 月』）．

---

[41] もう 1 つの目的として，工場・事業場から排出される汚水等に関して，人の健康に係る被害が生じた場合の被害者保護を図ることが定められている（1 条）．

地下水汚染事例の原因の大半は，工場や事業場等における生産設備・貯蔵設備等の老朽化や，生産設備等の使用の際の作業ミスによる有害物質の漏えいであり，その中には水濁法の規定する特定施設（2条2項）でないものも含まれることが明らかとなった．これを反映し，改正の内容は以下の3つに大別される．(1) 規制対象施設の拡大，(2) 施設の構造等に関する基準の遵守義務の創設，(3) 定期点検の義務の創設，である．本書は，そのうちの(1) 新設された規制対象施設の該当判断と，(2) 施設の構造等に関する基準の遵守の判断を対象としている．

規制対象施設の拡大に伴い，新たに「有害物質貯蔵指定施設」が規制対象となった（5条3項）．これは，貯蔵施設・貯蔵場所から有害物質が漏えいした事例が調査により明らかになったことを受けている．よって，自治体現場では，何が「有害物質貯蔵指定施設」に該当するのか，その判断が新たに求められることとなった．法によると，「有害物質貯蔵指定施設」とは，

水濁法5条3項
「指定施設（有害物質を貯蔵するものに限る．）であって当該指定施設から有害物質を含む水が地下に浸透するおそれがあるものとして政令で定めるものをいう．」
水濁法施行令4条の4
「法第五条第三項の政令で定める指定施設は，第二条に規定する物質［有害物質のこと——筆者注］を含む液状の物を貯蔵する指定施設とする．」

と定義されている．「指定施設」とは①有害物質を貯蔵し，もしくは使用する施設，又は②有害物質及び指定物質（「油以外の物質であって公共用水域に多量に排出されることにより人の健康もしくは生活環境に係る被害を生ずるおそれがある物質として政令で定めるもの」）を製造し，貯蔵し，使用し，もしくは処理する施設をいう（2条4項）[42]．つまり，有害物質を含む液状のものを貯蔵する指定施設であって，当該施設から有害物質を含む水が地下に浸透するおそれがある施設が，「有害物質貯蔵指定施設」とされている．

---

42) 指定物質として，現在ホルムアルデヒドなど56項目が定められている．

また，改正水濁法では，構造等に関する基準の遵守義務が追加された．以下は，本書と関連する箇所の抜粋である．

水濁法12条の4
「有害物質使用特定施設を設置している者又は有害物質貯蔵指定施設を設置している者は，当該有害物質使用特定施設又は有害物質貯蔵指定施設について，有害物質を含む水の地下への浸透の防止のための構造，設備及び使用の方法に関する基準として環境省令で定める基準を遵守しなければならない．」
水質汚濁防止法施行規則8条の3
「有害物質使用特定施設又は有害物質貯蔵指定施設の本体が設置される床面及び周囲は，有害物質を含む水の地下への浸透及び施設の外への流出を防止するため，次の各号のいずれかに適合するものであることとする．ただし，施設本体が設置される床の下の構造が，床面からの有害物質を含む水の漏えいを目視により容易に確認できるものである場合にあっては，この限りでない．
一　次のいずれにも適合すること．
　　イ　床面は，コンクリート，タイルその他の不浸透性を有する材料による構造とし，有害物質を含む水の種類又は性状に応じ，必要な場合は，耐薬品性及び不浸透性を有する材質で被覆が施されていること．
　　ロ　防液堤，側溝，ためます若しくはステンレス鋼の受皿又はこれらと同等以上の機能を有する措置（以下「防液堤等」という）が設置されていること．
二　<u>前号に掲げる措置と同等以上の効果を有する措置</u>が講じられていること．」（下線は筆者追加）

　有害物質使用特定施設及び有害物質貯蔵指定施設の設置者は，有害物質による地下水汚染の未然防止を図るため，施設の床面と周辺，施設に付帯する配管や排水溝等，地下貯蔵施設について定められている，構造，設備，使用の方法に関する基準を遵守しなければならない（12条の4）．これが通称「構造基準」の遵守義務という新たな義務である．構造基準で求められる対策としては，例えば床面の被覆や防液堤の設置，その「同等以上の効果を有する措置」，吸収マットの設置や目視による点検など，施設やその状況によって

幅広い対応が可能である．「同等以上の効果を有する措置」という規定のされ方からも窺えるように，現場の状況に応じた対応ができるよう柔軟性の高い規定のされ方になっている．換言すれば，法律規定は一般的抽象的な文言であり，現場自治体において，この法文言の具体的な意味付け，何が基準の遵守とみなされ，何が基準の違反とみなされるのか，法律の具体的な意味の構築が行われる場面が生じることとなる．

このように，新規規制対象に該当すると，構造基準を満たす義務が課される．なお，構造基準遵守義務の規定は，既存施設に対しては猶予期間が定められ，2015年5月末まで適用されない（改正法附則4条)[43]．よって本書の調査期間中はまだ構造基準についての適用猶予期間内であり，自治体の現場では，まさに，何が構造基準遵守に該当し，何が構造基準違反なのかの具体的判断をめぐり，対応に迫られている最中であった．

（1）幅広い被規制者層

水濁法の特徴の1つとして，被規制者層の幅が広いという点が指摘できる．業種としても，クリーニング業，めっき業，写真現像業，化学工場等様々であるし，また事業規模としても，個人のクリーニング店といった小規模なものから，大規模工場などまで様々である．この点，土対法の調査命令対象となるものは，3000㎡以上の土地の形質変更を予定している土地所有者等であるため，水濁法と比較すると，被規制者層の事業規模での多様性は小さいと言える．水濁法の地下水汚染未然防止規定では，有害物質等の貯蔵を目的とする施設であれば，たとえその量が微量であっても規制の対象となる．このため，規制対象となる事業規模や業種の幅はとても広い．

この多様な被規制者層という特徴は，法を適用する現場部署の視点から見ると，規制の効果という観点から一律な法適用判断はなされにくいということを意味する．工場，事業場ごとに，貯蔵施設の設置の仕方，貯蔵されている有害物質の種類，どの程度の期間貯蔵されているのか等，様々であり，一

---

43) 遵守確保のため，13条の3では，都道府県知事，水濁法政令市の市長は，有害物質貯蔵指定施設及び有害物質使用特定施設の設置者が，法12条の4の基準を遵守していないと認めるときは，構造等の改善，施設の使用の一時停止を命ずることができると定めている．しかし，この命令規定も，構造基準と同様，2015年5月末までの猶予期間の対象となっているため，本書の調査中には命令発出をめぐる判断は行われていなかった．

律的な法適用はなじまない．規制の実質的な効果をあげようと現場部署が努めるほど，法の公平性と柔軟性のバランスをいかにとるべきか，現場部署は悩む状況に陥ることとなる．

（2）地下水汚染未然防止規定の遵守コスト

　土対法同様，新設された規制規定の遵守コストは高い．ひとたび有害物質貯蔵指定施設に該当するとなると，構造基準に適合させなければならず，そのための設備投資のコストがかかる．構造基準に適合させるために必要な措置としては，典型的には，例えば床面の被覆や防液堤の設置などが挙げられる．事業者によっては，パイプからの漏えいが目視により容易に発見できるよう，パイプを床や天井から離し露出するように設計構造を変えたり，漏えいを自動的に検知する自動検知器を設置するところもあるという．また，構造基準への適合に加え，定期点検の実施と点検記録の保管も義務づけられており，それらに伴う事務コストも負うこととなる．定期点検では，床面や防液堤のひび割れ等異常の有無の確認，床面被覆の損傷の確認，施設本体のひび割れといった異常の有無の確認を1年に1回あるいはそれ以上の回数行うことが法で義務づけられている．

　実際に遵守コストとしてどの程度のものが被規制者に課されるのだろうか．例えば床面被覆について見てみよう．貯蔵されている有害物質の種類により，床面の被覆材料も異なるが，例えば，トリクロロエチレンといった有機溶剤を使用する事業者の場合，耐溶剤性に優れたフラン樹脂を使用することがある．その場合，1㎡あたり40,000〜100,000円の被覆工事費が参考工事費として挙げられている[44]．より安価なもの（ビニルエステル系）でも1㎡あたり10,000円が参考工事費だという．もちろん，この参考価格は，床面被覆に用いる被覆剤の種類，何層の被覆を行うのか等，事業場の実際の状況によって変動するが，遵守コストを想定する1つの目安となるだろう．中小企業の場合，この遵守コストへの対応が難しい場合もでてくるであろうし，大規模工

---

44) 経済産業省関東経済産業局「関東経済産業局管内の中小企業等の工場・事業場における公共用水域又は地下水の水質汚濁防止のための具体策に関する調査報告書　平成24年3月」．(http://www.kanto.meti.go.jp/seisaku/kankyo/recycle/23fy_suishitsuodaku_chousa.html．2016年10月31日アクセス）

表 2-3 水濁法・有害物質貯蔵指定施設数の推移（全国）

	2012 (H24)	2013 (H25)	2014 (H26)
有害物質貯蔵指定施設事業場数	2,833	3,196	3,309

出典：環境省『水質汚濁防止法等の施行状況』平成 24 年度から平成 26 年度より．

場の場合，規制対応の求められる面積は大きくなることから，遵守コストも当然大きくなる．

（3）施行状況

最後に，水濁法の施行状況（全国）を概観しよう．表 2-3 は水濁法の有害物質貯蔵指定施設数をまとめたものである．有害物質貯蔵指定施設は改正後の新設の規定なので，平成 24 年度の統計から記録がある．有害物質貯蔵指定施設は，年々微増していることが見て取れる．

2-2　本書の対象とする現場部署と現場職員

A　現場部署

（1）分権化された構造

土対法，水濁法ともに，実施は全国 47 都道府県と，政令で定められた 111 の政令市の計 158 の地方自治体が行っている（土対法 64 条，水濁法 28 条）．土対法政令市，水濁法政令市には，人口 50 万以上の指定都市や，人口 20 万以上の中核市等も含まれている．そして，ある地方自治体に実施事務権限が置かれている場合，その自治体区域内では当該自治体部署が各々法解釈・適用を行う[45]．環境省は，法律制定など国家レベルでの環境施策を講じるが，実際の事例に法を適用するといった現場第一線での法律実施事務は行わない．したがって，本書が対象としている法の現実事例への適用場面を担当するのは，上記地方自治体である．

後述するように，インタビュー調査によると，具体的な法適用判断の際，

45）　例えば，千葉県内の場合，土対法政令市および水濁法政令市として，千葉市，市川市，船橋市，松戸市，柏市，市原市が存在する．したがって県は上記政令市以外の千葉県内の地域での法実施を担当している．

環境省が詳細かつ完結的な指示を出すことはまれであるという．たとえ現場部署が適用判断に迷い，環境省へ問い合わせを行っても，「法律の趣旨を踏まえて，各自治体で判断されたい」という旨の回答が多いという [i7, i17, i47, i55][46]．環境省に対する筆者のインタビュー調査でも，環境省職員は「自治体で判断して頂いて」[i49]，と自治事務である点と現実事例の個別性を強調し，自治体の判断を尊重する回答を行っていた [i49, i50]．ここからも，現場第一線部署での法解釈と適用には幅広い裁量が託されていることが分かる．

（2）現場部署のすがた

　土対法と水濁法を担当するのは，環境部局，特に公害対策を担当する部署である．規模が大きい自治体では水質土壌関係で1つの課が構成されるが[47]，多くの場合は，大気や水など公害に対する環境保全全般を担当する課があり（「環境保全課」「環境政策課」「環境管理課」といった名称が一般的である），その中での土壌・水質係（あるいは班など）という構成になっている．土対法と水濁法は同じ係・班が担当している自治体も多い．その場合，係員の人数は係長・班長級の職員も合わせて4～8人程度の規模が一般的である[48]．土対法や水濁法，及び関連条例や他の規制法など，係に割り振られている業務を，係内の担当者がそれぞれ担当している．このように，本書が対象とする土対法及び水濁法の事務は，同じ係が担当するか，係は異なるものの，同じ課が担当している．本書では，土対法・水濁法を所管する係・班を，現場部署と呼んでいる．

　筆者が実施した全国の土対法担当部署・水濁法担当部署への質問票調査によると（序章も参照），現場部署には平均5.8名の現場職員がおり，土対法担当者が2.4名，水濁法担当者が2.6名となっている．また，部署所管法律の平均数は，土対法担当部署では土対法を含めて4.7，水濁法担当部署も水濁法を含めて4.4となっていた．本書が対象としている調査命令・有害物質貯蔵指定施設の該当性という法適用判断だけではなく，現場部署は，土対法，

---

46)　[　]の中はインタビュー調査協力者の番号を表す（以下同様）．
47)　例えば，東京都，横浜市，千葉県など．
48)　土壌・水質班は，土対法，水濁法以外にも，関連する条例や，浄化槽法など，他の法令を担当している場合がほとんどである．他の法令を兼任している状況は，都道府県級に比べ政令市級ほど多い．

水濁法の各種届出受理や許可申請の審査決定，また立入検査，違反対応活動と，数多くの業務を担っている．インタビュー調査によると，現場部署にとって土対法と水濁法は業務の中心となる法規であり，彼らの業務のおよそ 60-70% の業務はそれぞれの法律に関することである，と現場職員は回答している[49]．残りは，土対法もしくは水濁法以外の法律に関する事務，土壌，水質関連の条例にかかる事務等を行っているという．

Lipsky がすでに指摘しているように，第一線現場では，常に組織リソースの不足が認識されている（Lipsky 1980）．絶え間なく舞い込んでくる事例，業務に必要な情報の不足，またその情報獲得のための追加的な業務の必要性，公共サービスの需要増加によって，現場部署は絶えずリソースの制約の中で業務を行っている．近年の地方財政悪化による人員削減は，リソースの制約をさらに強めている．現場部署でのインタビュー調査においても，人員の削減と事案の増加によるケースロードの増加，行政リソースの不足は，頻繁に耳にした．例えば，「市民の要求も，当然行政に対する要求もあがっているので，その割に人も減っている」[i5]，「人数も，平成10年くらいのときは，いやもうちょっと前から，7，8人くらいいて……今は実質4人ですからね」[i31] といった回答が聞かれた．

また，技術職，特に化学職採用の職員の大量退職とそれによる年代構成のいびつさも，よく指摘された．1970年代，公害が社会問題となった際に自治体に大量採用された技術系職員が，退職の時期を迎えており，多くの自治体で世代交代が急速に進んでいる．現場での経験や知識の継承が十分になされないまま，新たな世代に移行している状態に，危機感を抱いている自治体は多かった．

（3）頻繁な異動

頻繁な異動は，日本の行政組織の1つの大きな特徴であろう．環境規制担当部署も例外ではなく，質問票調査によれば，平均 2.9 年で別の部署へ異動するケースが多いという[50]．実際，質問票調査に回答した担当職員の土対

---

49) 特に，土対法4条の届出審査にかかる業務負担（4条2項調査命令発出の判断も含まれる）が大きいという．ある現場職員は「現状やっぱり土対法の事務の中で，事務量が一番大きいのは4条の届出に対する審査なんで」[i3] と言う．

法あるいは水濁法の担当歴は，それぞれ平均2.3年，平均2.7年であった．インタビュー調査に協力してくれた現場職員の担当歴も，平均して2.2年であり，同様の結果となっている．もちろん，中には5年以上担当している現場職員もケースとしては存在するが，全体の傾向として，現場部署において，異動は平均3年間のペースで頻繁になされている．

現場職員の頻繁な異動は，現場部署が組織として保有する専門知識や法適用経験をどの程度維持，保有していくのか，そのことにも影響を与える．新しく部署に配属された現場職員が，複雑化，専門化する環境法制を把握し，使いこなすようになるためには，一定の学習期間が必要である．頻繁な異動には，より大局的な環境政策実施の視点の獲得，地方自治体業務全体を見渡す能力の育成や，被規制者との癒着の防止といったメリットがある一方，各業務に必要となる専門的知識の蓄積や特定の法政策の詳細な知識と理解を向上させることにはそぐわない．現場での法の適用判断に必要となる，技術的・法的専門性，被規制者との話し合い（交渉）の経験や技術に鑑みると，数年間の現場経験は短いと認識されている［i21, i35, i69］．この点，現場部署内の現場職員同士の話し合いといった相互作用を通じて，あるいは文書記録の作成を通じて，業務内容が新規職員へ伝達，継承されるかどうかがクリティカルになる．現場部署内での話し合いや情報共有を重要視している部署もあれば［i1, i23］，ケースロードの増加と人員削減，部署内での話し合いの機会がそもそも減少していること，あるいは部署内に経験者がいないため，新規職員へのケアができないと懸念を表明する部署もあった［i18, i30, i41］（第5章に後述）．

B　現場職員

本書が分析対象としている現場職員は，土対法あるいは水濁法を担当している環境部署配属の地方公務員である．なお，環境行政では化学や環境工学といった専門的知識が必要なことから，土対法，水濁法担当者は，技術職採用の職員が大半である．質問票調査によると，土対法・水濁法を所管する現場部署の平均職員数は前述の通り5.8名であったが，そのうち技術系職員は

50）　なお，質問票調査では，53.4%の現場部署が，特に担当期間は定まっていないと回答している．

2-2 本書の対象とする現場部署と現場職員　　61

表 2-4　現場職員の属性（質問票調査の回答者）

最終学歴	平均年齢	性　別	行政職員としてのキャリア期間（平均）	質問票調査時点の現ポスト在職期間（平均）
学士 52.7%（$n=144$） 修士 33.7%（$n=92$） 博士 0.4%（$n=1$） その他 3.3%（$n=9$） 無回答 9.9%（$n=27$）	35.4 歳	男性 76.9%（$n=210$） 女性 15.4%（$n=42$） 無回答 7.7%（$n=21$）	10.2 年	2.3 年（土対法） 2.7 年（水濁法）

平均 4.0 名だった．

　本書の質問票調査では，土対法担当者，水濁法担当者に，それぞれ回答記入を依頼し，また末尾で回答者自身の年齢や性別といった属性も質問している．表 2-4 は，それをまとめたものである．現場職員の属性を全体として把握する上で 1 つの参考となるだろう．

　彼らの教育的バックグラウンドは，大学卒，あるいは修士号取得であり，両者を合わせて 86.4% である．インタビュー調査によれば，彼らは化学専攻，環境工学といった理工系出身の職員であった．また，性別は男性職員が圧倒的に多い．質問票調査でも男性職員の回答者が 76.9% に対し，女性職員が 15.4% であったし，またインタビュー調査においても（表 0-2），協力者 78 名のうち，男性職員 87.2%（$n=68$）に対し，女性職員は 12.8%（$n=10$）であった．

　質問票調査に回答した現場職員の平均年齢は 35.4 歳であり，入庁・入所後平均して 10.2 年を経過している職員である．

　現場職員としての経験について，土対法あるいは水濁法を担当してからどの程度の期間が経っているのか尋ねたところ，土対法担当者の平均が 2.3 年，水濁法担当者の平均が 2.7 年で，両者を総合すると平均 2.5 年である．当該法を担当して平均 3 年後には別部署への異動サイクルに入るため，質問票回答者は，当該法律の実施経験が比較的豊富であり，中心的に当該法の実施業務を行っている職員であることが窺える．

2-3　法実施の流れ

　現場部署は，法適用に伴うあいまいさや環境被害の不確実性の高い事例を扱うものの，常時絶え間なく，難しい法適用判断に迫られている訳ではない．多くの場合は，ルーティーン化された判断様式で事例を処理している（Maynard-Moody and Portillo 2010）．また，通常の法実施の流れも存在するし，法律，施行令，施行規則といった法令自体のみならず，環境省からの通知やガイドライン，Q&A，逐条解説，各地方自治体が独自に作成した内規（マニュアルや運用要領）など，法適用判断の拠り所となりうる文書も存在する．以下では，土対法調査命令と，水濁法の地下水汚染未然防止規定（有害物質貯蔵指定施設の該当性）について，現場部署での実施の流れを概観しよう．

A　土壌汚染対策法4条2項調査命令の場合

（1）環境省発行のガイドライン

　土対法の場合，同法4条の調査命令の判断といった法適用判断の際に現場職員がまず手に取るのは，法律や施行令・施行規則といった法令の他に，環境省が発行している『土壌汚染対策法に基づく調査及び措置に関するガイドライン（改訂第二版）』（環境省水・大気環境局土壌環境課，平成24年8月．以下『ガイドライン』と表記する）である．この『ガイドライン』は巻末のアペンディックスも含めると計743ページにも及ぶ．『ガイドライン』には，法や施行規則といった法令，環境省からの通知や告示など関連する規定のみならず，『ガイドライン』独自の詳細な説明や補足事項も網羅されている．また，『ガイドライン』に加えて，環境省のホームページには「土壌汚染対策法に関するQ&A」（平成25年3月21日作成）も掲載されている．これは主に自治体からの法適用，法解釈についての質問に対し，環境省が回答しているものをまとめたものであり，これも現場部署では参照される[51]．

　上記『ガイドライン』独自の記述や「土壌汚染対策法に関するQ&A」は，技術的助言であり，必ずしも現場自治体は『ガイドライン』等の内容に従うべき義務はない．しかし，環境省が示している上記記述は，自治体部署にとって「正しい法解釈」の指針として受け止められている．

とはいえ，すべてのありうるケースに関して，上記『ガイドライン』は網羅的に記述している訳ではない．法適用のあいまいさについては次章で詳述するが，実際，『ガイドライン』全 743 ページのうち，4 条 2 項の調査命令の判断に関する記述は 10 ページに過ぎないし，「土壌汚染対策法に関する Q&A」でも全 16 ページ中 5 ページとなっており，調査命令の判断についての記述に多くのページ数が割かれているとは言えない．なお，筆者の調査時においては，運用開始後まもない新規定であることもあり，自治体部署独自のマニュアルは存在していなかった．

（2）通常のながれ（1）── 4 条届出受理まで

土対法 4 条 1 項は，土地の掘削等といった土地の形質変更で，その対象となる土地が 3000 ㎡以上の場合，届出を義務付けている．そして，4 条 2 項によって，この届出対象となるもののうち，土壌汚染の「おそれ」があると判断されたものに，調査命令が発せられる．

4 条 1 項の形質変更の届出に至るまでに，現場部署と被規制者（形質変更を計画する土地所有者等）は事前に話し合いを行っている場合が少なくない．届出書の記載の際の注意事項や必要な情報を確認する目的であるが，何が「形質変更」に該当するのかといった規制対象の該当性，またどのような場合に調査命令といった強制的な調査義務が課せられるのか，被規制者と現場部署との間で説明と話し合いが行われる．この段階で，土対法 4 条にかかる事実上の説明，交渉は始まっており，法実施の第 1 段階となっている．

例えば，この話し合いにおいて，「調査命令ってどうなんですかって結構聞かれる，かかるんですかって聞かれる，基準超過したらどうなるんですか

---

51) 4 条関連の質問とその回答の例として以下のものがある．「Q: 掘削土壌を敷地内に一次的に仮置きする場合，その場所も盛土する場所として届け出る必要があるか．また，シートや鉄板で養生し，地面と接触しないように仮置きを行う場合の届出についても届け出る必要があるか．A: 前段及び後段ともに，盛土には該当するため土地の形質変更面積に含めて考えられたい．」，「Q: 法第 4 条第 1 項の届出が想定される区域について，届出以前に法に準じた方法で自主調査を実施し，汚染がないことがわかっている場合，届出後，その調査結果をもって（履歴の確認は省略），同条第 2 項の調査命令は不要と判断してよいか．A: 当該調査が土壌汚染状況調査と同等以上の調査であり，その結果，汚染がないことが判明し，かつ，当該区域についてほかに法第 4 条第 2 項の環境省令で定める基準に適合しないことを都道府県知事が確認している場合には同項の命令は不要とする余地があると解する．」

っていう話になる」[i17] こともある．また，計画している工事手法が届出対象となっている土地の「形質変更」に該当するのか，といった質問も受ける．現場部署はこのような質問の回答には慎重であり，むしろ上記判断に必要となるような地歴情報（土地の登記簿や土地利用の記録，水濁法等の届出等）を提出するように伝えたり，「形質変更」の該当性については後日回答をするといった対応を取っていた．

　この打ち合わせの有無および回数は，当該事例の複雑さによって異なる．例えば，当該土地が田畑であった場合，打ち合わせはあったとしても短時間で終わるであろうが，当該土地が過去あるいは現在に有害物質の使用や貯蔵がある工場や事業場であったり，あるいは何らかの理由で有害物質が土地に含まれている可能性が推測できる場合，また形質変更の工法や工事日程が複雑である場合などでは，打ち合わせの必要性は高く，また複数回行われる可能性もある．複雑な事例として，例えば，過去に廃棄物埋立が行われた土地での形質変更計画であったり（この場合，埋め立てられた廃棄物内に有害物質が含まれている可能性があるが，古い埋立地であると記録がない場合がある），有害物質を使用している可能性が高い工場跡地に複数回の工期に分けて，あるいは特殊な工法での工事を計画している場合などが挙げられる．

　事前の話し合いを通じて，被規制者の側では，調査命令を受ける可能性がある届出を行うよりも，届出前に自主的に土壌調査を行う方が，工期の見通しが立ち，好ましいという判断をする場合もある．自主調査が土壌汚染なしという結果であれば，それを添付して4条届出を行えばよく，仮に土壌汚染が判明した場合でも，すでに調査済みなのであるから，調査命令を発出され再度調査義務を負うことはない[52]．届出前の話し合いを通じて，被規制者は工事計画や工法を変更したり，調査命令の介在による工期の不確実性や行政命令を受けるという不確実性を減らすために自主調査を先に実施すると判断することも珍しくはないという[53]．

---

52) この場合，現場部署より14条の自主申請と，汚染土壌に対応した適切な工法を取るよう要請されるであろう．

53) なお，届出は土地の形質変更に着手する30日前までに行わなければならない（土対法4条1項）．被規制者によっては，期限直前に届出提出を行う場合もあるため，上記打ち合わせが行われない場合も想像される．

（3）通常のながれ（2）——4条届出受理から調査命令発出の判断まで

　現場部署は，4条1項の届出を受理したのち，命令を発出する場合は届出者が土地の形質変更に着手する30日以内にその判断を行わなければならない．届出の提出書類は，事例の複雑さに応じてその量が大きく異なるという．簡単なものであれば，厚さ数センチメートルであるが，複雑な事例であれば，ファイルを横に並べると1メートル程度になるものもある．

　調査命令発出の判断に際して，現場部署の作業は，まずその判断根拠となるような文書記録を探すことから始まる．例えば，水濁法の届出書や立入検査記録，消防が保有している公的記録を取り寄せたり，過去と現在の地図，航空写真を確認したりするなど，当該土地の過去と現在の状況を把握しようと努め，また届出内容との整合性を確認する．もし，当該土地が有害物質の使用，製造，貯蔵，埋立等により土壌汚染の可能性が想起される場合には，地下水や引用井戸の地図を確認することもある．

　次章で詳述するように，この事実確認の作業には時間と手間がかかる．当該土地利用が古い場合には必ずしも公的記録が残っているとは限らず，また被規制者側にも，世代交代や土地所有者等の変更などで記録や情報が保存されていないこともある．他にも，被規制者が過去に必要な届出や報告をしていない場合もあろう．現場部署で利用可能な情報はいつも整然と整理され存在している訳ではなく，むしろ拡散していて現場部署自らの積極的な情報収集が必要となったり[54]，また過去の記録不存在のために事実の把握が困難である場合も多い．このように，現場部署は情報が不十分な中で法適用判断を迫られていることが現実の状況である[55]．

　取得できた限りでの記録や被規制者への聞き取りをもとに，現場部署は調査命令を発出するかどうかの判断を行う．土壌汚染の「おそれ」があると判断した場合に命令を発出するのだが，その判断に際しては，法適合性といっ

---

54) この事実確認作業のやり方については，自治体間の差もあると思われる．自治体により，条例に基づき形質変更届出の際に，土地の利用履歴の添付を義務付けることで，行政部署の行う土地の利用履歴確認作業を簡略化している場合もあれば（例えば埼玉県や大阪府など），そのような義務を課さず自治体部署が事実確認を行っている場合もある．

55) 第一線職員の裁量の1つに，組織リソースをどの業務に投入するのかを決める裁量という「リソースの配分」があると指摘されるが（Lipsky 1980），上記事実確認の作業は，このリソースの配分が行われる1つの場面である．どの事例についてどこまで調べるのかは現場部署・現場職員の判断である．

た法的判断，環境リスク勘案という技術的判断，そして事実関係の判断という，複数の判断要素を考慮することが必要とされる．特に，命令発出の判断の場合，これは「間違い」のない法解釈なのであろうか，把握した事実や記録は命令発出の根拠となるものなのだろうかという法的判断について特に注意が払われている［i7, i9, i10, i13, i14, i15, i16, i82］（第5章）．他にも，土壌汚染リスクの可能性についてや，調査の必要性はそもそもあるのだろうかという実質的な環境への悪影響について，そして記録不備の場合には有害物質の埋設の可能性といった技術的・事実的関係にも考慮は及ぶ．このような現場部署の法的，技術的，そして事実に関する判断を通じて，規制法は，「本に書かれた法（law on the books）」から「現実の法（law in action）」として具体化する．調査命令発出の判断はその典型例である．

（4）通常のながれ（3）——調査命令に関する法適用判断後

　有害物質の使用や製造，貯蔵，埋設等により，現場部署が汚染の「おそれ」があると判断した場合，当該被規制者と現場部署は話し合いの機会を設ける．この話し合いでは，土壌調査の必要性と調査命令が出されることを説明し，またどのような物質を調査するのか，どの区域を何地点調査するのか，といった具体的な打ち合わせも行われる．現場部署としては，当然，被規制者から調査命令発出に対し，その必要性を疑問視する反応も予測される．被規制者を納得させ土壌調査を実施させるために，複数回話し合いの機会を設けたという例も聞かれた［i15, i82］．また，土壌調査の実施に同意したとしても，土壌調査の遂行に関して，どこを何地点採取するか，といった細かい調整も行われる．土壌採取地点数を多くすれば土壌調査の把握の精度は上がるものの，当然調査費用はかさむ．被規制者としては地点数を減らしたいインセンティブがあるため，土壌汚染の有無を把握したい現場部署との調整が必要となる．とはいえ，一度調査命令が出されると，被規制者はそれに従い調査は実施されている．これは調査命令発出という行政処分の取消訴訟が提起されていないことから窺える．

　しかしながら，既述した通り，4条届出数のうち，調査命令が発出される件数は2%弱である．ほとんどの事例には，調査命令が発出されることはない．被規制者は届出後30日以降に，工事を着工することとなる．

B 水質汚濁防止法による地下水汚染未然防止の場合

（1） 環境省発行のマニュアル

水濁法の地下水汚染未然防止規定の場合にも，土対法と同様，法令や通知，事務連絡の他に，環境省発行のマニュアルやQ&Aが存在する．『地下水汚染の未然防止のための構造と点検・管理に関するマニュアル（第1.1版）平成25年6月』（以下『地下水マニュアル』と表記する），「地下水汚染未然防止のための定期点検に関する事例集」，「地下水汚染未然防止のための構造と点検管理に関する事例集及び解説」，また「改正水質汚濁防止法に係るQ&A集」がそれである．

また，現場部署に相当程度の裁量が認められている点も，土対法4条の場合と同様である．『地下水マニュアル』やその追加資料を合わせると計269ページとなるが，そのうち「有害物質貯蔵指定施設」の該当性判断については，合計18ページが割かれている．『地下水マニュアル』等では，制度の内容や基本的な解釈，典型事例に対する解釈と解説が記載されている．とはいえ，あくまで参考情報としての位置づけであり，最終判断は各都道府県や政令市が行うものであることも付記されている．

（2） 通常のながれ

水濁法5条3項「有害物質貯蔵指定施設」は，2012年改正時に新しく規制対象となった施設である．法の仕組みとしては単純であり，現場部署は，被規制者が提出する5条3項の届出を受理し，また構造基準の遵守を確保することが求められている．しかし，実際の法実施の際には，現場部署からの積極的な働きかけが必要となる．新規定であるため，被規制者となる事業者は，そもそも新規定の存在を知らなかったり，知っていても該当しないと考えているかもしれない．また，仮に自分たちの施設が規制対象に該当すると理解したとしても，どの程度まで漏えい防止対策を行えば，構造基準の遵守とみなされるのかについても，被規制者にとって明らかでない場合がある．現場部署は，説明会の開催や水濁法改正のお知らせの送付といったPR活動，個別被規制者への説明や1つ1つの事例に即した法該当性の判断を行うというように，新しい規制を機能させるために丁寧な法実施が求められるのであ

る[56]．

　ある施設が規制対象に該当するのかどうか，その判断の際には，実際に工場や事業場へ立入り現場の状況を見ることが，時間はかかるが最も確実な方法である．したがって，現場部署の中には，「有害物質貯蔵指定施設」の該当性や構造基準への取組みを確認するため，通常の水濁法排水立入検査とは別に，地下水汚染未然防止規定のための立入検査を実施しているところもあった．そのような立入検査の際，現場職員は当該貯蔵施設の構造や配管，設置場所，設置形態，施設周辺の床面やパイプ，タンク，貯蔵施設と接続しているタンクや生産施設といった全体の構造，また関係する有害物質等の種類や使用目的等を確認する．例えば，ある現場部署では，2013年と2014年で合計160件の立入検査を地下水汚染未然防止規定のために実施したという[i39]．

　法該当性の判断の際には，現場部署と被規制者の間で話し合いが行われる．有害物質の使用の目的や，どの程度の期間貯蔵されているのかといった施設の使用方法や使用目的，有害物質は不純物として含まれているのか，使用目的物として含まれているのかといった点について，被規制者に尋ねる．「有害物質貯蔵指定施設」に該当すれば，構造基準に適合していなければならず，そのための負担も決して軽くはないことから，何が当該施設に該当するのか，現場部署と被規制者の間で意見が異なる場合も当然生じる．改正水濁法の場合，この話し合いを通じた法該当性の判断がなされ，法の具体化が生じることとなる．

　現場部署にとって，特に判断を悩ますのは，あいまいな法規定と現実事例との隙間をどのように埋め，またどのような場合に非該当とするのかという

56）インタビュー調査では，規制遵守のためには，被規制者と直接会った上で規制の必要性を説明し，理解してもらうプロセスが重要だと語られる例を多く耳にした．水濁法の地下水汚染未然防止の新規定については，例えば以下のような語りが聞かれた．「事業者さんのレベルによっても，〔改正内容が〕わかってますっていうところもあれば，え，うち関係ないんでしょっていうところもあるので，まあそこはもうしょうがないよね．でもそれって，業界にいくら通知を出そうが，国が，例えば通知通達を出そうが，結局，膝をつきあわせて話しにいって理解をしてもらわないといけないから，現場はそういうところが大変だと思う」[i22]，「意識をもってもらうことが，あの，一番法の運用，法を効果的に運用させるにあたっては大事なことだなと思って．じゃあどうしたら意識してもらえるかっていったら，やっぱ会う事なのかな．だから立入検査にいくことだったり，それから，定期的に講習会を開くとか．そういったことがすごく大事なのかなと」[i30]．

点である．次章で紹介するが，もし貯蔵施設がドラム缶といった可動式のものであったり，生産工程の中に組み込まれ一時的に有害物質が貯留したりする工程タンク等，生産施設と一体とみなされる場合，その貯蔵施設は「有害物質貯蔵指定施設」とはみなされない（『地下水マニュアル』p.12-13）．この例外規定をどのような場合に適用するのかは，現場部署で頻繁に聞かれた悩みであった [i30, i39, i40, i42, i45, i46]．また，有害物質を微量でも含んでいると「有害物質貯蔵指定施設」となるため，規制の必要性について疑問が生じる場合もあるという．

以下の現場職員の語りは，改正水濁法の現場実施の困難さを端的に表している．

「改正水濁法が，やっぱり，**事業場事業場ごとにケースが違うので，1つ1つ判断しないといけないから**，ちょっとボリュームが大きいかなという感じがします．立入りして現場行って，いくつも特定施設を見て回って，ひとつひとつ判断していくので．なんか，ちょっと，法律の内容としても，過剰なのかなという部分もなくはなくて，それを指導するという立場も結構きついなという感覚があります」[i46]．

2-4 小 括

規制法の実施は，当該現場部署の置かれている状況，規制法のデザイン，遵守コスト，現場職員の構成といった背景の下で展開されている．よって本章では，まず現場部署，現場職員の全体像，土対法・水濁法の改正部分，法実施の流れを概観した．職員減少といった有限の組織リソースの中での業務，頻繁な異動，技術系職員が大多数を占めるといった現場部署の状況や，一般的抽象的な法規定であること，被規制者に高い遵守コストが課されること，被規制者とのやり取りが法実施判断の中心を占めることも確認した．法令以外にも通知，『ガイドライン』や『地下水マニュアル』，Q&A 等が判断のベースとして機能しているものの，当然現場部署では法適用のあいまいさも認識されている．地方分権化のうねりの中，環境省からの具体的な指示よりも各自治体部署が独自に判断することが推奨されている枠組み，また個別事例

ごとに効果的な規制実施を行うために認められている法解釈と法適用についての幅広い裁量の存在も指摘した．

　土対法の調査命令，水濁法の地下水汚染未然防止規定は，以下の3点が特に際立っている規制枠組みであろう．すなわち，(1) 一般的抽象的な法規定と新規定であることから生じる法規定のあいまいさ，(2) 環境被害の可視性が低く，または発生防止を目的としているため，環境被害が生じているのか（あるいはこれから生じるのか）不確実性が高い段階での法実施であること，そして (3) 被規制者が負う規制負担の大きさ，である．これはそのまま，現場部署の法適用判断を困難なものにさせる要素である．杓子定規的にルールを当てはめることも，法規定があいまいである以上容易にできることではなく，また新規定であるため参考となる先例にも乏しい．土壌汚染が生じているのかどうかは土壌調査をしてみないことには明らかにならず，当該貯蔵施設から地下水汚染が発生しうるのか，あるいは従前の施設構造で漏えい防止に足るのかは現場部署にとって直ちに明らかなことではない．また規制負担が重いほど，被規制者から遵守を引出すことは困難となる．

　次章では，より具体的に，どのような場合に現場部署は法適用判断の困難さ，あいまいさを認識するのか，そして彼らがその困難に対しどのように対応するのか，その対応戦略を見ることとする．これは法適用のあいまいさの中での法の具体化プロセスを理解する上での出発点である．

第 3 章　法適用の難しさ
―― 困難な場面と対応戦略パターン

　　　　　　　「法律の規定がファジーなんですよね．で，色んなところで，どう
　　　　　　　しようかと迷う部分が多いなと感じますね．」（水濁法担当者）

　現場部署には現実に生じている個別具体的ケースが舞い込んでくる．現場部署はどのように法適用のあいまいさに対応しているのか，そのことを理解するには，まずどのような事例が，あいまいさの高いものとして認識されているのかを把握する必要がある．すなわち，現場部署にとって，法文言の具体的事例への当てはめが一義的に明確ではない状況とは，実際どのような状況なのだろうか．本章では，具体的事例を取り上げて考察する．現実に生じている事例は，多くの事実要素が複雑に絡みあっているものだが，考察の整理軸として，(1) 法規定の抽象性，(2) 環境被害の不確実性，(3) 高い遵守コストの3つを取り上げ，それに沿って具体的場面を整理していきたい．その際，法施行後長期間が経過し，現場部署において一定程度，法解釈と適用判断が定まっている規制分野と比較することで，本書が対象とする状況の態様がより鮮明に把握できるだろう．

　本章の後半では，法適用判断に困難を感じる場合，現場部署はどのような行動をし，その困難なケースに対応しようとするのか，どのように自部署の適用判断の正当化を試みるのか，現場部署の典型的な行動パターンを概観する．法規定の適用判断が一義的に明確ではない場合，現場部署においては (1) 個別自治体部署内での検討，(2) 外部（環境省や他自治体）へのアプローチ，という2つの典型的な対応パターンを取る様子が見られた．従来の規制研究・第一線職員研究では，内部での話し合いといった部署内ダイナミクスに焦点を当てる議論がほとんどであった．本書も，個別自治体部署内での検討プロセスが法の具体化において大きな影響を及ぼしていることは認識して

いるため，本章後半では個別自治体内での検討について考察し，外部組織へのアプローチ，具体的には自治体間ネットワークの存在と作用の検討は次章以降の課題とする．

3-1　法適用のあいまいさ

　ある事象を理解するときに，それと異なる事象と比較することは，対象事象の把握をより鮮明にする1つの方法である．そこで本節ではまず，法運用の歴史が長い法規定（水濁法による排水規制）に対しての現場職員の語りを簡潔に見てみよう．すでに運用の歴史があり，現場部署で一定の適用判断の具体化が定着・制度化されている場合と比較することで，本書が対象としている法適用判断の状況がより対照的に浮かび上がるであろう．

A　法適用のあいまいさが相対的に低い状況

　水濁法（排水規制）は，1971年の施行以降，現在まで運用されている法規定である．政令で定められた「特定施設」（同法施行令1条別表1）を持つ工場・事業場は，排水基準（3条）に適合しない排出水を排出してはならない（12条）．排出基準違反が明らかとなるのは，自治体による立入検査（22条）とそれに伴う採水による場合が圧倒的に多い[57]．水濁法13条は，「排水基準に適合しない排出水を排出するおそれがあると認めるときは，その者に対し，期限を定めて特定施設の構造若しくは使用の方法若しくは汚水等の方法の改善を…命ずることができる」と定めており，基準超過やそのおそれのある場合には，現場部署は，改善命令あるいは行政指導を行い，違反是正と規制遵守を求めることができる．

　法律の文言のみを見ると，基準に適合しない「おそれ」がある場合に改善命令を発出することができる，という規定になっており，法文言の一般性，抽象性は高い．その一方で，法規定の具体的適用判断の際，現場部署が判断の指針として参照できるソースも多い．例えば，水濁法の排水規制に関しては，環境庁水質保全局（当時）監修の逐条解説が出版されており（水質法令研究

---

[57] まれに警察や海上保安庁による違反摘発もありうる．詳しくは，北村（1997），平田（2009）を参照．

会1996），その中には，水濁法13条の具体的な運用方針が記載されている[58]．加えて，大多数の自治体現場部署は，水濁法13条の適用判断について，自治体ごとのマニュアルや内規といった運用要領を作成している[59]．同条1項に基づく改善命令を出すか出さないかという法適用判断は，この内規に基づいて行われるという[60]．

内規の具体的内容は自治体によって様々ではあるものの，現場部署での法適用判断は内規に従って行うというパターンは共通している．「指導するにあたって，内規，内部の規定があってですね，それに基づいて，注意，勧告，命令，分かれるんですけど，内規の文書に基づいて判断しています」[i28]，「指導とか，勧告とか，命令とかっていうのは，ある程度，こういう時はこうですよっていうのが，運用で決められている」[i31]というコメントに代表されるように，違反への対応，つまり13条1項の改善命令発出の判断は，内規が定めている表やフローチャートによって自動的に決まるように設計されている．「違反があった場合の指導の指針としても，基準値に対してこれぐらい超えていればこれくらいの重さの処分だろうっていうようなところで，非常にテキパキとまとめられて」[i33]いるという．内規の存在は，違反への措置判断の効率化と法適用のあいまいさの低減にとって極めて大きい．

---

58) 以下の記述がそうである．「「排出するおそれ」とは，当該工場又は事業場の特定施設の状況，汚水等の処理の方法等からみて，将来にわたって排水基準に適合しない排出水を排出することが予見される場合をいう．特定施設あるいは汚水処理方法等に係る構造的，技術的な欠陥につき，改善を命ずることにより排水基準違反の事態の発生を未然に防ぐことが本条の趣旨であるので，処理薬品の投入量の誤り，電源調節の誤り等の一時的なミスによって，排水基準違反の事態を生じても，直ちにその「おそれ」があるということにはならない．逆に，特定施設等に構造的な欠陥があり，排水基準に適合しない排出水を排出することが予見される場合は，現実に排水基準に違反していなくても，その「おそれ」があるとして，改善命令を発することができる．現実には，一度排水基準違反の事実が生じて，さらに，明日以降も排水基準違反の状態が続く可能性が強いという場合に，本条が適用されるケースが多いであろう」（水質法令研究会 1996: 268）．
59) 本書の質問票調査（水濁法担当部署対象サーベイ）によると，水濁法担当部署でマニュアル，運用要領といった部署内の内規を作成している自治体は全体の78.8%（$n=108$）であった．
60) インタビュー調査によると，内規がどのように違反への対応を定めているのかは，各現場部署によって様々であった．違反の有害性や悪質性について考慮している点は共通しているが，具体的な基準として，過去の違反回数を行政指導か行政命令かの判断の分かれ目として用いている部署もあれば，違反項目の種類や排水基準からどの程度超過したのかという違反の程度をもって行政指導と命令を分けているところもあった．通常，文書による行政指導の中にも，注意と勧告など，レベルを分けている例が多かった（この場合，勧告の方が注意よりも重い措置とのことである）．また，自治体同士で，内規の共有は通常していない．

このような状況下では，以下で取り上げる新しい法規定の運用と比べて，法適用のあいまいさは相対的に低いと言える．次の引用は，違反事例に対して13条1項による改善命令を発出したある現場部署職員の発言であるが，この場合は法適用の判断が極めてスムーズであったという．内部での話し合いの際にも，改善命令を出すか出さないかで部署内で意見が分かれたということもなく，「淡々と内規に従って進めていった」[i46]という．

「単純に悩まないでいいっていうことですね，事実に照らし合わせて，もうたんたんと行政措置をやる」[i45].

他にも，「通常問題なければそれで，あの，速やかに処理していきますから」[i48]というように，違反対応の措置はルーティーン化され，どのような場合に13条1項を適用するのかしないのか，その判断はある程度確立されている[61]．基準違反がある度に，改善命令を適用するのかしないのかという判断に苦慮するという訳ではない[62]．

このように，排水規制の文脈では，具体的事例のどのような場合に改善命令を発出し，どのような場合に発出しないのか，内規に従って現場関係者間で共有されている認識が一定程度確立されており，法適用のあいまいさは比較的低い．しかし，もちろんあいまいさが全くないという訳ではない．違反が継続して確認されたり違反の程度が大きい場合で，かつ，いつ改善命令に進むかの基準が内規に具体的に書かれていない場合には，適用判断について苦慮するケースは当然起こりうる．例えば，内規で改善命令の該当要件につ

---

61) 排出水の濃度をもって排水基準に遵守か違反かを判定できるという点，つまり数値によって客観的に遵守・違反が確認できるという点も関わっているだろう．
62) 違反に対する具体的な対応としては，文書による行政指導という措置が圧倒的であり（詳しくは六本 1991，北村 1997，平田 2009 参照），改善命令発出数は，全国で年20件前後で推移している．改善命令発出まで至らなくとも行政指導によって違反が改善されることが，行政指導が多用される1つの理由である．この点，遵守といった被規制者側の行動と，行政側の対応が1つの均衡状態になっていると言える（平田 2009）．違反が継続した場合や被規制者が違反改善に取り組んでいないと思われる際には，命令発出の可能性も考慮に入れられる．「相手がどれだけの意思があるかですよね，やろうとしていて，改善のきざしがあるんであれば，そこまで多分行かないでしょうし，全然もう，こちらの，行政のことははねつけてくるのであれば，こちらも逆の方に出ざるをえないと．その辺りだと思いますね」[i48] とある職員は言う．

いて「公共用水域に重大な影響を与えているかどうかっていうことを考慮するとなっている」[i28] 場合に，何をもって公共用水域に重大な影響を与えているとするのか，また，施設自体に問題がある場合は改善命令，施設の管理に問題がある場合は行政指導と内規で定められている場合，何が施設の問題で何が施設の管理に当たるのか，必ずしも明白ではない場合がある．このような場合，内規上の文脈ではあるが，法適用のあいまいさと同様の状況が生じる．法適用のあいまいさの程度は二分法的に理解できるものではなく，グラデーションのように連続的なものとして理解する方がより正確である．

しかし，改正後の土対法 4 条や水濁法の地下水汚染未然防止規定と比較すると，排水規制の実施に関しては相対的に法適用のあいまいさが低いと理解してよかろう．排水規制については，内規に従った法適用判断が行われており，加えて現場部署では何が改善命令に該当するのかしないのかの判断内容と手法が，一定程度すでに確立していると言っていいだろう．つまり，現場において，法律の意味とその具体化について，当然視された法適用判断内容とそのやり方が共有されている．実際，インタビュー調査において，改善命令に該当するのかどうかという法適用判断で困難を感じたという報告は，次のセクションで取り上げる新しい規定についての法適用判断に関する現場職員の語りに比べて，圧倒的に少なかった．

加えて，法運用の歴史が長い排水規制と，運用が開始されてから日が浅い土対法 4 条・水濁法地下水汚染未然防止規定との興味深い違いとして，以下の 2 点を挙げたい．1 つは，現場職員自身が持っている，自分たちの役割意識の明確さの程度である．排水規制の場合，現場職員が自ら抱いている役割認識は明確であった．「行政サイドの目的としては，排水基準に違反した業者に，別段報いを受けさせることが目的ではなくって，どうしたらじゃあ排水基準に適合するようになるだろうか，という改善をさせることが，一番の目的なので」[i33]，「いかにその違反を是正させて，要は改善させて繰り返さないところまで指導しきれるかどうかっていう，そこなんですよね」[i21]，「我々は警察と海保と違って，捕まえるというよりかは，防止していく，事業者にそうしないでもらうように指導していくっていうところを重点に置いている」[i23]，という語りからも分かるように，排水規制の実施において現場職員が抱いているのは，違反を罰するのではなく，違反をどのように是正

させるのか，被規制者をいかに誘導・説得し，遵守を引き出すかという役割意識である．一方，運用開始から日が浅い土対法4条や水濁法の地下水汚染未然防止の文脈では，現場職員は，排水規制のように自分たちの役割や目的について語ることはなかった．これは非常に興味深い対照であった．現場職員の役割意識と，現場部署における法規定の意味の構築，認識と理解の制度化の程度はシンクロしているのだろう．

2つ目の興味深い相違点は，現場職員が法適用の際に重要視している対象である．現場職員が排水規制の実施で主に気にしているのは，改善命令か行政指導かというどのような行政措置をするかという法適用判断よりも，どのように遵守を引き出すか，違反原因の特定とその改善方法に関する判断であった．必ずしも法適用判断自体に多くの注意が向けられている訳ではない．それに比べ，新規定である土対法4条や水濁法の地下水汚染未然防止の文脈では，現場職員は，自分たちの法解釈と法適用判断が法に照らし合わせて間違っていないのか，正しいものなのかというように，法判断自体に語りが集中していた．ここからも，現場部署・現場職員が新しい規制法の実施において，法適用の難しさに直面している状況であることが窺える．

B　法規定の抽象性

排水規制の場合に比べ，改正直後の土対法4条，水濁法地下水汚染未然防止の実施過程では，法規定をどのような場合に適用すべきかが一義的に明らかではないという現場部署の認識は極めて強かった．この法適用のあいまいさの1つの背景が，以下に述べる法規定の抽象性である．もちろん，環境省からの技術的助言として『ガイドライン』『地下水マニュアル』等が作成されており，法令に次いで，これらが自治体現場において判断の拠り所となっている．しかし，排水規制と違って環境省が監修した逐条解説といったようなものはない．また『ガイドライン』『地下水マニュアル』等の記述に基づいたとしても，法適用判断が一義的に明らかとはならない場合も当然発生する．

土対法4条に関して，現場自治体では，調査命令発出の基準と「形質変更」の該当性について，インタビュー調査ではしばしば語られた．調査命令の発出基準として土対法施行規則26条1~5号があるが，特に5号は，実際

の個別事例に対して効果的に対応できるよう，柔軟性を念頭に置いた抽象的な規定となっている．すなわち，1号から4号では，特定有害物質による汚染状態が土壌溶出量基準又は土壌含有量基準に適合しないことが明らかである場合（1号），特定有害物質又は特定有害物質を含む固体若しくは液体が埋められ，飛散し，流出し，又は地下に浸透した土地である場合（2号），特定有害物質を製造，使用，又は処理する施設に係る工場又は事業場の敷地又は敷地であった土地の場合（3号），特定有害物質又は特定有害物質を含む固体もしくは液体を貯蔵又は保管している工場又は事業場の敷地又は敷地であった土地である場合（4号）が規定されており，続く5号において「前三号に掲げる土地と同等程度に土壌の特定有害物質による汚染状態が土壌溶出量基準又は土壌含有量基準に適合しないおそれがある土地であること」と規定されている（土対法施行規則26条）．「1から4までは書いてある通りですよね．で5をどう解釈するかっていうことです」[i18]と，ある現場職員が言うように，「おそれ」の判断場面において，現場部署での法の解釈と具体化判断が求められるのである．別の現場職員は以下のように語る[63]．

> 「ガイドラインもご存知かと思うんですけど，これが拠りどころで，しかしまあ，文章を読み込んでいくとですね．どう解釈するかって必ず出てくるんで．例えば4条の調査命令にしたって，蓋然性が高くないと出せないっていう風に書いてある．じゃあ蓋然性って何だっていう」[i13]．

> 「土壌汚染対策法の4条という平成22年から施行された部分については，土地所有者等が必ずしも汚染原因者でなくても，あの，調査命令という不利益処分を負うことになるということもありまして．あの，その不利益処分の発出にあたっての基準についても，そんなに客観的に，法から明らかに読み取れるものでもなくて，各自治体ごとの裁量の領域に，解釈の余地が大きいというところもあって．で，その辺は，やはり，うちもそうですし，みなさん［他自治体のこと——筆者注］手探りでやっているところがあって」[i3]．

---

63) 他にも「まあ，こうだろうという，1つの予想といいますか，地層が分かれているとか，こういうことだろうという，1つのまあ，判断基準みたいなのはあるんですけど，本当にそれでいいっていうのは，やっぱり法律にも書いてないし，ガイドラインにも書いてない」[i6] などが聞かれた．

「形質変更」の該当性に関しても，法規定の抽象性について語られた．形質変更に該当すると土対法4条1項の届出の対象となるため，4条2項の調査命令の発出審査の対象となる．形質変更の該当性判断は，特に当該土地の使用履歴に有害物質が含まれている可能性がある場合，命令発出の可能性が現実味を帯びるため重要な判断になってくるという．しかし，現場部署にとって，何が形質変更に当たるのか，詳細明確な記述はない．「ガイドラインなどではですね，形質の変更の説明が書いてあるんですけれども，非常に漠然としているんです」[i19]と現場部署は認識していた．『ガイドライン』では，「届出の対象となる「土地の形質の変更」とは，土地の形状を変更する行為全般をいい……いわゆる掘削と盛土の別を問わず，土地の形質の変更の部分の面積が3,000㎡以上であれば，届出が義務付けられる」とあり（p.24），また「土地の形質の変更は，施行時の基準不適合土壌の飛散，基準不適合土壌が帯水層に接することによる地下水汚染の発生，掘削された基準不適合土壌の運搬等による汚染の拡大のリスクを伴うものである」という理解が示されているに過ぎない（p.24）．

　法規定の抽象性と現場職員の直面する法適用の難しさは地下水汚染未然防止の「有害物質貯蔵指定施設」の該当性判断についても頻繁に聞かれた．有害物質貯蔵指定施設は，有害物質の貯蔵を目的として有害物質を貯蔵している施設であることがその要件である．『地下水マニュアル』では「生産工程の中に一体として組み込まれ，一時的に有害物質が通過したり貯留したりする工程タンク等，生産施設と一体となった施設については生産施設とみなされ，一般的には有害物質貯蔵指定施設に該当しない．また同様に，排水溝の途中に排水系統の中に一体として組み込まれているます等は排水系統の設備（排水溝等），排水処理工程の中に一体として組み込まれている廃液タンク等は排水処理施設とみなされ，一般的には有害物質貯蔵指定施設には該当しない」という記述はあるが（『地下水マニュアル』p.12），実際の事例において客観的な判断基準をもって判断するのは難しい．法の具体化をめぐり，現場職員が模索している様子が次の引用からも窺える．

「貯蔵指定施設の考え方．生産施設と一体となっているとか，排水処理施設と一体になっているとか，ただの中継タンクなのかとか，そこに例えば，回

転するものを加えれば，それは貯蔵を目的としていない，攪拌をするための施設であるとか，そういうところの解釈，やっぱり，そこ施設施設で全然違いますし，一体となっていないって判断をするのも，壁が間にあるだけなのか，何メートル離れていれば分離しているって考えるのか……」[i46].

さらに，有害物質貯蔵指定施設に該当した施設は，構造基準（12条の4）を満たすことが義務付けられている．有害物質を含む水の地下への浸透，流出を防ぐために貯蔵施設の床面や周囲の仕様が適合すべき基準なのだが，第2章で記したように，その基準の内容は柔軟性の高い抽象的な規定となっている．床面被覆や防液堤の設置が典型例として挙げられているが，それらと「同等以上の効果を有する措置」でもよい．何が同等以上の措置とみなされるのか，その判断は現場部署と現状に左右される結果になる[64].

また，ドラム缶といった貯蔵を目的として使われるものでも可動性があるものは通常「施設」とみなされないが，これも実態によって最終的な判断は現場部署に委ねられている．ある自治体職員は，有害物質貯蔵指定施設の規定について，可動式のタンクを該当性ありとするのかどうかで判断を決めかねていた．水濁法の「施設」への該当性に関して，『地下水マニュアル』には以下のような記述がある．

> 「そもそも「施設」とは工場・事業場に一定期間設置されるものをいい，常時移動させながら使用するものは該当しない．したがって，ドラム缶，一斗缶やポリタンク等はそもそも施設に該当しないが，例えばドラム缶を一定期間，一定の場所に物理的に固定して使用するケースにおいては，有害物質の貯蔵を目的とした施設と判断されれば対象となる．」（『地下水マニュアル』p.14）

このように『地下水マニュアル』では，一般的には可動式のタンク等は施設に該当しないとしているが，使用状況によっては施設に該当する場合もあ

---

64) ある現場職員は言う．「生産ラインと一体になっているのか，施設なのかというところもあるんですけど，［構造基準の］同等以上があるでしょ，あれちょっと国に示してほしいですね．あれはね，今現状，多分各都道府県ばらばらだと思います」[i42].

るという考えを示している．実際の使用状況によって，自治体部署の判断によって，そして被規制者の届出によって，該当性が変化しうることが分かる．

このように，法施行直後の現場部署では一般的抽象的な規定を個別事例にどのように当てはめるのか，いまだ「こういうときにはこうする」といった制度化された理解が構築されていない．この法適用の困難さは，環境被害の不確実性が絡むとさらに複雑化する．

C　環境被害の不確実性

現場部署では，まず事実を把握し，その把握できた事実に基づき，どの程度汚染のおそれが認められるのかの判断を通じて，法適用判断を行う．しかし，情報の獲得とそれに基づいた判断，つまり，情報を収集し事実を把握すること，そして把握できた当該事実をもとに規制をかけるほどの環境リスクが存在するのかどうかという判断は容易ではない．

まず，事実の把握について見てみよう．土対法4条2項の調査命令発出の判断においては，事実情報の把握が困難な場面も当然発生する[65]．従前の届出資料や地下水調査資料，過去に被規制者が提出した土壌調査結果報告など，行政側がすでに保有している文書や記録を探すことが事実把握の第一歩となっている．しかし，土地利用についてそもそも履歴が残っていなかったり，現在の土地所有者等が過去の土地履歴を十分には把握していなかったりと，事実の把握はそれ自体，ときに地道で，時間のかかる作業である．

以下のケースは，筆者がある自治体部署で観察調査を実施していた際の出来事であり，土対法担当職員A氏（当該部署唯一の土対法担当職員）が，4条2項の調査命令発出の可能性がある事例に対し，どのように対応したのか，その1つの例である．調査命令発出の可能性が認識された事例について，事実の把握のためどのように資料集めを行うのか，それにどの程度時間がかけられているのか，その一端を垣間見ることができる．また，このケースでは現場職員同士が相談をしつつ仕事を進めている様子も窺える．

---

65) なお土対法では，都道府県知事及び政令市長は，「区域内の土地について，土壌の特定有害物質による汚染の状況に関する情報を収集し，整理し，保存し，及び適切に提供するよう努めるものとする」と定められている（61条）．

【ケース 3-1】ゴルフ場跡地での太陽光パネル建設の届出

担当者Aは土対法4条の届出を受けた．届出書には，当該土地は，以前ゴルフ場として使用されていたことが記入されていた[66]．一般的に，ゴルフ場では，芝生管理用に有害物質を含む農薬を使用した可能性があるため，これは4条2項の土壌汚染の「おそれ」に該当するかもしれない，とAは考えた．ちなみに，グーグルマップで当該土地の航空写真を見てみると，すでに草木が生い茂っている状況であり，そのゴルフ場は随分以前に廃止されていることが想像された．

Aは当該ゴルフ場跡地に土壌汚染のおそれがあるのかどうか，その資料集めを行うことにした．

まずは，水濁法の届出の履歴を見ることにした．しかし，そのゴルフ場は水濁法の届出がされていないのか，履歴は存在しなかった．

次に，Aはゴルフ場の排水及び地下水の検査結果を見ることにした．Aの所属する環境保全課では，管内のゴルフ場を対象に毎年1回，排水と地下水の採水検査を行っている．よって，当該ゴルフ場の検査データもその記録にあるだろうとAは考えた．もしこの記録で，採水検査の結果が基準[67]以内ならば，汚染のおそれがないと判断して差し支えないだろうと考えたためである．

しかし，手元にある過去10年分の検査記録を調べてみても，そのゴルフ場は載っていなかった．Aは困惑した．なぜこのゴルフ場は記録に載っていないのだろうか．ともあれ，何らかの情報を把握しない限り，調査命令を出す方向に進むべきか否かの判断ができない．とりあえずAは，ゴルフ場を対象とした排水・地下水検査の過去10年より前の記録について，Aの自治体の環境研究機関に，調べてくれるよう電話で依頼した．

次に，Aは，庁内の農業技術課が，ゴルフ場から使用農薬の種類と使用状況について報告を受けていることを，前任者とのやり取りで知っていたため，今度は農業技術課に電話で問い合わせをしてみることにした．

「ゴルフ場跡地に太陽光パネルを建設するという案件がありまして」とAは電話口で自分の抱えている案件の説明を始めた．当該ゴルフ場でどのよう

---

[66] この事例では，届出に先立つ事前の話し合いは行われていない．
[67] 「ゴルフ場で使用される農薬による水質汚濁の防止にかかる暫定指導指針」（環境庁水質保全局長通知．平成25年最終改正）での排出水中の指針値．

な農薬が使われていたのかを知りたいということ，しかし資料がなく手元に情報がないこと，農業技術課ではゴルフ場で使用されている農薬の使用状況を把握しているということを聞いた，とAは伝える．「そういったものでしか把握ができないのではないかと思っているんです．行政命令の関係で急がなければならないのです」と資料の必要性を伝え，調べてくれるように頼んだ．

約30分後，農業技術課から電話があった．農業技術課には，そのゴルフ場からの，農薬の使用状況についての届出は出されていないため，記録がないという．「あー，ないですか……」と残念そうな声色で，Aは電話でやり取りを続ける．農業技術課によると，農薬の使用状況の報告を求めているのは，18ホール以上の規模のゴルフ場に対してであるため，もしかするとそのゴルフ場は9ホールなど，規模が小さいゴルフ場だったのではないか，という話だった．ともあれ，農業技術課からも，当該ゴルフ場の農薬使用状況について，なんら情報を得ることができなかった．

電話の直後，Aは隣に座っている水濁法担当者のBに対し，自分が今までどこに電話をかけたか，そしてどこも情報を持っていないということを話した．「町役場は知っていますかね？」AはBに尋ねる．Bは，農薬の種類まで町役場が把握しているとは思えないが，そのゴルフ場がいつからいつまで営業していたのかは把握できるのではないか，と答えた．今年度から町役場の環境保全課のメンバーががらっと変わったが，ゴルフ場の環境保全協定を担当しているのはその環境保全課であるため，彼らに聞いてみるのも1つの手だろう，とBは続けた．しばらく沈黙が流れたあと，Aは町役場に電話をした．

「1つ質問があるんですがよろしいでしょうか．○町の××というところにあったゴルフ場についてお尋ねしたいんですけど」とAは○町役場の環境保全課に電話をかけた．大規模な太陽光パネル建設の申請を受けていること，そのゴルフ場で使用されていた農薬を調べているが，町役場にそういった情報はないかを知るため，電話をしていると伝える．そして，なぜそのようなことを知りたいのかのバックグラウンドについても説明を続ける．「土対法で調査命令を出す場合がある」ので，ゴルフ場の農薬について知りたいこと，水濁法の届出もなく，ゴルフ場がいつ始まっていつ終わったのかが，自分たちの持っている資料では分からない，ゴルフ場についての情報が不足している，と話した．最後に，自分の名前と所属，電話番号を伝えたあと，電話を

切った.

　電話を切るとすぐに，今まで遠巻きに様子を気にしていた課長補佐がAのそばにやってきて話しかけた．Aは今までどこに連絡をしたか，そして当該ゴルフ場について何も情報がないということを伝える．Aは「全然出てこないんですけど，情報が」と言いつつともに課長補佐の机に向かい，数分ほど話した．Aはその後自分の机の前に戻ってきて，クリアファイルをしまい，大きなため息をつきつつ，椅子に座った．把握できないな，どうしよう，とAは思っていた．

　しばらくして，環境研究機関から回答の電話がかかってきたが，やはり過去10年以前の記録にも，このゴルフ場は載っていないことが分かった．

　その後，さらに20分くらい経ち，町役場から電話がかかってきた．この電話でやっと，そのゴルフ場について全体像が把握できた．そのゴルフ場は当初18ホールで営業されるべく整備されたが，地元の反対を受け，結局は開業しなかったという．その後，そのゴルフ場は別名で9ホールと規模を縮小してゴルフ場としての操業を始めたが，今回太陽光パネル建設予定地とされているのは，使われなかった土地の方であるということが分かった．つまり，この太陽光パネルの建設予定地にあったとされるゴルフ場地跡は，実は，整地まではされたが，住民の反対を受け操業まで至らずに放置されていたらしい．どうりで，そのゴルフ場の名前が各種のリストに載っていない訳だとAは納得した．「ありがとうございました」と電話を切ると，すぐに課長補佐が近寄る．「分かった？」「分かりました」と安心したAは笑顔で答え，課長補佐にゴルフ場跡地のこれまでの経緯を説明した．

　結局太陽光パネル建設予定地はゴルフ場として使用されていないことが分かったので，農薬等の使用もなかっただろうと考え，Aは調査命令を出さないという起案を作成し，それはそのまま課の決裁を得た．

　上記の一例では，現場職員が行政機関内の記録探しに奔走している様子が見て取れる[68]．現場職員Aは，まず自分の部署が保有している水濁法の届出履歴，ゴルフ場からの排水・地下水検査結果を調べ，それが不首尾に終わると，次に，環境研究機関や農業技術課への記録の照会，そして町役場への

---

68) もちろん，情報収集の1つの例に過ぎず現場部署では他にも多様な情報収集が行われているが，このケースも命令判断の根拠となりそうな行政内部資料を1つ1つ探すという現場部署の様子を表しているだろう．

照会を行っていた．このように，資料収集の対象は課内にとどまらず，行政側にある記録を幅広く得ようとしている．上の当該届出に対する情報収集活動には，約半日かかっている[69]．

　組織リソースが十分ではない現場部署では，どの程度事実の把握に時間を割くのかについても当該部署・現場職員の判断で決まる．調査命令発出の可能性がある事例については，他の事例よりも事実把握に多くの時間がかけられるが，現場部署が命令発出の根拠とみなすような資料・記録が必ずしも取得できるとは限らない．

　情報収集・把握の困難さに加えて，把握できた事実に基づき，被規制者の行為が規制権限の行使にあたるほどの環境リスクを生じさせているのかという判断が次の課題となる．これは当該行為について明確な規定がない場合，また実際の状況に合わせるべく柔軟性の高い規定となっている場合に，特にそうであろう．

　具体的事例を見てみよう．以下は土対法4条2項の調査命令を発出するのかどうかの場面である．コンクリート工場の跡地での土地の形質変更であり，敷地内にバッチャープラントが設置されていた．バッチャープラントとは，コンクリートの材料を所定の割合で混ぜ合わせ，必要な性質のコンクリートを製造する設備である．生コンクリートの原材料内には，六価クロム（特定有害物質）が微量に含まれている．したがって，土壌汚染の「おそれ」に当たるのではないかと考えられたが，それをもって規制対象とすべきなのか，この現場部署にとって当初明確ではなく，調査命令を出すべきかどうかの判断に苦慮していた．

「ここに保育所を建てたいっていうところがあって．実際そこも3000㎡を超えるようなところなんで，4条の届出が必要だということになったんですけども，その地歴を調べていくにつれ，コンクリート製造業のバッチャープラ

---

[69] また，同僚や上司などが折にふれ担当者に話しかけたり，担当者が彼らに相談したりしている様子も見られた．課長補佐はAが電話による照会をしている様子を気にしていたり，実際にAに話しかけて，どのような調子なのか聞いていたし，担当者Aも隣に座っている同僚Bにどこに問い合わせすべきか，話しかけていた．このような部署内のやり取りも，上記ケースでは見て取れる．

ントを使っているような施設が過去にあった，ということなんですね．［中略］ただそのバッチャープラント，コンクリートですので，六価クロム汚染がないかどうかっていうところが，まあちょっと気になったとこだったので，さてどうしようかっていうことがあったんですけど」[i4]．

　このケースでは，バッチャープラントによる六価クロム汚染の可能性が推測されたが，規制対象になるほどのものなのか，当該部署は当初判断がつかなかったという（この事例は第 4 章 4-4，A で再び触れる）．
　また，次のものは農業試験場での農薬使用の例である．農業試験場では，作物の品種改良や農業技術の開発，発展のため調査・研究が行われている．その土地では恐らく有害物質を含む農薬の使用もなされていただろうと思われる．なお，そもそも農業行為は土対法 4 条 1 項の適用範囲外であるが（施行規則 25 条 2 項），農業試験場では，使用する農薬の種類や量，散布期間が通常の農地と異なるとも考えられ，この点，通常の農地と同一視はできず汚染のおそれがあると言えるかもしれない．農業試験場の農地は通常の農地とは区別する必要があるのではないかという疑問が生じ，現場部署では，農業試験場の農用地の箇所の土壌汚染のリスクについて判断に苦慮していたという．

　「［農業試験場の］農用地の部分を調査するかどうか，これは土壌汚染のおそれのない土地なのか，少ない土地なのか，あるいは多い土地なのかっていう判断に，迷っていたっていうのがあって」[i6]．

　他にも，ガソリンスタンド跡地について，土壌汚染の不確実性にどのように対応するのか，苦慮していた部署もあった．ガソリン中には鉛やベンゼンなどの有害物質が含まれている場合があるためである．
　水濁法の地下水汚染未然防止の文脈でも，環境汚染の不確実性の程度について言及されていた．規制対象となる貯蔵施設は，有害物質を含む水の地下浸透防止のための構造基準を満たさなければならない．当然その際には，どの程度漏えいによる地下水汚染のリスクが存在するのかの判断が必要となる．次の例は，環境汚染のリスクが少なく規制の必要性は低いと自治体部署が認

識している一方，法により規制対象施設となるため構造基準の内容をどう判断するのか，苦慮している場面である．特に中小規模の事業所に関して，現場部署では法規制と環境リスクの程度のミスマッチが語られた．中小規模の施設では，使用する有害物質の量が微量な場合もあり，そのような現状にも拘らず，大規模に有害物質を使用する施設と同じ対策を施す必要があるのか疑問が持たれ，現場部署ではそのような施設に適用すべき構造基準の具体的内容について苦慮していた．

「それで意味あるのっていう話，それやってどうなのっていうのが結構あるので．施設の基準が，一流企業の工場みたいなのがイメージっぽいので，おじいちゃん1人でやっているようなところとか，カメラ屋も，カメラ屋って，スーパーにあるじゃないですか［大型商業施設の一角に併設されている小規模なカメラ店を指す——筆者注］，あれも全部かかるんですよ．だから，「は？」って，そんなので漏れます？っていうところも，全部かかるので．……普通にスーパーだから，それなりのちゃんとした床にあるので」[i39]．

この事例では，スーパーの床は厚く，また「そもそもあれ壊れようがない．よほどなんかあの，物をバーンってぶつけて，［でも］ぶつけても外装が壊れるだけで，中の液は漏れない」と，破損の可能性も低いという認識をしており，したがって環境汚染へのリスクは低いだろうという判断をしている．そのような場合にも法が規制対象としているため，具体的な構造基準の内容や必要性について，当然視されるほどの法の当てはめが構築されていない状況であった．

このように，自治体部署では環境被害の不確実さの下で，環境リスク判断とそれに基づく法の適用判断が迫られている．環境への悪影響が推測され，規制対象になるのかもしれないと思われるものの，法規定では明確に規制対象であると示されていない場合，あるいは，自治体部署の目からみて環境への悪影響が推測されないものの，法規定から規制対象とみなされている事例への対応を迫られている場合，自治体現場部署において法の具体的適用の判断は容易ではない．

D　被規制者の規制負担の大きさ

　環境汚染の不確実性の判断と密接に結びついているのが，被規制者の負担に対する考慮である．当該法適用判断の結果いかんによって，被規制者が負担することになる遵守コストが大きく異なる場合，法適用のあいまいさは強く意識される．このことは，土対法の調査命令発出の判断や，水濁法の有害物質貯蔵指定施設への該当性判断など，規制対象として該当した場合の遵守コストが大きい場合については特にそうである．遵守コストが大きくなるほど，被規制者からの反発も想定される一方，法規定が一般的・抽象的文言であることから，現場部署の解釈適用の正当化が必要となるし，また被規制者自身の解釈による反論の余地も生まれ，事業者の説得は容易ではないと認識されている．

　特に，他自治体との比較で判断が異なると，この法適用のあいまいさはさらに大きなものとして現場で認識される．ある自治体職員は，地下水汚染未然防止の分野において，自身の自治体の有害物質貯蔵指定施設該当性の判断が，他自治体と解釈が分かれたことで被規制者から反発を受けた経験，また該当性の有無によって負担が大きく異なることを紹介してくれた．

　「有害物質貯蔵指定施設というのが，新たに入って，その該当するかしないかの疑義があったんですけど，他の県では該当しないと．うちは，該当するという判断をしようかと思っていたんですけれども，［事業者が］なんで，この県だけ該当するんですかと．他の県では該当しなかったんですけれども，ということで解釈が分かれて．で，そもそも，改正水濁法の最終的な判断は自治体なんですよ．それでやっぱり，分かれるのは仕方ないんですけども，まあ，指定されるとなると，それに対する対策をしないといけなくて，その対策が，もう数千万とか数億の話だというので」［i38］．

別の自治体の職員も同様の状況で，法適用のあいまいさに直面している．

　「そこ悩むんですよ．だいぶ違うんですよ，やっぱり．有害物質使用［施設］に該当したら．そこの判断って各自治体によっても差が生まれるようなとこ

ろだから，こっちの県じゃあ，ちょっとだけしか［有害物質が］入っていないのにガチガチに，構造基準固めなきゃいけないのに，［別の自治体で］該当しないってされたら，日常点検くらいで OK な場合もある，そこで事業者の負担が変わってくるっていうので，そこの判断が結構重要になってくる．それなのに，法ではあいまいなんだな，そういうこと」［i47］．

　法適用判断に伴う規制遵守費用の高さは，土壌汚染調査についても同様である（第 2 章 2-1，B(1) も参照）．「向こうも，お金がかかっている．取引の中での話なので，あの，必死な訳」［i13］とあるように，規制遵守コストが高いほど，法適用判断の影響は大きく，法適用判断を正当化する必要性も高まるため[70]，現場部署・職員は，法の抽象的規定の具体化に頭を悩ますことになる．

　以上見てきたように，自治体現場での法適用判断の際には，一般的抽象的な法規定の文言，環境リスクの不確実性，規制遵守コストの高さという要素が同時発生している．このような状況下で法適用のあいまいさが強く認識される．

3-2　法適用のあいまいさへの対応パターン

　インタビュー調査による知見より，前節のように法の当てはめに迷いが生じた場合，自治体部署では，(1) 個別自治体部署内での話し合い，(2) 外部組織（環境省あるいは他自治体）へのコンタクト，という 2 つの対応パターンを通じて，自分たちの法解釈の正当化を試みていた．本書が注目するのは自治体間の相互作用性の部分であるが，部署内での話し合いの過程と環境省への照会も当然無視はできない．

A　個別自治体部署内での話し合い

　現場部署・現場職員において目の前の事案への法適用判断に疑義が生じた

---

70) ある職員は言う．「大規模な土地で，調査命令という形になると，多くの予算がかかってきたり，まあ予算と時間がかかってきたりしてしまうので，その点についてはちゃんと慎重にやらなくてはならないだろうな，というところですね．むやみに調査命令をかけるわけにもいかない」［i12］．

場合，まずは，同僚や前任者など自治体内での話し合いがなされる．現場職員同士のカジュアルな質問，相談，話し合いから，職員同士がグループになって行う話し合い，また上司からの指示やシグナル[71]というように，部署内相互作用を通じて，何が望ましい適用判断なのか，部署内での認識が形成されていくのである（Kagan 1978; Sandfort 2000）．

現場職員がまず最初に注意を向け，強調する点は，部署内での先例の有無と前例に沿った適用をすべきという考え方である．仮に，すでに部署内で似たような事例が存在し適用判断がなされている場合，その先例に沿った適用判断を行うことは，公平性の観点から必須であると認識されている．

「あいまいな線ですよね，法がどっちともとれるっていうときがあるときに，まあ，当然そこだと読み切れないので，そうだと，やっぱ過去にそういった事例が果たしてなかったのかどうか．実は過去の事例があったのに，見落としちゃって，真逆の判断をすると，これは一番まずいので．［中略］法律の，少なくとも［自分たちの］市内では公平にやるのは，これは絶対の線なので」[i55]．

また，個別自治体内での話し合いを通じて，法適用の際に何を重要視するのか，具体的事案の中のどの事実をより考慮し適用判断をするのかというように，何が適切な適用判断なのかという考え方や価値判断も，やり取りを通じて共有・継承される．

以下のケースは，土対法の調査命令発出判断について，土対法の担当1年目である現担当職員が前任者に相談をした例である．この自治体では，土対法4条の調査命令規定を背景に，実際には調査命令を発出するのではなく，事業者による自主調査を促す方向で4条の運用を行っていた．どのように法規定を用いていくのか，法適用において何を重要視すべきなのか，適切な法適用判断とは何かについて，職員同士で理解が共有されていく様子が窺える．

「うちの県で，まず調査命令を出していない，出したことがないと思うんで

---

[71] 上司からの意見や賞賛，叱責等は，何が望ましいと見なされるのかを示す社会的シグナルである．

すけど，法がまず何なのかということで，前の人たちにも聞いて．実際に汚染のおそれがあるようなところって結構でてくるので，全くその調査命令を出されたことないのはなんでですかっていうのは，……聞きましたね，そこ．調査命令はなるべく，かけるのは，向こう［事業者］にとってもあまりよくないかなっていう感じでは，聞いて．［中略］［前任者に聞いたあと，］まあそこはああそうですかっていう，ああ，そういうことなんだろうなっていう．結局，調査命令をかけてしまうとガチガチになってしまうのと，あと，向こうの工程通りに行かなくなってしまう，そこがありますね．［中略］自分がやっている中でもやっぱり，事業者さんと話している中で，そっちの方がいいのかなっていう風には思いましたけど」[i17]．

　上の例では，調査命令についての理解と，どのように4条の命令規定を用いるのかが前任者から現在の担当職員へ伝えられている．命令発出は事業者にとって過度の負担を強いることであり，発出は控えるべきだという理解が示され，現担当者もそれを受け入れている（「ああ，そういうことなんだろうなっていう」）．また自身で業務を行うにつれ，その考えは適切だとも納得している（「自分がやっている中でもやっぱり，事業者さんと話している中で，そっちの方がいいのかなっていう風には思いましたけど」）．どのような場合に調査命令を出すべきなのか，出すべきでないのか，命令判断に際し何を重要視するべきなのかという一定の考え方が，法適用判断をめぐる職員同士のやり取りを通じて伝えられている様子が窺える．

　仮に似たような事例がすでに自部署内に存在する場合には，上記対応が典型的なパターンと思われるが[72]，本書が注目している状況は「うちの部署にはそのような事例がない」とされる場合，つまり似たような事例が過去にないとされ，具体的適用判断が一義的に明確でない場合である．このような場合，現場部署内では，法の趣旨に基づく法解釈，仕事の効率化，環境被害の程度やその可能性，被規制者の負担と反発可能性に注意が向けられている

---

[72] 何が似たような事例とみなされるのかについても，容易に判断できるとは限らない．事例のどの側面を強調するのかによって，当該事例の位置づけや理解が異なるためである．とはいえ，自治体現場部署においては，同様の業種・業務形態や周辺土地環境であれば，似たような事例として扱っていると見られた．類似の業種・業務形態，周辺土地環境であれば，関連有害物質やその環境汚染リスクが似ていると考えられるためであろう．

ことが，インタビュー調査から抽出された．例えば，何が形質変更に該当するのか判断する際，「法なり施行通知なり色々読んでいくと，4条の趣旨っていうのは，土地の改変をすることによって，そこの土地の土壌の汚染が拡散するということを防止する目的だという風に書かれている」[i18] と，趣旨に照らして適用判断を導いたり，土壌調査を渋る被規制者の説得の際にも，「なぜそういった調査が必要なのか」[i16]，法改正の経緯や目的を説明することとなる．加えて，部署内では，具体的事例の状況，例えば，環境被害の可能性やその程度[73]，また被規制者に対する評価[74]，命令の適法性[75]についても話題にあがる（被規制者との関係については第5章で詳述する）．部署内のやり取りには程度の差は見られたが[76]，まず部署内話し合いで検討されることが最初のステップであった．この際，本書の射程外ではあるが，課長等上司の考え方も適用判断に影響を及ぼすことも容易に想像できる[77]．

B　外部行政組織へのコンタクト

「うちには似たような事例がない」という，法適用のあいまいさが強く認識されている場合，部署内の話し合いは，究極的には，法解釈の適正さとリ

---

73) 地下水汚染未然防止の規制対象該当性の判断について，汚染の可能性に関し以下のように言及されている．「[有害物質を]使っている量が，多くても少なくても関係ないんですね．ほんのちょっとしか使わないんですけど，っていっても，それ使用目的なんですよねって，該当しますよって．そういうところに難しさがありますね」[i1]．土対法による調査命令の該当性についても，土地履歴から汚染程度について現場部署が勘案していることが窺える．「巨大な工場で，有害物質グルグルグルグル回しているようなところと，これだけの標準品を年間100グラムくらい使って，すごい薄い濃度で使って，全量廃棄，使わなかった分は全量廃棄しているようなところと同じ扱いにするっていう，なんか同じ扱いにするっていうのは，ちょっと，なんとなく……」[i46]．
74) 様々な工法の種類と形質変更該当性について繰り返し何度も質問する事業者について，ある現場部署は以下のような印象を持っていた．「こちらから言わせてもらうとですね，しないことをなんで聞くんだって思うんですけど，[中略] 色々，環境のことについてですね，最悪，法律をかいくぐるようなことを考えているんじゃないかとか思うんですけど，あ，これ該当しないんだってなったら，これでやりますと言いそうなんでですね」[i14]．このような現場職員による対象者の評価が行われていることは，第一線職員研究では常に指摘されているところである（Maynard-Moody and Musheno 2003）．
75) 例えば，「それこそ裁判とかになったときに，本当にこれって，うちの判断が，どの角度からみても，間違っている，というようなことを言われないものなのかなあっていうのを見たときに，ちょっと，厳しいんじゃないのと」[i30] という話し合いが行われたという．また別の自治体部署では「命令かけるときって，もう，署内で相当打ち合わせをして」[i11] 適用判断を行うという．

スク判断の議論に終始する．そして，その議論の過程で，インタビュー調査，質問票調査ともに非常に頻繁に指摘されたのが，他自治体への問い合わせ，環境省への問い合わせ，といった外部行政組織へのコンタクトである．本項では，まず環境省への問い合わせについてまとめる．そして，土対法・水濁

---

76) 個別自治体内の話し合いの程度も，自治体によって差が見られた．「今回のケースに限らず，内部での話し合いっていうのは，よくやります」[i46]，「それぞれ［担当者］でガイドライン確認して考えまとめた上で，班内で話し合って，方針を決めるっていうことで，基本的に事業者に対しては 2 人で対応するようにしていて，案件が大きいものに対しては，主査にも入ってもらったりしているので，連携してやる」[i28]，「かなりコミュニケーションを，無駄な話も交えながら，色々している」[i4]，と回答する自治体部署もあれば，「聞いていないですね．もうなんか，そのときの担当で，自分たちなりに考えて，やっていく，過去のことを聞くんじゃなくて，残っている書類を見ながらやっていくっていうようなことがメインになっていますね」[i30] というところもある．また，ある自治体職員は，別の自治体職員から，水濁法について相談をする相手もいない現状を聞いたという．「×× ［ある都道府県］の，中央じゃなくて出先事務所みたいなところにあたるところにいる方だったんですけど，その人は，もうその自分の区域の中で，水の担当が自分しかいないから，届出を自分で取ったものを自分で審査して，一応起案するけれども，上の人はどうせ分からないから，もうチェックするだけみたいになって，これでいいのかなってすごく思っているって言っていたんです」[i26].

77) 本書の対象は現場職員（担当者及び係長・班長級）であるが，もちろん，課長や部長といった管理職級が法適用判断に果たす役割についても目を配る必要があろう．具体的な事例の適用判断の素案を作成するのは現場職員であるが，最終的な決定には課長等上司の承認が必要である．本書のインタビュー調査では，課長級職員へのインタビュー調査を 1 回のみ実施できた．現場職員にとって，上司とのやり取りや上司による評価は，何が適切な判断なのかを示すシグナルとして認識される（Watkins-Hayes 2009）．ある課長級職員は現場職員とのやり取りについて以下のようにいう．

「法律って，1 つの条文を読んだときに，どこまで，そのことを求めているのかは，人それぞれ受け手側で違っちゃうような気がするんだよね．例えば，土壌汚染なんかだと，いろんな物質が書いてあって，本当に厳しいんですよ，土対法の基準って．そうするとその基準，これ厳しいよねって言ったときに，「いや，もっと厳しくすべきじゃないんですか」っていう反応をする人と，「厳しすぎますよね」って［いう反応をする人がいる］．

だけど，厳しすぎるからやらなくていいんじゃなくて，厳しいけどもお願いしてやってもらうしかないんだよねって持っていければ，本当は私が考えているところに一番近いのかなと思うんですね．

その，どういう風にその人が考える人なのかっていうのを，最初に，こう，知って．で，それに対して，いいことだねとか，いやそれはやり過ぎだよねっていうのを最初の段階で言わないと，なんだろう，平坦な指導ってできないような気がするんですよ」[i22].

課長等管理職級職員は，部署としての大まかな方向性を示すことがその役割として大きい．その一方，管理職級職員は，その監督範囲となる法律が幅広く，細かい適用判断に至るまで逐一把握していないであろう．現場職員は以下のようにいう．

「［課長は］知らないですから，土対法の細かいところは．そこは私［班長］の判断で，やらせてもらいますけどね．まああの，どっちにするかっていうときは意見を求めますけども．法の細かいところはもう我々の判断です」[i18].

法の実施は自治事務であり，また実際の個別具体的事例の状況を踏まえた適用対応の必要性から，環境省への問い合わせをもって問題が解決するとは限らないことを確認する．

土対法，水濁法とも環境省が策定し，所管しているため，自治体部署にとって，法適用の疑義について環境省に問い合わせを行うことも珍しくない．自治体部署にとって，環境省からの回答は自分たちの適用判断の根拠付けの有力手段として捉えられていることが，インタビュー調査から見られる．

「法の解釈について，最終的に，答えが出ないときっていうのは，最終手段はやっぱ環境省なんですよね」[i47].

仮に，環境省から明確な回答が得られた場合，法適用のあいまいさはその時点で解消され[78]，疑義なく回答に沿った判断がなされることとなる．現場部署にとって，環境省からの回答は，適用判断の正当化根拠として決定的なものとして捉えられている．以下は環境省からの回答によって，疑義が解消された事例である．

【ケース3-2】法解釈のバックアップとしての環境省

　土対法4条の調査命令対象となることに納得しない被規制者に対し，その説得のために環境省へ疑義照会をした事例である．土対法3条による土壌調査義務には適用除外規定があるが，その除外規定に当てはまる場合には4条による土壌調査義務も除外されるという理解を主張する被規制者に対し，その場合も4条の対象であると考える現場部署は，そのような解釈でよいのか，環境省へ問い合わせをしたという．

「3条で除かれたものは，4条調査の命令かけられるのかっていう話を，それは環境省にしました．[中略] その事業者さん，その，土対法の3条ももってきて，[自分たちは] 3条にかからないんだから，[4条を] かけるのおかしいんじゃないのみたいな話までされたので，だったら，これちょっと，確たる証拠を決めようっていう話で．でうちはもう，全員一致で，実はかかるっ

78）　もちろん，現場部署の主観的認識においてである．

ていう風には思っていたんです，うちとしては．けれども，これは担保取っておこうって．
で一応［環境省の回答は］，いいですよみたいな，うちの考える通りで，いいですよっていう話だった」[i5]．

　上記のように，環境省からの回答が適用判断の強力な正当化根拠となるときもあれば，逆にならないことも多い．「各自治体の判断に任せる」という旨の回答も多いためである．実際，筆者によるインタビュー調査によると，環境省は具体的事例への法適用について明確な指図をすることに対して消極的であった［i49, i50］．自治事務ということに加え，事例事例によって個別状況は異なるため「簡単に区分けできるようなものでもありませんので，自治体ごとに判断して頂く」[i49]という．実際，現場職員へのインタビュー調査においても，環境省からは「法律の趣旨を踏まえて，貴自治体で判断されたい」という返答であることが多いという［i7, i17, i18, i19, i30, i47, i55］．環境省の回答に正当化根拠を求めるという手段が不首尾に終わった場合，現場部署は，法適用判断に際して，別の手がかり——他自治体の法解釈判断——をもとに，法適用のあいまいさに対応しようとする．

　以下のケースは，環境省への問い合わせでも疑義が解消できず，他自治体へ問い合わせを始めたという事例である．

【ケース 3-3】土対法における形質変更の該当性について

　　自治体Bでは，ある太陽光パネルの設置工事について，事業者から相談を受けていた（4条による届出提出に先立つ行政と事業者とのやり取りの最中である）．内容は，当該太陽パネル設置行為が土対法4条の形質変更に該当するのかどうかである．工事予定地は，過去に有害物質を含む廃棄物の埋め立てが行われていた土地であり，形質変更に該当するならば，4条2項の調査命令発出要件に該当する可能性が極めて高くなる．したがって当該太陽光パネル工事が形質変更に該当するのかどうかの判断が重要であった．

　　工事予定地は3000㎡を超える面積である．該当性の疑義内容は，以下の通りである．予定されている太陽光パネルの工法の中に，直径数センチメートルのアース棒を1〜2メートル埋め込む作業が含まれている．『ガイドライ

ン』によると，形質変更に係る土地の部分の1ヶ所でも50cm以上掘削する場所があれば，4条の届出に該当すると記されている（土対法施行規則25条，『ガイドライン』p. 25）．したがって，自治体Bは，アース棒数十本の設置をもって，当該太陽光パネル設置工事を4条の形質変更に該当すると判断し，その旨を事業者に伝えたところ，事業者は納得しなかった．3000㎡以上の広い工事予定地のうち，たった直径数センチメートルのアース棒を数十本打ち込むだけで4条に該当するのか，結果として多額の費用のかかる土壌汚染調査をする必要が生じるのか，事業者は反発している．

> 「ガイドラインなどではですね，形質の変更の説明が書いてあるんですけれども，非常に漠然としているんです．切り土盛り土，あの，広く全体みたいな形しか書いていなくてですね……で，メガソーラー，あの［太陽光］パネル建設事業者さんからですね，この行為は，土地の形質の変更になるんですかっていう，その，工法工法1つ1つにですね，該当性について聞かれることが［あった］．……メガソーラーを建設するにあたって，もう3000［㎡］を，それを遥かに超える，土を盛る行為があるんですけれども，その中に数カ所，少ない面積のところにですね，あの，アース棒っていって，電気の逃げ道を作るアース棒っていうのを打ち込む必要があるらしいんです．で，非常に［小さい］，親指ほどの大きさのところの，打ち込みについて，土地の形質の変更で掘削とされるのかと，そのような疑義があったものですから」[i19]．

そもそも形質変更の該当性について，詳細な記述は『ガイドライン』にもなく，「今年一年，結構，各判断に苦慮したことがあった」[i19] という経緯もあり，今後の判断の整理をするために，自治体Bは環境省へ問い合わせを行った．

しかし，「環境省の方から，最終的な判断は自治体で判断してくださいと，いう風に回答された」[i19]．

そこで，現場部署Bは，他自治体への問い合わせを始めたという[79]．（続

---

79) このケースのように，まず環境省に問い合わせた後に他自治体へ，という流れをたどる場合もあれば，まず他自治体へ問い合わせをしたが参考になる事例がない場合に環境省へ問い合わせる，というように，他自治体への問い合わせと環境省への問い合わせの順序は，必ずしも一定ではないし，どちらかのみへの問い合わせしか実施されないこともある．

きは第4章4-4，C【ケース4-1】として紹介している．)

　他自治体への問い合わせが，自治体現場における法の具体化のプロセスにおいて重要な機能を果たしているであろうこと，この点は地下水汚染未然防止の有害物質貯蔵指定施設の該当性の判断についても窺える．特定物質貯蔵指定施設の該当要件の1つに，工場・事業場に一定期間設置されることがあるが，その「一定期間」がどの程度の長さの期間なのかについての疑義が生じている場面である．

　「「一定期間」の話だったり，実際何も書いていないですけどね，法律とかに「一定期間」ってどれくらいの長さなのかとか，そこのあたりとかも，難しい部分になってくると思うんで，まあ最終的に環境省に問い合わせはするんですけど，実際，こまごまして，何も決まっていないようなところって，各県の判断に任せますよっていうことになるので，一応他の県，まわりの県，どうやっているっていうのを確認して，現実，うちの県で現実的なやり方っていうのに落ち着く場合っていうのが多いかなと」[i47]．

　他自治体への問い合わせが，柔軟性の高い規定の適用の際，判断の枠組みを提供していることが窺える．

3-3　小　括

　法規定が一般的・抽象的な場合，具体的な適用判断は現場自治体部署に委ねられることとなり，現場部署の法適用判断は，法目的の実現にとって大きな影響を与える．本章では，自治体現場において，いまだ法の具体的当てはめについて一義的な理解が構築されていない状況，つまり法適用のあいまいさが高いと認識されている状況を，具体的事例に即して確認した．特に注目したのは，法の一般的・抽象的規定，環境被害の不確実性，被規制者の負う遵守コストの大きさという3つの側面である．現場部署はこの3つの要素が顕在化する場合に法適用判断の難しさを強く認識していたが，これは現場部署が，いかに法の趣旨に沿い，規制効果の実現を目指しつつ，被規制者から

の遵守を引出すよう対応するかという，現場行政でのバランス感覚，知恵，そして創造性が問われている場面でもある．自治体現場部署は，被規制者からの潜在的緊張関係，環境被害の不確実性の中で，自らの部署の法解釈と適用判断をいかに説明し，正当化するか，迫られている．また，運用が始まって間もない規制法の実施では，現場職員には自分たちの役割認識も確定できていない点も窺えた．

さて，このような法適用判断の困難さに直面している自治体部署では，自部署内での話し合いのみならず，当該自治体の垣根を越え，環境省及び他の自治体の法解釈と法適用を把握し，判断の道筋をつけようとする行動が頻繁に見られた．本章では，まず環境省への問い合わせ行動を確認したが，環境省からの回答は，常にあいまいさを払拭するものになるとは限らない．むしろ，他自治体への問い合わせが頻繁になされていることを見た．一般的抽象的な法規定の具体化プロセスにおいて，現場部署は，単独で適用判断を行っているのではなく，他自治体といった自らと同種の他組織との連関の中に，自分たちの部署を位置づけ，その他者（他組織）との比較の中で，法適用判断の困難さに対応しようとしていた．他の自治体はどのような法解釈を行っているのか，また自分たちが採用しようと考えている法解釈は他の自治体の解釈と比べてどのような位置づけになるのか，確認を行っている．このプロセスは，まさに現場部署における法の具体的意味の構築と，自治体間のネットワークという組織間ダイナミクスとが交差する過程を示している．次章では，この自治体間ネットワークの機能，そしてそれが法適用判断へ及ぼす影響について，質的・量的な分析を行う．

第4章　自治体間ネットワークと法の実施
　　──戦略としてのネットワークの機能と作用

　現実の事例に直接対応する現場部署が，法規定の具体化に決定的な役割を果たすことは，すでに多くの研究により指摘され認識されているところである．その現場部署における法解釈・適用判断を理解するには，組織リソースといった個体自治体部署レベルからの観点，あるいは法制度といった国レベルからの観点というように，複数のレベルから考えることができる．従来の規制研究・第一線職員研究では，各現場部署・各現場職員が抱えている個別の状況や特徴，属性をもとに分析を行うという，個体レベルの分析視点を採用しているものが主流であった（第1章）．しかし，前章で紹介したように，新しい規制法の実施という法適用のあいまいさが高い場面では，どのような法適用が法に沿ったものなのか，何が法に該当し，何が該当しないのかという規制法の意味の具体化の過程に，他自治体への問い合わせという組織間の相互作用性が働いている．法適用現場においては，個別自治体内での法の意味の展開のみならず，自治体間のつながりを通じた法の具体化メカニズムが窺えるのである．

　本章では，現場自治体間の相互作用性という，組織間ダイナミクスを通じた法の具体化メカニズムを考察する．我が国の研究でも自治体行政学において，政策の形成過程（policy making）における自治体間の相互作用性は指摘されてきた（代表的なものとして伊藤 2006）．しかし，実施過程段階（implementation and enforcement）での考察，つまりいったん法が制定された後の，法の実施過程においての自治体間の相互作用性は，我が国はもちろん，海外研究においても，一部の例外を除きまだ体系的に分析がなされてはいない．本章では，自治体間の相互作用性が規制法の具体化に及ぼす影響と機能について，インタビュー調査，質問票調査を通じた質・量の両面からの実証的分析を通じて考察する．

以下，まず第1章で論じた理論的背景を振り返り，自治体間ネットワークについて用語の整理を行ったのち，法適用のあいまいさが高い状況での自治体間相互作用性のパターンと，自治体間ネットワークにおいて重要な役割を担っている担当者会議について考察する．その上で，質問票調査の統計分析を通じて，自治体間という横のつながりが法実施判断に影響を与えている点を示し，続いてインタビュー調査に基づき，自治体間ネットワークがどのように作用しているのか，より詳細に検討する．末尾では自治体間ネットワークと法の効果の関係性についても考察を行う．

4-1 自治体間ネットワーク

法の具体化の過程において，自治体間の相互作用性に注目する理由として，2点述べる．1つは，依拠できる理論的枠組みが存在する点である．第1章で述べたように，本書が自治体間の相互作用性に着目する理論的背景は，組織社会学における新制度論（neo-institutionalism），同型化（isomorphism），「法の内生化（legal endogeneity）モデル」に求められる．すでに第1章でまとめたので，ここでは簡単に触れるにとどめよう．この理論的枠組みによると，組織は，相互作用を通じ，共同して一定の社会的現実を構成し，これにはこのように対応するのが適切だといった共有認識・意味システムを構築し，それが各組織の意思決定の指針となる，というように組織行動を理解することとなる．特に，不確実性が高い状況下では，各組織は自らの対応行動の正当化を求めるために，何が正当な行動なのかについての組織間で形成された共通認識に，当該組織行動が大きく影響を受けるとする．そうして，組織の採用する対応や組織行動は相互に類似したものに同型化する（Meyer and Rowan 1977; DiMaggio and Powell 1983; Edelman 1992）．

法規定が一般的抽象的な文言にとどまる場合，被規制者側の組織間ダイナミクスについては，「法の内生化」研究によって議論されてきた．先行研究によれば，被規制者側は，(1) 企業間のワークショップ，協議会，情報交換等を通じて，何をすれば遵守相当となるのかについて共通理解を構築し，(2) その共有化され制度化された対応策が，訴訟の場で裁判所によって法的妥当性を認証され，最終的に法の具体的意味として確定する，という「法の

内生化」サイクルが指摘されている（Edelman 2016; Dobbin 2009; Sutton and Dobbin 1996）．ここから導きだされる示唆は，法適用のあいまいさが高い状況下では特に，組織間ダイナミクスが法の具体化に重要な役割を担っているということである．

一方，従来の規制研究・第一線職員研究では，現場部署という個体に特有の要素（現場部署の置かれている社会的，経済的，政治的状況や，組織文化，また現場職員自身の価値観や規範意識など）に焦点を当てて分析がなされており，規制者側の組織間ダイナミクスには分析の光が当てられてこなかった．しかし，現場部署間の組織間ダイナミクスの存在も当然想定され，上記の理論的枠組みも利用可能である．すなわち，その理論的枠組みに基づけば，新しい規制法，一般的抽象的法規定，環境被害の不確実性というように，法適用のあいまいさが高い状況において，各自治体現場では，同様の業務を担っている他の自治体部署との相互作用を通じて，この規定はこのような場合に適用するものだという共通理解を構成し，法の具体的な意味を共同で構築していく，というプロセスが予測される．そして，法適用のあいまいさが高い状況では，組織間の相互作用を通じ，具体的な法の解釈・適用判断は，つながりのある自治体間で似たようなものになっていくと予想される．

法の具体化のプロセスを理解する際に，自治体間の相互作用性に注目する第2の理由は，すでにいくつかの研究において現場部署間の相互作用が，現場での法適用と法の理解に影響を与えている実例が報告されていることである．例えば，Grattet & Jenness（2005）は，アメリカ合衆国カリフォルニア州において，現場警察部署が一般的抽象的な記述となっているカリフォルニア州法上のヘイトクライム（state hate crime laws）[80]をどのように理解，解釈し，現実に適用するのか，現場警察部署が各々作成する運用要領に注目した．その運用要領には，何が取り締まるべきヘイトクライムなのか，具体的内容や行為について記述があり，それが現場での法執行対象の認定に決定的

---

80) なお，カリフォルニア州法によると，ヘイトクライムは，人種，肌の色，宗教，出身国，先祖，性的傾向を理由として，何人も合衆国憲法及び合衆国の法律で定められた自由の行使やいかなる権利の享受に対して，暴力またはその恐れによって，意図的に危害，脅し，阻害，抑圧，脅迫が加えられてはならない，と定められている（California Penal Code §422.6, 1987）．しかし，その後も複数の立法や裁判例を通じてヘイトクライムの定義内容には追加，変更が加えられており，ヘイトクライムの具体的内容は展開し続けている．

に重要であるためである．カリフォルニア州の全現場警察部署から運用要領を収集，分析したところ，1つの典型的パターンは，他の現場部署が作成した運用要領を参考に作成するというものだったという（Grattet and Jenness 2005）．ここからも，現場での法の具体化プロセスに，自らと同種の組織（peer organizations）が1つの重要な役割を果たしていることが窺える．他にも，Goldman & Foldy（2015）は，社会保障政策実施の文脈で，現場職員があいまいな法規定の解釈と適用判断をめぐり，他自治体部署の現場職員と話し合いを行う様子を報告している（Goldman and Foldy 2015）．また，政策波及研究（policy diffusion analysis）においても，政策形成のみならず，今後は法政策の実施過程の場面でも，自治体間の相互作用性に注目すべきであると指摘されている（Graham, Shipan, and Volden 2013; Shipan and Volden 2012）．

このように，法の実施過程において，自治体現場部署同士の相互作用性について，いつどのような条件で，またどのようなメカニズムにおいて自治体間ダイナミクスが発生し，影響を及ぼすのか，分析の必要性と重要性が認識され始めている．

A 実施過程で扱う情報の複雑さ・文脈依存性の高さ

規制法の実施過程での自治体間の相互作用性を分析する際，留意しておくべき点として，法適用判断に必要な知識や情報が極めて複雑であり，かつ可視性に乏しい点がある．一般的に，組織間のネットワークを考える際，そのネットワーク上で行き来する情報の特性について考慮する必要があることはよく知られている[81]．第3章で紹介した事例からも容易に想像可能であろうが，法適用判断に必要な情報は，極めて複雑で細かく，かつ多い．

適切な法適用判断に必要な情報は2種類に分けられる．1つは，当該事案についての具体的状況に関する事実情報，もう1つは法令や『ガイドライン』といった判断の根拠として使用されるルールについての法的知識である[82]．法適用判断は，当該事例状況についての情報と，法や関連するルールについての情報を同時に取り扱いながら行われる．具体的事案のどのような事実を取り上げて考慮に加えるのか，事実が法規定に該当するのか，加え

---

[81] 政策波及研究では，外部からの観察容易性といった波及する政策の特性によって，どの程度波及するのか，異なると指摘されている（Makse and Volden 2011）．

て法適用が現実的かどうかや，環境に対する実質的効果，当該事業者のモチベーションと能力など，実施過程における法適用判断は，高度に文脈依存的なものであり，扱う情報は単純ではない．また，当該現場地域の特性など，事例の背後にある地域的理解が必要な場合もある．さらに，各困難事例の法解釈・適用判断は逐一詳細な記録や報告がなされるものでもないため，外部から容易に観察可能なものでもない．

このような情報の複雑さと外部からの観察困難性は，自治体間の相互作用を考える上で留意しておくべき点であろう．法適用判断に必要な情報と知識の複雑性・文脈依存性・外部からの観察困難性の高さのため，法解釈・適用判断の話し合いには，部署同士の頻繁なやり取りといった密な相互作用が必要不可欠である．定期的に部署同士でやり取りや質問，問い合わせ，照会といった相互作用がなされている自治体間においては，具体的事例内容に踏み込んだ話し合いが実現しやすいだろう．加えて，法解釈適用の具体的場面において，事例内容について踏み込んだ話し合いができる対象者や対象部署の範囲は決して広くはないことも想定される．

B　他自治体の法解釈適用を知るためのルート

では，本書が対象としている環境規制法の場面に戻ろう．第3章で見たように，法適用のあいまいさが高い状況の際，現場部署がとる対応として頻繁に見られたのは，他の自治体への問い合わせである．新しい法規定の施行直後，どのようにその法規定を現場で適用していくべきなのか，部署内で一義的に明確ではない場合，自治体部署は他の自治体がどのような法適用をしているのかを知ろうとする．

インタビュー調査により，他自治体の法解釈の把握ルートとして，以下の4つが見られた．まずはその4つのルートを簡単にまとめ，自治体間ネットワークの内容と特徴について考察する．

第1のルートとして，電話を通じた個別自治体への問い合わせがある．こ

---

82) 土対法の場合，法令以外に，『ガイドライン』やQ&A，その他の通知，またそれまでの当該部署での判断履歴など，網羅すべき対象は多い．また，都道府県，あるいは個別自治体で土壌対策や地下水汚染対策の条例が制定されている場合は，その条例内容の把握も当然必要である．

の形態が，自治体同士の日常的な情報交換として最も頻繁かつ中心的なものである．問い合わせ先の自治体部署に，疑義が生じている事例と似たような事例はないかを尋ね，あるいは仮にこのような事例が発生したらどのように法解釈・適用判断を行うのか，照会をするのである．問い合わせの相手方部署としては，個人的に面識のある職員のいる他自治体，あるいは同一の都道府県内の自治体，同地域内の自治体が典型的である．問い合わせ相手方の選定の際，第2ルートとして次に述べる担当者会議が極めて重要な役割を果たしている．また，一大工場地帯であるとか，埋立地が多い，畜産業が盛んなど，似たような地理的条件のある他自治体へ電話をかける場合もある．メールによる個別自治体間の問い合わせもあるが，電話での問い合わせの方がすぐに反応が得られるため，電話による問い合わせが最も頻繁に行われる．現場職員は以下のように言う．

「情報共有というのは，わりと，うちからもよくかけますし，他の自治体からも，そんなに多分，抵抗感なく，電話がかかってきているものと思います」[i3]．

「〇〇県にも連絡，よく電話をしてますし．××県とか，○×市とかの方に，色々教えてもらったり．そういう [類似] 事例がないかなということで，気軽に教えて頂けたりとかしています」[i15]．

　第2のルートとして，同一都道府県内，あるいは地域ベースで開催される担当者会議が挙げられる．各自治体から土対法・水濁法の担当職員が集まるため，担当者会議と呼称されている（担当者会議については4-2, Cに詳述）．会議開催に先立ち，照会したい項目を各自治体で出し合い，会議ではその照会内容を報告し合い，参加自治体の法解釈状況を把握するという流れが一般的であった．質問票調査によると，担当者会議が開かれる単位は地域ベースとなっていたが，参加する自治体は，都道府県同士であったり，政令市同士であったり，同一都道府県内の政令市と県であったりと，各担当者会議によって様々であった[83]．自治体間での担当者会議は，年1回あるいは2回の頻度で開催される[84]．後述するように，担当者会議への参加は，第1ルー

トである個別自治体への問い合わせ行動と密接な関係にあり，自治体間ダイナミクスを理解する上での鍵となっている．

ちなみに，現場職員同士が直接接する機会として，他にも環境省環境調査研修所主催の水環境研修と土壌・地下水環境研修が存在する．水環境研修と土壌・地下水環境研修は，ともに3～4日間の合宿制であり，全国の自治体の水濁法担当者・土対法担当者を対象に，定員各100名で開催される[85]．法律の基本的な考え方，現在の浄化技術の動向の講習や，小グループに分かれた事例対応のディスカッションなどが行われ，各自治体から1名程度が研修に参加する[86]．研修では，事例研究を通じて他自治体での法運用のやり方を知ることができる．また合宿制であることから，研修中職員同士の交流を通じて，職員同士の個人的なつながりが形成される場合がある[87]．

なお，地域によっては担当者会議が開催されていない場合があり，また環境省主催の研修も参加人員が限られており全ての自治体部署が参加できる訳ではない．したがって，担当者会議，あるいは環境調査研究所主催の研修に参加していない自治体部署も存在する．

自治体間の問い合わせ・情報交換の第3のルートとして，個々の自治体部署が全国の土対法・水濁法を所管する自治体部署に対して行うアンケート調査がある．これには確立した制度的仕組みがあるわけではなく，全国の法適用の様子を把握したい自治体が任意に行うものであり，1年に数件程度の頻度で行われている．疑義を持っている自治体部署が，全国各自治体部署のメールアドレス宛に一斉にアンケート票を送り，結果をまとめ，後日回収結果とともに協力自治体へ返信するという流れをとる．インタビュー調査による

---

[83] また，全国にある20のいわゆる政令指定都市間では，地域別の担当者会議とは別に「大都市会議」と呼ばれる担当者会議が存在し，その水環境部会において土対法・水濁法に関する疑義照会がなされる．

[84] 筆者は幸運にも，ある担当者会議を傍聴する機会を得た．詳しくは後述．

[85] 環境省環境調査研修所「平成26年度研修実績報告書」によれば，2014年（平成26年）は，水環境研修に99名，土壌・地下水環境研修に100名が参加した．参加者は，若干名の国や公団等の職員を除き，ほとんどが地方自治体職員である．

[86] 水環境研修，土壌・地下水環境研修の定員がそれぞれ100名である一方，水濁法・土対法を所管する自治体数は158であるため，1つの自治体から1人が参加を希望するとしても58の自治体が参加できないことになる．筆者が行ったインタビュー調査では，ある自治体部署で環境省主催の研修に抽選漏れをしたため参加できなかったという話を聞いた．

[87] 個人間のネットワークと組織間のネットワークの関係性については，4-2を参照．

と，2014年度に行われた土対法に関する自治体によるアンケート調査は4件（12月末まで）であり，内容としては，「土地の形質の変更について」や「土壌汚染対策法担当職員数について」などがあったとのことである．

　他自治体の具体的法解釈を知るための第4のルートとして，各自治体が各々のホームページに載せている資料の閲覧が挙げられる．ここでは，第1のルートである直接の問い合わせ行動や，第2のルートである担当者会議での事例照会行動に共通するような現場職員同士の直接のやり取りは行われず，よって法解釈や適用判断に求められる密度のある相互作用形態ではない．とはいえ，自治体のホームページには，具体的に何を規制対象とするかなど，事業者向けの資料が載せられていることもあり[88]，このような事業者向けの資料を閲覧し，他自治体がどのような具体的法適用をしているのか，確認を試みている例はインタビュー調査によって聞かれた．

　以上4つのルートを通じて，自治体現場部署は，他の自治体の法運用状況を確認し，自分たちの部署が抱えている疑義事例を照会し合う．上記4つのルートは，ある疑義に対して，電話による問い合わせといった1つの手段だけが用いられる場合もあれば，インターネットで閲覧した資料をもとに電話で問い合わせをするなど，複数同時に用いられる場合もある．

C　自治体間ネットワーク——用語の整理

　ここで，自治体間ネットワークという用語の整理も行いたい．本書では，具体的事例における法解釈・適用判断について担当現場職員同士が直接やり取りを行うような関係性が自治体の間で存在している場合，「自治体間ネットワークがある」，と表記することとする．これは，例えば，疑義が生じて問い合わせをする際の通常の問い合わせ先自治体，というように自治体同士のつながりがある程度継続的であるものを想定している．その背後には，現場での法適用判断に必要な情報や知識は複雑であり，かつ外部から容易に観察可能なものではなく，よって法適用判断の理由や根拠，解釈の伝達には，

---

[88] 例えば，大阪府や埼玉県など，自治体ホームページには，各自治体が作成した資料が公開されていることがある．その場合，例えば地下水汚染未然防止規定について，構造基準への適合の仕方や，取るべき対策の具体例，特定物質貯蔵指定施設の該当性などが，図を交え具体例を挙げつつ説明されている．

密な相互作用が必要であるという特徴があるためである．また，各自治体現場部署がネットワークを構成するアクター，つまりつながりの主体である．これは，本書が自治体間という組織間のネットワークに着目していること，また我が国の環境規制実施の判断は，現場職員個人の名の下になされるのではなく担当部署の名をもってなされていることを反映している．

さて，他自治体の法解釈適用を把握するルートとして上に4つのものを挙げたが，以下本書の分析では，問い合わせ行動のうち中心的位置を占める，第1類型の電話等を通じた直接の問い合わせと第2類型の担当者会議というルートを通じて，法適用判断の情報交換を行うことができるつながりのある自治体同士に，密な相互作用の存在を認め，自治体間ネットワークがあると呼ぶことにする[89]（4-2C，Dも参照）．他自治体に働きかけ，あるいは直接の話し合いといった相互作用を通じて，具体的法適用判断の内容や根拠について情報を交換，共有できる状態が，インタビュー調査によって確認されたためである．

4-2　自治体間ネットワークを通じた相互作用パターン

他自治体への問い合わせ行動には次の2つのパターンが見られた．1つは，現場職員同士の個人的に面識があることをベースにした問い合わせ行動，もう1つは事実上のペッキング・オーダー（序列）に基づいた問い合わせ行動である．これにより，他自治体への問い合わせ行動は，決してランダムになされているのではなく，一定のパターンが存在していることが分かる．以下ではその2つのパターンについてそれぞれ見たあと，そこでは担当者会議という自治体間で開かれる話し合いの場が，極めて重要な役割を果たしていることを示す．

---

[89]　ルート4のインターネットの閲覧のみや，ルート3の全国対象の任意のアンケート調査を通じた他自治体とのつながりは，「自治体間ネットワーク」には含まないと整理する．これは，法適用判断の伝達に伴う情報の複雑性ゆえ，職員同士の直接の相互作用があることを要件としていることと，インターネットの閲覧といった行動は現場職員自身が細かく記憶しているものでもないため，インタビュー調査や質問票調査によって計測が困難であるという制約，また相互作用性の継続性に着目していることによる．

A　パターン1 ——職員同士の面識

　他自治体への問い合わせ行動の1つのメイン・パターンは，職員同士に面識があることをベースに行われるものである．他自治体部署に知り合いの職員がいる場合，現場職員は，抵抗なく電話をかけ他自治体の法解釈について尋ねることができるという．以前に直接会って話をした経験があり，気軽に質問ができるような関係性ができていると，その知り合いの職員がいる他自治体への問い合わせは比較的容易に行われる．自治体相互間という，一自治体組織の境界を越えた組織間のネットワークの形成に，職員個人の持つインフォーマルな個人間ネットワークが重要な役割を果たしていることが分かる（Binz-Scharf, Lazer, and Mergel 2012）．

> 「××［他自治体］さんだと，もう，だいたい電話かけて聞いちゃいます．もうそれこそ担当者がだいたいみんな顔見知りというような感じですので」［i33］．

　このことは，やり取りをする情報の複雑性，つまり，法適用に必要な情報は極めて複雑であり，その情報交換には一定の時間と手間を必要とするという，法適用に関わる情報の性質に起因するだろう．すでに顔見知りであり，気軽に質問ができるような個人的関係性がある場合，このような複雑な情報の共有が促進されやすい[90]．

B　パターン2 ——事実上のペッキング・オーダーの存在

　自分たちの疑義に共通するような問題を含む事例をすでに経験していそうな，知識がより豊富そうな自治体部署に狙いを定めて問い合わせをする，というパターンも抽出された．法適用のあいまいさが顕在化した事例と似たような事例をすでに経験していそうな自治体部署，自分たちの疑義について対

---

[90]　問い合わせの内容は多岐にわたる．本書が分析対象としている土汚法4条，水濁法の有害物質貯蔵指定施設への該当性や構造基準の判断以外でも，例えば，土壌汚染処理業の許可申請手数料をいくらに設定するか，土壌汚染の人為的汚染と自然由来の汚染の区別の仕方，情報公開の程度，土壌汚染台帳の名義に個人名を記載するかなど，法適用判断以外にも，日々の業務での細かい運用決定をしなければならない事項について，問い合わせが行われていた．

応するのに必要な経験や知識を保有していそうな自治体部署に問い合わせを行うことで，法適用のあいまいさに対し，どのような法解釈を取るべきかの判断の指針を求めようとする．この場合，相手先自治体部署に個人的な知り合いがいる場合は問い合わせはさらに促進されるが，いない場合でも必要性に応じて問い合わせは可能である．

　このパターンの特徴としては，問い合わせを行う自治体と問い合わせを受ける自治体との間で，事実上のペッキング・オーダー，つまり序列が形成されている，という点が指摘できる．事例を多く経験している自治体部署とは，土対法や水濁法の場合，土地の改変が多く行われるような経済規模の大きい地域や，規制対象事業場が多い工業地域ということであり，必然的に，大都市地域の自治体部署が候補にあがり，あるいは政令市にとっては都道府県級の自治体が問い合わせの相手方として有力視される．事例数が多いと認識されている自治体部署は，そうでない部署に比べて問い合わせを受ける傾向が高い[91]．他自治体の豊富な事例対応の経験とそこで行われた法解釈を求めて行われるこの問い合わせ行動を俯瞰してみると，現場自治体部署の中でも注目されている自治体部署とそうでない自治体部署があり，問い合わせにより他部署から求められ，したがって拡散しうる法解釈は，注目される自治体部署から生じるのである．このように，あいまいな法適用に対応する際に必要な事例経験や知識は，非均一に分布していると言える（Mergel, Lazer, and Binz-Scharf 2008）．

　ある自治体職員は以下のように語る．そこからは，都市部にあり土壌専門の班も設置されているC県を知識が豊富だとして，「悩んだらC県に聞く」と，C県の法運用判断を重要視・頼りにしていることが分かる．

> 「やはり，C県さんはですね，うちと違って，土壌係みたいのがあるんですよ，うち1人なんで．なので，[C県には土対法担当者が]複数いるので，やっぱり，知識豊富なんですよね．○○[前任者]さんもC県，迷ったらC県に聞くといいよって言われたんで，C県に聞いた．特に土壌汚染って，市街

---

[91] 大規模自治体の職員は以下のように言う．「[他自治体からの問い合わせの電話は]よくかかってきますよ．それはもう，大気にいっても水にいっても土壌にいっても」[i55]，「先週今週と，1日に1本かかってくる」[i23]．

地の土壌汚染に対して対応するための法律なので，うちの県みたいに農地いっぱいとかですね，畑とか，そういうところの形質の変更のときってだいたい工場とか何も建っていないんで，調査命令出ることほとんどないんですよ．C県とか，市街地とかで開発とかが行われるんで，調査命令とか土壌汚染とか多いのかなと．［中略］土壌汚染とかが多いのでという目的でだいたい土壌係というのが作られた．なので，知識豊富かなと．まず，悩んだらC県に聞くと」［i14］．

このように，現場職員は，事例の種類・数ともに多く，知識が豊富であろう自治体部署を問い合わせの相手方として有力視し，彼らの回答内容を優先的に参考にして自らの法解釈を行う．知識が豊富な分，そこで行われている法解釈は信頼できるものであるという認識がその背後にある．知識豊富で信頼できる他自治体部署の法適用判断は，法的専門性が高いと評価され，法適用のあいまいさに対応する際，頼りになる存在となる．

C 担当者会議の役割

以上のような問い合わせ行動のパターンが見られたが，自治体間ネットワークを形成する基盤として，担当者会議と一般に呼ばれる自治体間の話し合いの機会が重要な役割を果たしていることも，インタビュー調査より明らかになった．自治体間ネットワークの構造を把握，理解するためには，現場職員が直接会って話し合いを行う場についても，目を配る必要がある．担当者会議は，他自治体の法解釈の様子を知ることができる機会として働くだけではなく，職員同士のつながりを形成し，会議後の問い合わせ（パターン1）を促進する，職員個人間のネットワーク形成の機会でもある．また事例数の少ない自治体部署にとっては，事例共有を通じた学習の場としても認識されていた．担当者会議の存在は，自治体間ネットワークの形成と維持にとって重要な役割を果たしている．よって以下では，筆者が傍聴したある担当者会議の様子も織り交ぜつつ，担当者会議という自治体職員同士の話し合いや交流の機会が，あいまいな状況下での法解釈判断にどのような影響を与えているのか，現場職員は他自治体職員との交流の機会をどのように捉えているのかを見ていく．

（1）担当者会議の概要と会議の進め方

　担当者会議は，年1〜2回，メンバーが固定された自治体間で開催される．実際に土対法・水濁法を担当している現場職員が，各自治体部署から参加する．担当者会議は，近隣地域の都道府県の間で開催されていたり，同一都道府県内の政令市の間であったり，同一都道府県内の県と政令市の間で開催されていたりと，統一的なメンバー構成となっている訳ではなく，各担当者会議に応じて構成員は様々である．

　会議の進め方は，次のようである．まず開催に先立ち，幹事自治体が参加自治体に対し，会議で照会したい疑義を募る．そして集まった疑義をまとめ全ての参加自治体に送付し，各参加自治体は，自分たちが提出したもの以外の疑義について，自分たちの部署ではどのように判断しているのか，それぞれ文書で回答する．その回答資料を幹事自治体が会議までに回収，印刷し，会議の当日その資料とともに参加自治体は事案について各々照会し合う，という流れで進められる．筆者が傍聴した担当者会議でも上記の流れであったし，インタビュー調査によると，上記のような会議の進め方は，筆者が観察したもの以外の担当者会議でも同様であった．

　担当者会議の特徴は，法実施の際発生した懸念事項と法解釈・適用判断の共有である．会議の場において，法解釈や運用の仕方に関し，それぞれの参加自治体部署が議題として提出したケースについて，自分たちの状況と法解釈適用を報告し，参加自治体間で共有する．その点で，担当者会議では，他の自治体部署が，どのような法適用を行っているのか，その散らばりの具合を把握し，またどのような事例が他自治体部署で起こっているのかを知るという事例の蓄積がもたらされることとなる．

　議題内容は多岐にわたる．水濁法の有害物質貯蔵指定施設への該当性にかかる適用判断や，土対法4条の調査命令発出についての適用判断など，本書が取り上げている法適用判断についての議題も挙がっていた．ある職員は言う．

「土地所有者等が必ずしも汚染原因者でなくても，あの，調査命令という不利益処分を負うことになるということもありまして．その不利益処分の発出にあたっての基準についても，そんなに客観的に，法から明らかに読み取れ

るものでもなくて，あの，各自治体ごとの裁量の領域に，解釈の余地が大きいというところもあって，で，その辺は，やはり，うちもそうですし，みなさん手探りでやっているところがあって，あの，非常に情報交換の，ここ数年メイントピックスになっているところです」[i33].

担当者会議という仕組みが，いつ，どのようにできたのか，またなぜ当該メンバー構成になったのか尋ねたものの，現在の現場職員は把握していなかった．インタビュー調査によると，河川や海の公害が社会問題化した1970年代から始まったのではないかと推察されていたものの，確かなことは不明であった．本書の分析において重要な点は，この担当者会議は，現在の現場職員が自発的に組織した話し合いの場ではなく，むしろすでに存在し固定化した，所与のものとしての話し合いの機会であるということ[92]，すでに確立したルーティーンとしての会議であるという点である [i3, i7, i12, i43, i86]．現在の自治体部署が，新たに改正された土対法・水濁法での法解釈・適用判断の困難さを克服するために，担当者会議を企画したのではない．

なお，全ての自治体部署が，上記のような担当者会議という話し合いの機会を持っている訳ではない．実際，筆者が行った質問票調査（土対法担当部署対象）によると，地域的に，あるいは同一都道府県内において，担当者会議といった実務担当者間の情報交換をする場があると回答した自治体は76部署，ないと回答した自治体は60部署であった．インタビュー調査によると，過去にはあったが，「いつのまにかなくなった」[i25]と回答した職員もいた．

このように，全ての自治体部署が他自治体との定期的な話し合いの場を持っている訳ではない．しかし，以下に述べるように，そのような話し合いの場がある自治体にとって，この担当者会議は自治体間ネットワークの維持構築と，法適用のあいまいさが高い場合の法解釈・法適用判断をめぐり，極め

---

92) 担当者会議の開催運営は，準備や会議出席の必要性というように現場自治体の業務を多少なりとも増やすことでもある．よって業務の多忙化と担当者会議の有無に関係がある可能性も想起できたため，土対法担当自治体部署のケースロード（4条届出数を現場職員の人数で割ったもの）と担当者会議の有無についてt検定を行った．しかし，有意な差は見られなかった．つまり，業務の負荷が多い自治体ほど，担当者会議を維持しない傾向があるという仮説は棄却された．

て重要な役割を果たしている．以下では，インタビュー調査に基づき，担当者会議という自治体をまたぐ現場職員同士の話し合いの場が，現場での法解釈，法適用判断について持ちうる機能について見る[93]．これは，後に考察する自治体間のネットワークの機能（4-4, c）とも多く重なるものである．

（2）機能1――法解釈適用の具体例と散らばり具合を把握する

担当者会議での事例照会を通じて，疑義が生じた法適用判断について，他自治体の判断の散らばり具合や範囲を把握したいという行動が見られる．ある自治体職員によると，彼の参加した担当者会議では，土対法の4条2項の調査命令を，今までに何件発出したか，そして発出した場合の根拠は何だったのかを聞いた自治体があったという．

> 「調査命令自体を，各自治体さんでそれぞれどれくらい出しているかと．で，命令を出したときの根拠として，どういうことで判断をしているかと，そういうことをずばっと聞いてきたところもありましたね」[i3]．

このように，他自治体が新しい法規定をどの程度適用しているのか，その際の根拠をどこに求めているのか，という他自治体の法解釈適用の範囲と根拠を把握した上で，自分たちの部署での法適用判断を行おうとしている．

現場職員の認識では，担当者会議は，参加自治体部署が1つの法解釈でまとまろうという趣旨で行われている訳ではないという．「最終的な判断っていうのは，結論は出る会議じゃないので，こう思いますとか，うちの市でこういう事例ではこう対応しました，と事例を照会する会議なので」[i13] というように，担当者会議は，疑義に対し，各参加自治体が各々の対応を報告する場であり，他自治体部署の法適用判断の把握が主である．別の担当者会議に参加している自治体職員も同様の発言をする．「うちはこうやっていますって話だから，答えはこうですねっていう，出すような会議では特にないんですよ．あ，他都市参考になりますねっていう．あ，あの都市はこうやっているんだ，ああ，こういう考え方もあるよねって」[i5]．したがって，あ

---

93) もちろん，全ての担当者会議が以下のような機能を常に果たしているとは限らないだろう．実際，後述するように筆者の視点からみて機能不全と見えるような例も存在した．

る議題事例に対し，1つの「正解」を定めるということは筆者の調査の範囲では行われていなかった．筆者が観察した担当者会議でも，1つの疑義について各自治体部署が各々の対応を報告し合い，より詳しいことが知りたい場合にさらに質問をし合う，というやり方で会議は進められており，それをもとにどの判断に統一すべきか，という話し合いはされていなかった[94]．

とはいえ，以下に記すように，担当者会議の場で知りえた事例対応や，会議後の問い合わせによって，他自治体の法解釈を把握することで，自治体現場部署は法適用のあいまいさに対し，判断の一定の方向性を見いだそうとしていることも分かる．上記の調査命令発出数を会議参加自治体に尋ねること自体，4条調査命令という新規定で，法適用があいまいな状況において，自分たちによる法解釈のみではなく，他自治体の動向を踏まえた上での法適用判断を行いたいという自治体部署の行動パターンを如実に表している．このように，他自治体の部署における法適用判断の範囲を知ることは，自分たちの部署の法適用判断をどのようなものにするのかという，一定の方向づけを行うことにつながっている．

（3）機能2――事例学習の機会

第2に，担当者会議では，自分たちの部署がまだ経験しない事例について知り，学ぶ機会が与えられる．他の自治体部署が判断に悩んでいる事例を知ることを通じて，起こりうる事例の幅とそれに対する他の自治体の対応の範囲を知りうることができるという．この知っている事例の幅を広げるということは，管轄地域が大きくなく規制対象事業場が比較的少ない政令市級自治体にとって，特に重要であると，ある政令市の現場職員は語る．

> 「スタッフが勉強になるので．［中略］特に政令市レベルだと地域が限られた話なので，事例があったりなかったりで，ピンポイントで初めてのケースがどんどん降ってきちゃうんですね．広ければもうちょっと色んな事例を集積できるんだと思うんですけど，政令市レベルだとそうはいかないので．まあそういう意味では，そういう機会がないと，スタッフが多分育たないで

---

94) 加えて，どのような法解釈や適用判断がより望ましいのか，よりベターな判断かという，より望ましい法適用判断についての話し合いについても観察されなかった．

すね」[i13].

このように，起こった事例の共有が行われる場合，必然的に，事例を多く経験している自治体部署の法解釈と法適用判断内容が，比較的事例の経験が少ない自治体部署へ伝わっていく，という序列が形成される．事例対応の経験数に応じたこのような序列関係が存在する場合，法解釈や法適用の情報を発信するところと受けるところという，ネットワークの序列構造が現われがちとなる．

この構造は，パターン2として先にまとめた，事例を持っていそうな自治体部署への問い合わせ行動と同様であり，扱う情報が複雑かつ専門的な場合は特に，対応に必要な事例経験や知識が非均一に分布していることを示している (Mergel, Lazer, and Binz-Scharf 2008).

特に，県と県内政令市で担当者会議が構成される場合，事例数の蓄積が必然的に多い県が，より多く，自らの法適用判断を発信することとなる．県内政令市と県で構成される担当者会議について，ある県職員は「政令市会議は継続してやるつもりですし，やはり，あの，特に政令市の方が，うちの方の意見を聞きたがっている部分もございますんでね」[i18] と言う．実際，この県が参加する担当者会議（県と県内政令市が参加）では，県の保有している事例数は政令市と比較して豊富であり，ある市が提出した疑義事例に対し，他の政令市部署がみな「事例なし」と回答している中，県のみ事例を回答したと，県内政令市の職員は言う[95]．

担当者会議の構成メンバーが近隣地域の都道府県であれ，同一都道府県内の政令市であれ，県と政令市であれ，担当者会議は事例学習の機会の1つとして機能することが可能である．別のある自治体職員は「やっぱり自分たち経験がないので，マニュアルとかガイドラインとか見ても書いてないようなことなので，すごい勉強になるなと思いますね，自治体の方が実際経験した事例って」[i15] と言う．特に法適用経験の少ない自治体にとって，自部署以外の事例と法適用判断のケースを知ることができる点で，担当者会議は貴

---

95) 「事例がなかったんですよ，うちとして．ない場合は特に何も言えないような状況で，県さんがちょうど同じような事例があって，［中略］県さんが助言をしていたっていう感じですね」[i12].

重な機会であると言えよう．

（4）機能3――他自治体の現場職員と面識を持つ機会

担当者会議といった集まりの場の持つ独自の機能として，会議参加を通じて現場職員が他の自治体の同担当職員と直接の顔見知りになり，その後の自治体間ネットワークの素地を作る機会を提供するということが挙げられる．職員個人間の知り合いベースの問い合わせを先に取り上げたが，その職員個人間のネットワークは，担当者会議など現場職員同士が1つの場に物理的に集まり会議をする場で形成される（Finnemore and Sikkink 1998; Kellogg 2009）．会議後のインフォーマルな立ち話等を通じて，現場職員同士は気軽に話し合うことができる相互関係を構築することができる．担当者会議後のインタビュー調査において，ある職員は以下のように語る．

> 「人とのつながりっていうのが，大事かなと．今回，△○県さんとかとしゃべって，顔見知りになった時点で，次に何かあったときに，すぐもう電話，各県のあの人は何を担当しているとか，分かるから．迷ったときにすぐにかけれるようになりますね，次から」[i17] [96]．

後述するように，担当者会議は，その後の他自治体への問い合わせの相手先選定に大きな影響を与えている．会議で現場職員が直接の顔見知りになることを通じて，その後の問い合わせ行動が会議メンバー自治体の範囲内で行われることを促すためである．

（5）機能4――疑義内容と各自治体の回答が文書として記録される

担当者会議のもう1つの独自の特徴として，疑義内容とそれに対する各自治体部署の対応が文書記録としてまとめられ，保管されることが挙げられる．この記録は現場職員が法適用のあいまいさに直面した場合の1つの対応手法

---

[96] 同職員は以下のように続ける．
「今，電話するときって，ちゃんとした理由がないとかけれないっていう場合があるかなと思うんで，顔知っていて，なんていうんですか，しゃべれる間柄になっておけば，なんかの機会のついでにでもしゃべれますし．ちっちゃいことでも聞けるかなっていうことはあります」[i17]．

として使用される．土対法の担当1年目のある自治体職員は，過去に開催された担当者会議の議事録は，通常の業務内で法適用について疑問に感じたときの参考になるという．

> 「各県が出されている事例って，やっぱりどこの県でも悩む事例なんですよね．でそれがちゃんと文章に残る，こういった会議を開いたことによって，文章になってちゃんと残るっていうことが，それはかなり．あの，私も去年とか出ていないんですけど，去年，一昨年の会議の記録を読み直して，たまたま事例が載っているときっていうのもあるんですよね」[i17]．

このように，担当者会議は，出席した担当者自身に，他自治体の法適用の様子を把握できる機会を与えるだけではなく，それ以降の担当職員に対しても，会議記録を通じて他自治体の法解釈適用を把握できる機会を提供している．

(6) 集まりの場が機能しきれていないケース

担当者会議に代表されるような，自治体間の現場職員同士の交流について，その集まりの持ちうる機能や，他自治体への問い合わせ行動との関係性を見てきた．気軽に相談できる相手としての職員個人間のネットワーク形成の機会を与えたり，また幅広い事例を知ることで知識の幅を増やすという事例学習の場となったり，他自治体の法適用判断の把握の機会として，上記集まりは機能することができる．

しかし，すべての担当者会議が上記の機能を果たしているという訳ではないことをここで確認しておきたい．もちろん，現場職員の個人的パーソナリティや会議進行のデザインなどによって，職員個人間の知り合い関係がどの程度構築できるのかは変わってくるであろうし，会議自体も，「他の自治体さん，市役所の方，ほとんど意見しないんですね．県庁様って感じで，もうお上の話聞きに行くってだけで．なので，発言する人がいない」[i7]というものだったり，各自治体の回答文章を読み上げるだけであったりと，話し合いの場を共有していることを活用できていない場面はあるだろう．したがって，以上に挙げた機能は，このような機能を持ちうるということであり，必ずしもその機能を毎回果たしている訳ではないという点には留意が必要である．

D　担当者会議と自治体間ネットワーク

　現場職員の個人的面識をベースにした他自治体問い合わせ行動を先に見たが，その職員間の個人的ネットワークは，担当者会議といった現場職員同士が一堂に会する場において形成される．担当者会議の存在は，会議の場でやり取りされた法解釈・適用判断の共有化を促進させもするが，会議後，業務の際に生じた法適用のあいまいさの高い場面で，メンバー自治体が他のメンバー自治体への問い合わせ行動を取るのを促す点でも重要である．ある自治体職員は，同一担当者会議に参加している他の自治体の部署について，「××［ある自治体］さんだと，もう，だいたい電話かけて聞いちゃいます．もうそれこそ担当者がだいたいみんな顔見知りというような感じですので」［i33］と言う．担当者会議など定期的に直接交流する機会のある自治体部署同士で，日常における他自治体問い合わせが交わされる傾向が強いことが窺える．これは，ソーシャル・ネットワーク分析での知見にも沿うものである．誰に相談を持ちかけるのか，相談相手の選定には，すでに知り合いかどうかという顔見知りの関係性の有無が重要なファクターとして機能していることが指摘されている（e.g., Granovetter 1973; Binz-Scharf, Lazer, and Mergel 2012）．同様に，法適用のあいまいさが高い場合，すでに知り合い関係を構築している担当者会議の参加メンバー自治体間において問い合わせ行動が行われやすく，自治体間ネットワークが観察できると言えよう．法解釈適用の判断の際には，事例ごとの異なる背景や，法的知識，技術的知識など，複雑な情報がやり取りされる．そのような複雑な情報は，すでに知り合い関係にある者同士，すでに一定の背景的知識を共有している者同士で，より容易に共有化されやすい（Hansen 1999; Lazer and Bernstein 2012）．

　実際，他自治体への問い合わせは，職員同士の知り合いベースであればもちろんだが，ペッキング・オーダーによる問い合わせ行動が見られた場合であれ，全国の自治体部署をランダムに問い合わせ対象とするのはまれであり，同一の担当者会議に参加している自治体のうちで事例が多そうな自治体部署，というように，その範囲は，第1段階として担当者会議など直接のやり取りが定期的に行われている部署を相手にするものが多い．

　担当者会議の存在は，参加自治体部署の自治体間ネットワークでの相互作

用を密にするのみならず，自治体間ネットワークがクラスター化[97]することを促す側面も重要である．

> 「それこそ年1回会議で集まったりして，多少は，顔合わせる機会もあったりするので，まあそこが1つの区切りなのかなと」[i3]．

というように，担当者会議のメンバー内での問い合わせ行動は促進されるが，その反面，メンバー自治体以外の自治体部署への問い合わせは行われにくいことも窺える．以下の引用は，なぜ担当者会議メンバー以外の自治体に問い合わせをしないのかという筆者の問いに対して，ある職員が回答したものである．

> 「そこまでやっちゃうと，全部［の自治体に対し］やらなきゃいけないじゃないですか．まとめるのが大変ですよね……っていう部分もありますけど．やっぱり，そこらへん［担当者会議メンバー内の他自治体］まで聞けばだいたいあとはもう，そんなに変わんないですし」[i31]．

この引用から読み取れることは，現場部署が問い合わせをする相手方自治体部署の数は，限定されているということである．本書の質問票調査によると，問い合わせの相手先自治体は平均して3.6カ所であった．これは，他自治体への問い合わせ行動――すなわち自治体間ネットワークの維持と利用――にはコストがかかるためである．この場合，コストというのは，金銭的な費用というよりも，問い合わせに要する時間や手間，追加的な業務のことである．他自治体に問い合わせをするには，まず問い合わせ相手先を選び，実際に問い合わせを行い，そして結果をまとめ，自部署の解釈適用判断を行うこととなり，それだけ意思決定に時間がかかり，人的リソースを消費する．この手間は，現場部署にとって無視はできない．というのも，現場部署は，人員が少ない中，常に多くのケースロードを抱えており，効率的に業務を処

---

97) ここでは，グループ内自治体部署同士で頻繁な相互作用があること，またグループ内の相互作用がグループ外自治体との相互作用よりも密接であるという緩やかな意味で用いている（Granovetter 1973）．

理する必要性に強く迫られているためである．担当者会議で同席する他の自治体部署は，そのアクセスの手軽さから問い合わせ先の第1候補となる．

このように，担当者会議という機会を有していることはメンバー間での相互作用を促進させ，またネットワークをクラスター化させるという傾向にあることがインタビュー調査から抽出された．これは，質問票調査結果によっても示された．筆者の行った土対法担当部署対象の質問票調査によれば，担当者会議に属している自治体は，属していない自治体と比べて，他自治体への問い合わせ行動をより行いやすいという傾向が見られた（$\chi^2<0.05$）[98]．

表4-1　担当者会議メンバーシップと他自治体への問い合わせ行動（土対法担当部署）

	問い合わせをした	問い合わせをしなかった	合　計
担当者会議なし	39（65.0%）	21（35.0%）	60
担当者会議あり	62（81.6%）	14（18.4%）	76
合　計	101（74.3%）	35（25.7%）	136

（$\chi^2<0.05$）

回答自治体の74.3%（$n=101$）が，2014年度（質問票回答時の2月まで）に「土対法の運用で疑義が生じたときに，他の自治体部署に対し，類似事例があるか，どのように他自治体では取り扱っているかを知るため，問い合わせをしましたか」という質問項目に，問い合わせを行ったと回答した．他自治体への問い合わせ行動の起こりやすさは，担当者会議メンバーシップの有無によって異なる．担当者会議なしの自治体部署のうち問い合わせをしたのは65%（$n=39$），問い合わせをしなかったのは35%（$n=21$）であるのに対し，担当者会議ありの自治体部署のうち問い合わせをしたのは81.6%（$n=62$），しなかったのは18.4%（$n=14$）であった．もちろん，他自治体へ問い合わせを行わなかった自治体部署の中には，疑義になるような事例がたまたま存在しなかったということもあろう．しかし，同一の新規法規定の実施において，いかなる現場部署も法適用のあいまいさを認識する契機があると想定すると（そしてこの仮定は現実的であろう），担当者会議という機会がある自治体ほど，他自治体への問い合わせ行動を取りやすい，という傾向が示された．

98）　なお，この傾向は水濁法部署対象の質問票調査でも同様に見られた（$\chi^2<0.05$）．

また，質問票の回答から，担当者会議ありの自治体部署が具体的にどこの自治体部署に問い合わせをしたのか確認したところ，問い合わせ先のほとんど（89%）が，同じ担当者会議に属している他のメンバー自治体部署であった．つまり，同一の担当者会議内での自治体間で問い合わせを行っており，担当者会議外の自治体には問い合わせを行わないという傾向が明らかとなった．ここから，担当者会議のメンバーシップは，自治体間ネットワークのクラスター化を促進していると言える．

インタビュー調査及び質問票調査からの知見をまとめると，担当者会議は，(1) メンバー自治体同士での問い合わせを促進し，自治体間ネットワークを密なものにするとともに，(2) そのような法解釈・適用判断の共有化は担当者会議メンバー自治体内にとどまり，メンバー自治体以外の自治体への問い合わせがなされにくいという点で，自治体間ネットワークのクラスター化を促していると理解できる．

このような状況を踏まえ，本章の以降の質問票調査分析では，担当者会議に属しているかどうかを，自治体間ネットワークの有無を図る代用値（proxy）として用いることとする[99]．

4-3　自治体間ネットワークと規制実施の関係性
　　　――質問票調査より

本節では，筆者が実施した質問票調査の分析を通じて，自治体間ネットワークと規制実施の関係性を見ていこう．統計資料により規制実施判断を測定できる土対法4条2項の調査命令の発出に焦点を絞り，分析を行う[100]．

---

[99]　ちなみに，環境省環境調査研修所の研修や，いわゆる政令指定都市が参加する大都市会議も存在するが，研修や会議後，同席した他自治体が日常における問い合わせ先として言及されたことはインタビュー調査においてまれであったため（78人中2人のみ），自治体間ネットワークの操作化の指標から外している．

[100]　土対法の実施については公開統計資料により，4条1項の形質変更の届出数，4条2項の調査命令発出数が分かり，命令発出のされやすさが測定できるためである．一方，水濁法の地下水汚染未然防止については，5条3項の有害物質貯蔵指定施設の該当事業者数は把握できるが，規制対象となる潜在的事業者数は公開統計資料からは不明であるため，自治体部署ごとの有害物質貯蔵指定施設該当という判断のしやすさ（これは規制実施の厳しさと見ることができる）の測定ができず，自治体間ネットワークと規制実施活動の関係性に関する量的分析の対象からは外している．

A　統計分析データ

　土対法を所管する全自治体部署に対して，質問票調査を実施した（序章 0-5 も参照）．実施時期は 2015 年 2 月，回答率は 86.1%（$n=136$）であった．土対法を担当している現場職員に，質問票の回答を依頼している[101]．質問票では，現場部署の職員数や異動頻度といった組織リソースや所管する法律数，部署内における話し合いの程度，他自治体との相互作用の程度，被規制者の評価や市民からの要望・批判，首長や議会からの影響，法実施についての認識，そして回答職員の年齢や性別といったバックグラウンドを質問している．

（1）従属変数──**調査命令**

　自治体現場部署の規制実施の程度は，彼らがどのように法を解釈し適用するのかを反映し，結果的に社会において実現する法の具体的な意味を確定している．以下の分析では改正土対法が施行されてから最初の 5 年間（2010 年度から 2014 年度）に発出された調査命令の発出数合計を従属変数として用いる．命令の発出数は，環境省発行の「土壌汚染防止法の施行状況及び土壌汚染調査・対策事例等に関する調査結果」（平成 22 年度～平成 26 年度）に拠った．

（2）独立変数──**自治体間ネットワーク**

　先述した通り本書では，具体的事例における法解釈・適用判断について，自治体の垣根を越えて担当現場職員同士が直接やり取りや問い合わせを行うような関係性が自治体部署の間で存在している場合，自治体間ネットワークがあると整理している．実際の行政活動の中では，他自治体への問い合わせ行動は，電話による直接の質問や担当者会議の場での事例照会といった形が取られるが，担当者会議のメンバーかどうかは，自治体間ネットワークを測定する 1 つの指標として使用可能であることはすでに確認した．担当者会議を通じて現場職員同士のつながりが構築され，またどこの自治体がどのような事例類型やどの程度の事例規模・事例知識を持っているのかも把握でき，

101）　質問票回答者である現場職員の属性をまとめた表 2-4 も参照．土対法を担当し平均 2.3 年経過している現場職員が回答している．約 3 年の異動サイクルを考慮すると，質問票回答者は土対法の実施を中心的に担当している現場職員であると考えられる．

職員同士の個人的知り合い関係によるものであれ，ペッキング・オーダーによるものであれ，その後の問い合わせ行動を促進する．質問票調査においても，担当者会議という機会を持つ自治体部署は，そうでない自治体部署と比較して他自治体への問い合わせ行動を取りやすいことが示された．以上より，担当者会議に属しているかどうか，その会議のメンバーシップの有無を，自治体間ネットワークの有無を測定する代用値（proxy）として使用する（本章4-2，D）．

もちろん，担当者会議に属していない自治体部署も，日常的に他の特定の自治体に対して現場職員が直接問い合わせ行動を行うなど，他自治体と問い合わせの関係性を構築している場合もあるであろうし，逆に担当者会議に属していても，他自治体への問い合わせ行動を取らない自治体部署もあろう．現実の行政部署の行動は二値で完璧に捕捉できるものではない．しかし，複雑な現実を単純化し，全体としての傾向を把握して本質を捉えようとする試みもその必要性がある．特にいまだ研究の蓄積がない現象については，まず単純化したモデルをもって解明に取り組むことが複雑な現実状態の捕捉を目指す第一歩として意味があると考える．この点，担当者会議の持つ機能と役割を考えると，担当者会議をもって自治体間ネットワークを測るということも，複雑な現実を測定する1つの操作化として適切なものであろう．よって，担当者会議に属している場合を1，そうでない場合を0とする二値変数によって，自治体間ネットワークの存在を測ることとする．

また，担当者会議のメンバー間で，自治体間ネットワークのクラスター化が観察されたこともすでに見たところである．質問票調査により全国で11の担当者会議グループが存在することが判明したため，担当者会議グループごとに11のダミー変数を作成し，各グループと規制実施活動の関係性についても見ることとする．

（3）コントロール変数

これまでの規制研究が示しているように，規制実施活動には多くの要因が作用しており，その要因の影響を考慮，統制した上で，自治体間ネットワークと規制実施活動の関係性を見る必要がある．よって，以下のコントロール変数を統計モデルに組み込む．

● 事例数

規制実施の程度を見るには，命令発出数のみならず，その命令発出の対象となる母数の事例数全体を見る必要がある．土対法調査命令の場合，それは調査命令の対象となる 4 条 1 項の形質変更の届出数である．これを考慮するため，2010 年度から 2014 年度までの形質変更届出数の合計を用いた．出典は環境省発行の「土壌汚染防止法の施行状況及び土壌汚染調査・対策事例等に関する調査結果」(平成 22 年度〜平成 26 年度) である．

● 職員 1 人あたりのケースロード

第一線職員研究によれば，各現場職員の抱えているケースロードによって，法適用判断が影響を受けることが報告されている．先行研究では，効果の方向性は一致していない．すなわち，ケースロードが多いほど機械的に法を当てはめることになる，サンクションを課す積極的な規制活動を行うことになると報告するものもあれば，ケースロードが少ないほど 1 つの事例に費やす時間が増えるが故に，積極的な執行活動を行っていると報告するものもある (Lo and Fryxell 2003; Girth 2014)．2014 年度の 4 条 1 項形質変更届出数を，質問票調査 (2015 年 2 月実施) で把握された自治体ごとの現場職員数で割り，現場職員 1 人あたりのケースロードを算出，コントロール変数として用いる．

● 自治体現場部署のタイプ (都道府県ダミー)

都道府県と政令市という，地方自治体のタイプによって規制実施活動が異なるかもしれない．よって，都道府県を 1 とコード化し，政令市を 0 としたダミー変数を作成した．

● 専門的知識への自信の程度

調査命令の発出には，行政命令発出にかかる行政手続についてや，法の解釈適用についてといった法的知識が必要である．また，具体的な有害物質の特性といった技術的専門知識も必要である．主観的に，どの程度法的・技術的知識を有していると自らの部署を認識しているのか，現場部署が抱いている自信の程度は規制実施判断に影響を与える．インタビュー調査においても，「命令かけるときって，もう，署内で相当打ち合わせをして」[i11] おり，命令を発出するという判断について「我々は自信を持ってやっている」[i2] というように，主観的な自信の有無も規制実施判断に影響を与えていること

が窺われる．質問票調査では，「自分たちの班・係は，土壌汚染に関する規制活動を行うのに必要な程度の法的知識を持っていると自負している」，「自分たちの班・係は，土壌汚染に関する規制活動を行うのに必要な程度の技術的知識を持っていると自負している」という質問を行い，「1. 全く当てはまらない」「2. 当てはまらない」「3. どちらかといえば当てはまらない」「4. どちらともいえない」「5. どちらかといえば当てはまる」「6. 当てはまる」「7. 非常に当てはまる」の7つの尺度で測定した．なお，上記2つの質問への回答は，クロンバック α の値が0.88であったため，専門的知識への自信の程度，としてまとめている．

● 都市化の程度

　土壌汚染は，その特質上，工場跡地や試験場など有害物質を使用等した工場・事業場が多く存在する地域に起こりやすいという一般的傾向があることから（畑 2016），都市化の程度によって，そもそも土壌汚染のおそれのある土地が多く存在する地域とそうでない地域があることが想像される．もちろん，廃棄物処分場跡地など，土壌汚染のおそれのある土地は必ずしも都市部にあるとは限らないが，全体的傾向として都市部の方が土壌汚染のおそれは多く分布しているだろう．よって，都市化の程度もコントロール変数に含める必要がある．操作化として，第1次産業従事者数を全体の就業者数で割った値の逆数を用いた（2010年の国勢調査データを使用）．なお，都道府県の管轄地は，同一都道府県内の土対法政令市以外の地域になるため，それに対応するよう，都道府県全体の第1次産業従事者数，全体の従業者数から，政令市のそれらを引いたものをそれぞれ作成し，使用している．

● 部署内の相談

　法適用のあいまいさが高い状況での法解釈・適用判断に際しては，部署内の相談がまず行われることを前章で見た．規制研究，第一線職員研究においても，部署内での現場職員同士の相互作用が，彼らの理解する法の意味，法適用判断を大きく左右することが分かっている（Kagan 1978; Sandfort 2000; Morrison 2002; Prottas 1979）．質問票調査では「法やガイドラインの規定があいまいで，その規定の解釈・適用の判断に困難を感じるような事例に対応することになった場面を思い浮かべてください（例えば，4条2項調査命令の「おそれ」の判断などです）．その事例への対処に関連して，あなたは，以下

にあげた職員の方々（a～d）とは，相談したり話し合ったりしますか，しませんか．最も当てはまるものを一つだけお答えください」と質問し，「a. 係内・班内の同僚」「b. 前任者」「c. 係長・班長」「d. 課長」それぞれに対し「1. 話し合わない」「2. あまり話し合わない」「3. ときには話し合う」「4. 話し合う」「5. よく話し合う」「6. いつも話し合う」の6尺度で回答を得た．

● 地元政治

　規制研究では，環境規制執行の程度は，地元政治での優勢党派（例えば，アメリカでは共和党優位か民主党優位か）によって，影響を受けている例が報告されている（e.g., Wood 1988）．環境規制を始めとする社会的規制は，市民の安全性を維持・確保することを目的とするが，その分産業側に負担を強いるものである．当然，優勢党派が産業推進に重点を置くのか，社会福祉に重点を置くのか，地元政治の傾向によっても規制実施の程度は影響を受けうる．本書の統計モデルでは，政治状況として，地方議会での自民党系議員数の割合を用いた．議員数のデータに関し，都道府県議会では，総務省作成の「都道府県議員の所属党派別人員調」を出典として用いた．市議会に関しては，同様の統計資料が見当たらなかったため，各市議会のホームページを参照しカウントを行った．

● 情報公開ダミー

　市民など第三者からの規制執行のプレッシャーが強いと，規制執行の程度が強まる傾向がある（Hutter 1989; Kagan 2004; Lo and Fryxell 2003）．情報公開請求は，第三者の当該規制法実施への関心の高さを示す1つの指標であるため，質問票では，「今年度（2月現在で）土対法に関連した，情報公開の申請はありましたか」という質問に対し，「あった」と回答したものを1，「なかった」と回答したものを0とし，情報公開ダミー変数を作成した．

● 被規制者に対する評価

　現場職員が法対象者をどのように評価しているのか，法対象者をどのようにカテゴライズにするのかによって，法適用判断は異なる（Maynard-Moody and Musheno 2003）．どの程度被規制者を厳しく受け止めているのかを測るため，質問票調査では，「事業者は，土対法の運用に納得しない場合，強く抗議する」という言明が，各自治体部署の状況にどの程度当てはまるのかに

ついて,「1. 当てはまらない」「2. どちらかといえば当てはまらない」「3. どちらともいえない」「4. どちらかと言えば当てはまる」「5. 当てはまる」の5尺度で質問をした.

上記の変数の要約統計量を表 4-2 にまとめた. 調査命令発出数は法施行後5年間のうち, 平均が 5.68 回, 最小値 0 回, 最大値 57 回, 標準偏差が 9.58 であった. 事例数, 職員 1 人あたりのケースロードも, 自治体部署によって幅があることが窺える. 部署内の相談の程度は興味深い. 法規定のあいまいさが高く, 法の解釈適用に困難を覚える際, 課長や前任者よりも, 同僚及び係長・班長との間で頻繁に相談を行っている. これは細々とした法規定やガイドラインの文言, 個別事例の背景という複雑かつ詳細な情報を扱う場面であるためであろう.

統計分析では以下 2 つの仮説を検証する. 第 1 仮説は「自治体間ネットワークは, 規制実施活動に影響を与える」であり, 自治体間ネットワークと規制実施活動の関係性の有無とその方向性について検証する. 第 2 仮説は「自治体間ネットワークのグループごとに, 異なる法適用の傾向が存在する」であり, グループごとに異なる規制活動がなされているのかどうかを検証する.

B　回帰分析結果

調査命令発出と自治体間ネットワークの関係性を見るため, ポワソン回帰分析を行った[102]. コントロール変数が命令発出にどのような影響を及ぼしているのかを最初に確認するため, まずモデル 1 でコントロール変数のみ導入した. その後, 担当者会議グループへの参加有無も分析に加えたものがモデル 2 である. モデル 2 では, 自治体間ネットワークが存在する場合, それは規制実施活動にどのようなインパクトを与えるのかを検証する. 続いてモデル 3 では, 各グループによって, 規制法実施への影響が異なるのか, グループごとのダミー変数を導入し検証した.

結果は表 4-3 にまとめた通りである. 規制研究, 第一線職員研究では, 個別自治体部署内の要素をもって規制実施活動を説明しようとしていたことに

---

102)　従属変数がカウント数であるためポワソン回帰分析を実施した.

表 4-2 要約統計量

変　数	平　均	標準偏差	最小値	最大値
従属変数				
調査命令（2010-2014）	5.68	9.58	0	57
独立変数				
自治体間ネットワーク	0.56	0.50	0	1
会議グループ 1	0.05	0.22	0	1
会議グループ 2	0.07	0.26	0	1
会議グループ 3	0.07	0.25	0	1
会議グループ 4	0.05	0.22	0	1
会議グループ 5	0.04	0.21	0	1
会議グループ 6	0.04	0.19	0	1
会議グループ 7	0.04	0.19	0	1
会議グループ 8	0.06	0.24	0	1
会議グループ 9	0.09	0.29	0	1
会議グループ 10	0.02	0.15	0	1
会議グループ 11	0.03	0.17	0	1
コントロール変数				
事例数（2010-2014）	334.0	612.7	23	6364
ケースロード	40.45	60.42	1	326
都道府県ダミー	0.309	0.464	0	1
専門知識の自信の程度	4.51	1.27	1	7
部署内の相談：係内・班内の同僚	4.41	1.56	1	6
：前任者	3.21	1.28	1	6
：係長・班長	4.92	1.09	1	6
：課長	3.64	1.35	1	6
都市化の程度	78.62	95.14	5.48	501.7
地元政治（自民党派議員割合）	0.40	0.14	0.09	0.76
情報公開ダミー	0.44	0.50	0	1
被規制者への評価	3.16	0.86	1	5

沿い，まずモデル 1 では個体部署別の変数をコントロール変数としてその影響を見た．コントロール変数が命令発出にどのような影響を及ぼしているのか，自治体間ネットワークの変数を組み込む前の状況を確認している．分析の結果，都道府県ダミー，専門的知識の自信の程度，係内・班内同僚と係長・班長への話し合いの程度，情報公開ダミー，被規制者への評価が統計的に有意な影響を及ぼしていることが確認できる．すなわち，都道府県であること，土対法に関し情報公開請求を受けたこと，また専門的知識保有の自信

表 4-3　自治体間ネットワークと調査命令発出の関係性

	モデル1	モデル2	モデル3
自治体間ネットワーク		0.43*** (0.10)	
会議グループ1			1.33*** (0.17)
会議グループ2			0.78*** (0.22)
会議グループ3			0.96*** (0.15)
会議グループ4			0.74** (0.25)
会議グループ5			1.02*** (0.16)
会議グループ6			0.61*** (0.18)
会議グループ7			0.16 (0.26)
会議グループ8			−0.25 (0.21)
会議グループ9			−0.77*** (0.20)
会議グループ10			−0.70* (0.35)
会議グループ11			−1.32* (0.59)
事例数	0.00005 (0.00009)	0.00009 (0.00009)	0.0001 (0.00009)
ケースロード	−0.0001 (0.0009)	−0.0001 (0.0009)	−0.0010 (0.0010)
都道府県ダミー	0.68*** (0.12)	0.46*** (0.13)	0.70*** (0.16)
専門的知識の自信の程度	0.21*** (0.04)	0.24*** (0.04)	0.25*** (0.05)
部署内の相談：係内・班内の同僚	0.09* (0.04)	0.08* (0.04)	0.01 (0.04)
：前任者	−0.06 (0.04)	−0.09* (0.04)	−0.17*** (0.04)
：係長・班長	−0.12** (0.04)	−0.08 (0.05)	−0.16** (0.05)
：課長	−0.07 (0.04)	−0.08 (0.04)	0.05 (0.04)
都市化の程度	0.0010 (0.0005)	0.0003 (0.0006)	−0.0008 (0.0007)
地元政治（自民党派議員割合）	0.28 (0.35)	0.35 (0.34)	0.67 (0.43)
情報公開ダミー	0.35*** (0.09)	0.31*** (0.09)	0.53*** (0.10)
被規制者への評価	0.11* (0.05)	0.12* (0.05)	0.13* (0.05)
切片	0.32 (0.35)	−0.06 (0.36)	0.16 (0.41)
N	129	129	129
AIC	1233	1214.8	1061

$^*p<0.05$, $^{**}p<0.01$, $^{***}p<0.001$ ／かっこ内は標準誤差

があるほど，係内・班内同僚と話し合いを頻繁に行うほど，被規制者について厳しい評価を行っているほど，命令発出を行うという傾向が見られ，逆に係長・班長との話し合いを頻繁に行うほど，命令発出は行われにくいという傾向が確認された．

では早速，自治体間ネットワークと規制実施の関係性について見てみよう．モデル2は，自治体間ネットワークの有無が全体として及ぼす調査命令の発出への影響について検証している．その結果，他のコントロール変数を統制してもなお，担当者会議メンバーシップ，つまり自治体間ネットワークの存在は，規制法実施にインパクトを与えていること，具体的には，担当者会議のメンバーシップがある自治体部署の方が，より調査命令を発出しやすく，積極的な実施活動を行う傾向にあることが示された（$p=.000$）．

背後のメカニズムについては，本章後半及び次章でのインタビュー調査分析の箇所で詳述するが，とりあえず以下の3点を挙げておこう．すなわち，(1) 自治体間ネットワークの機能，(2) 現場部署に対する法的サポートの乏しさ，(3) 被規制者に対する法適用判断の正当性主張の強い必要性の3点が，この結果に反映されていると考える．自治体間ネットワークを通じて，命令発出につながる法解釈や適用判断，手続に関する知識・経験が共有されやすい．後述するが，「間違い」を回避しようとする現場部署にとって，自治体間ネットワークは自部署の法適用判断が「間違い」ではないと確認できる機会としても機能していると考えられる．また，あいまいな状況の中でのベンチマークとしても，他自治体の適用判断は機能する．これらはまさに，自治体間という組織間の相互作用によって，何が「適切」な判断なのか，その理解が醸成されていく動的プロセスと見ることができる．また，自部署の専門的知識について自信が高いほど調査命令を発出しやすいという点（$p=.000$）は，現場における規制実施判断にとって，特に調査命令といった行政命令を発出する判断にとって，法的専門的知識が必要であること，少なくともそのような自己認識が重要であることを示している．

さて，自治体間ネットワークのクラスター化の傾向は，すでにインタビュー調査と質問票調査により確認したところである．加えて，理論的観点からも，組織間ネットワークを通じて，同型化（isomorphism）が生じることは説明されている．しかし，同型化によって具体的にどのような法運用に収斂す

るのか，収斂する内容そのものについては，何も語られておらず，これは経験的検討によらなければならないだろう．以上より，クラスター化されたネットワーク内でどのような法適用が普及するのか，その具体的内容を見る必要がある．モデル3では，11の担当者会議グループごとに作成したダミー変数を導入し，自治体間ネットワークと規制実施の関係性を検証した．

モデル2と同様，モデル3においても，関連するコントロール変数を統制してもなお，自治体間ネットワークの存在が調査命令の発出判断に影響を及ぼしていることが示された．そして，グループごとに命令の出しやすさは異なり，規制実施の程度が異なることも示されている．調査命令を出しやすいグループとそうでないグループが存在することが分かる．

具体的には，グループ1，2，3，4，5，6に属している方が，担当者会議グループに属していない場合と比べて調査命令を出しやすく，グループ9，10，11に属している方が，担当者会議グループに属していない場合と比べて命令を出しにくい．担当者会議メンバーシップとそこから類推される自治体間ネットワークの存在は，あいまいな規制法がどのように現場において解釈，適用されるのか，その法の具体的意味の構築プロセスにおいて重要な役割を担っているということ，またグループによって，その構築された法の具体的意味・法解釈は異なる可能性のあることを示している．

図4-1，図4-2はグループにおける実施活動の違いを見る上で有効である．図4-1は，11のグループと，担当者会議メンバーシップのない自治体での，調査命令発出率について分散分析を行い，またその箱ひげ図[103]を示したものである（ANOVA<0.01）．回帰モデル3の結果と同様，グループごとに命令発出の程度が異なることが示されている．長方形中の太線はデータの中央値を示しているが，この中央値が各担当者会議グループによって異なっており，これはグループごとに命令発出率が異なっていることを示している．グループごとに具体的な法の意味がその中で構築されており，よってグループ間で

---

[103] 箱ひげ図は，データの散らばり具合を把握するために用いられる．長方形の下辺が，データを昇順にならべた場合総数の4分の1に当たる値，上辺が4分の3に当たる値である．箱の中央の太線は中央値を示している．長方形の上下にある横線（ひげ）は，「第1四分位数 − 1.5×(第3四分位数 − 第1四分位数)」以上「第3四分位数 + 1.5×(第3四分位数 − 第1四分位数)」以下の範囲で，それぞれ最も大きいデータ点および最も小さいデータ点を指す．小さな丸点は外れ値を表している．

図 4-1　担当者会議グループごとの調査命令発出率

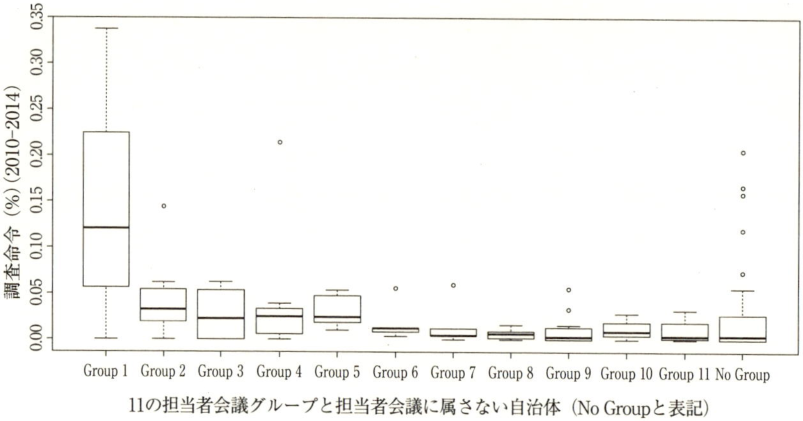
調査命令（%）(2010-2014)
0.00
0.05
0.10
0.15
0.20
0.25
0.30
0.35
Group 1
Group 2
Group 3
Group 4
Group 5
Group 6
Group 7
Group 8
Group 9
Group 10
Group 11
No Group
11の担当者会議グループと担当者会議に属さない自治体（No Groupと表記）

比較した場合，現実化した法の意味はそれぞれ異なる可能性を示唆している．

図 4-2 は，自治体部署を 3 つのタイプに分けた箱ひげ図である．担当者会議メンバーシップのないグループ，それと比較してより積極的に命令を発出するグループ（グループ1，2，3，4，5，6）と命令発出しにくい傾向のグループ（グループ9，10，11）を並記している．図からは各グループの中央値や散らばりの程度が読み取れる．

興味深いのは，図 4-2 で示された 3 つのグループごとに，命令発出率の散らばり具合が異なるという点である．特に，担当者会議メンバーシップがあり，かつ命令発出に消極的な自治体部署は，その散らばりの程度が他のグループと比較して小さい．中央値はゼロに近く，分散も小さい．事例の具体的状況に拘らず，調査命令を発出しないという法解釈・運用方針がメンバー間で共通していることが窺える．これは，自治体間ネットワークにおいては，共通した法解釈・適用判断（この場合は命令発出に消極的な法解釈・適用判断）がメンバー間で共有化され，制度化されるという理論的理解に沿う結果である．一方，担当者会議メンバーシップがありかつ命令発出に積極的なグループ，及び担当者会議メンバーシップなしの自治体部署では，発出率の分散が相対的に大きい．理論的理解に基づけば，自治体間ネットワークが存在しない場合は，その分共通した運用が普及することは考えにくいため，分散は小さくはならないことが想定され，データはこの点に沿ったものである．自治

図4-2 命令発出に積極的・消極的な自治体グループ

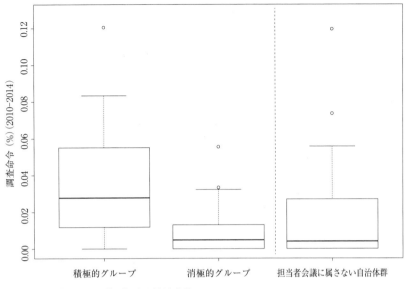

※発出率0.12以上は外れ値のため図より除外.

体間ネットワークがありより命令が出されやすいグループについても，発出率の分散の程度が相対的に大きいが，具体的事例によって土地履歴は異なり，全ての事例が命令対象となるわけではないため，この点から発出率の分散が大きいことは容易に想定される．

　以上より，コントロール変数を統制した回帰モデル3及びこの分散分析の結果から，法適用のあいまいさのある状況では，自治体間ネットワークが規制実施活動に影響を及ぼすこと，また属している自治体間ネットワークによって構築される法の具体的意味は異なりうることが示された．

　さて，コントロール変数と規制実施の関係性についても考察しよう．3つの回帰モデルに一貫して同方向かつ統計的に有意であった変数は，都道府県ダミー（都道府県であると命令発出しやすい傾向），専門的知識の自信の程度（専門的知識について自信があるほど命令発出しやすい傾向），情報公開ダミー（情報公開請求を受けたことがある部署は命令発出しやすい傾向），被規制者への評価（被規制者を厳しく捉えているほど命令発出しやすい傾向）であった．これは先行研究の知見に沿ったものである．現場部署に専門的知識や執務能力がある場合

には，効果的な規制のため必要な規制活動を辞さないことや，一般市民といった第三者の監視が強い場合（情報公開請求はそれに沿うものである），また現場部署による法対象者の厳しい評価があると，積極的な規制活動になりやすいことは，すでに先行研究において議論されてきた（Bardach and Kagan 1982; Kagan 1994; Hutter 1989; Gunningham 1987; Maynard-Moody and Musheno 2003）．

部署内の相談については，すべてのモデルにおいて一貫して統計的有意となるものはなかった．しかし，係内・班内の同僚と係長・班長への相談の頻度は興味深い傾向を示している．係内・班内同僚への頻繁な相談は，概して命令発出を促進する傾向にあり，逆に係長・班長への頻繁な相談は概して命令を発出しにくい傾向を示している．同僚との相談の場合は，モデル1と2では統計的有意になっており，モデル3では有意ではないものの（$p=0.73$），係数の方向は同様に正である．調査命令といった行政命令を発出する際には，その素地として同僚との頻繁な話し合いが必要不可欠であることを示していると考えられる．逆に，係長・班長との相談は，モデル1，3では統計的有意となっており，またモデル2では有意ではないものの（$p=0.06$），係数の方向は同様に負となっている．本書は部署内での意思決定プロセスそれ自体を詳細に検討するものではないが，チームの責任者である係長・班長は行政命令発出を控える傾向があることも窺える．

また，事例数，ケースロード，課長への相談，都市化の程度，地元政治（自民党派議員割合）についても，3つのモデルいずれにおいても統計的有意性は見られなかった．事例数が多いほど命令発出が頻繁であるとは必ずしも言えず，また都市化が進んでいるほど調査命令が発出されやすいということは統計的に示されていない．地方部であれ，廃棄物埋立跡地や工場跡地等が想定されるためであろう．自民党派議員の割合も，調査命令の発出とは関係性が見られなかったが，これは土対法の調査命令発出という行政判断が政治的注目を集めるほどのイシューではなく，党派性が反映されにくいという点も考えられる．事例数とケースロードについても統計的有意性は見られなかったが，事例数の係数は3つの回帰モデルに一貫して正，ケースロードの係数は一貫して負を示し，その方向性としては想定通りであった．具体的な実施活動については係内・班内での判断が尊重されているためか，課長への相談の頻度に関しても，統計的有意性は見られなかった．

量的分析をまとめると以下のようになる．概して，自治体間ネットワークを持つ自治体部署では，調査命令という積極的な規制実施がなされやすい傾向があり（回帰モデル2），また自治体間ネットワークのグループごとに，命令発出傾向が異なることが示された（回帰モデル3，分散分析）．このように，法適用のあいまいさが高い状況では，個体自治体内の要素のみならず，自治体間という組織間ネットワークが法の具体化プロセスに影響を与えていることが，量的分析により確認された．

インタビュー調査分析も同様の結果を示している．以下では，インタビュー調査分析を通じて，より具体的にきめ細かく，自治体間ネットワークの機能や役割を見ていくことにしよう．

4-4　自治体間ネットワークの作用と役割
──インタビュー調査より

A　あいまいさ対応の1戦略としての自治体間ネットワーク

新しい法律の実施直後に代表されるような，法適用のあいまいさが高い状況の場合，他自治体への問い合わせはこのあいまいさへの対応の1つの有効な戦略として現場部署で用いられていることは，インタビュー調査においても明らかであった．ある職員は，調査命令の発出の判断に疑義が生じた際，担当者会議グループの他の自治体と相互に問い合わせを行うと言う．

> 「電話での問い合わせなんかは，うちの方からも各自治体についてこういうケースきたけど，似たような事例ある，どういう風に判断するっていうような［ことを］聞いたりしますし，あの，他の自治体からもやっぱりそういう相談の電話なんていうのは結構気軽にかかってくるんですね．で，あの，まあそういう中では，やっぱりどうしても，あの，なかなかその，調査命令っていうところに踏ん切れなくて，相談してくるっていう形は多いですね」［i3］．

上の引用は，自治体間ネットワークが法適用のあいまいさに対応するために用いられる手段として実際に登場することを端的に表している．同一の担

当者会議メンバーであれば，現場職員同士の面識もあり，気軽に連絡を取りやすく，よって自治体間の相互作用を促進する．似たような事例があるのかどうか，その場合どのような適用判断をしたのか，事例がない場合でもどのように考えるか等，部署間でやり取りを行う様子が見られる．いまだ個別部署内で法解釈・適用の方針が定まっていない状況下では，自治体間ネットワークを通じて共有される法解釈・適用事例は，影響力を及ぼすことが窺える．

他自治体とのやり取りを通じて，自治体部署がどのように法解釈・適用判断を行うかの感覚を掴もうとしている様子も，インタビュー調査より見られた．以下の例は，2つの自治体部署の現場職員が電話を通じて，法の解釈と適用判断について相談をし合っている場面である．この2つの自治体部署は，同一の担当者会議のメンバーである．一方の現場職員は，他自治体の土対法担当職員から次のような問い合わせを受けたという．

> 「ゴルフ場で，土地の改変を行うときに，調査命令出したことありますかという疑義照会があったんですよ．［中略］［農薬が］使われていたとしたらどのくらいの量を使われていたのか，定量的にどのくらい使われていたのかというのも，判断しますよねっていう話を，D県さんへしていたんで．D県もそう言った形で対応しますと．使っていたとしても，通常のゴルフ場で適正に使われている中ではまあ，出せないんじゃないかという風に考えていますという話だった．確かに，農業の方でも，農地でも，適正に使われているという事実であれば，出せないですもんねっていう話をして」[i14]．

問い合わせを通じて，調査命令を発出するとする場合，何をもって命令発出の根拠とするのか，何を重要視するのか，について話し合われている．まず，ゴルフ場での土地の改変の場合に調査命令を発出した事例があるか，他自治体からの問い合わせをこの現場部署は受けている．そのような事例はなかったが，電話でのやり取りの際は，事例のあるなしのみならず，ある場合にはどのような事実を重要視するか，何をもって調査命令発出に足ると判断するのかについても話題に上っている．これはまさに，一般的抽象的な法規定が，具体的事実をもって肉付けされるプロセスを示している．上記のやり取りでは，実質的な土壌汚染の可能性について（どの程度の量の農薬を使用し

ていたのか），そして類似例からの類推（農地での農薬使用は土対法調査命令の対象外である）に言及されている．そして，このやり取りを通じて，この2つの部署は，同様の考え方に達している．すなわち，農薬使用が適正量以内であれば，調査命令を発出することはない，という考え方である．

　第3章3-1，Cで紹介した，コンクリート工場跡地の事例の続きを見よう．このケースでは，現場部署は，バッチャープラントを理由に調査命令を発出することができるのか，つまりバッチャープラントが設置されていたことをもって，調査命令の発出の根拠となるのかどうかについて，部署内の話し合いでも判断がつかなかった．

　そこで彼らが次にとった行動とは，自部署が参加する担当者会議のメンバー自治体全てに電話をかけ，同様の事例がなかったか，問い合わせることであった．そして，バッチャープラントを根拠に，調査命令を発出した事例があるかどうかを聞いた．複数の他自治体へ問い合わせを行った結果，ある自治体部署から，環境省のQ&Aにバッチャープラントは調査命令を発出する根拠になるという記述があることを教えてもらった[104]．バッチャープラントが敷地内に設置してあったことをもとに調査命令をかけてよいということが分かり，調査命令を発出したという．

　これらの例が示すように，現場部署は，どのような事実が命令発出の根拠になりうるのかを把握しようとする際，自部署内での考慮にとどまらず，他自治体という他組織との連関の中に自らの判断を位置付けようとする．ここに，法適用のあいまいさに対する1つの対応戦略として，自治体間ネットワークが機能するのである．

B　グループ間で異なりうる法の具体的意味

　本章4-2で自治体間ネットワークのクラスター化傾向を確認し，また4-3の量的分析により，担当者会議グループ間で調査命令の発出傾向が異なること，すなわち法の具体化が所属ネットワークによって異なる点が示された．

---

104)　環境省「土壌汚染対策法に関するQ&A」の中に，バッチャープラントを使用していた事業場の敷地であった土地について，「当該土地は，生コンクリートに六価クロムが含まれるという知見があることから，規則第26条第4号に該当すると解されたい」という記述がある．

インタビュー調査においても，同様の例は確認された．土壌汚染の「おそれ」の判断について，どの程度の「おそれ」があれば調査命令に足ると考えているのかについては，グループ間で一定の差が見受けられた．

以下は，担当者会議グループ内の別々の自治体部署へのインタビュー調査からの引用である．担当者会議グループ4の自治体部署では，調査命令の発出について，そして土壌汚染の「おそれ」という判断基準について，それぞれ次のように回答していた．

> 「3000［㎡］で有害物質があれば［調査命令をかける］．もうおそれだから，あることじゃないんですよね．汚染があることが条件な訳じゃない，おそれが考えられればもうかけられちゃうんで」［i1］．

> 「一応4条の届出と……ヒアリングの結果とか各項目あるんで，そこで［有害物質が］あるって言えば，ほとんど使っていないような状況でも，まあ出しちゃいますね」［i8］．

2部署とも，土壌汚染の「おそれ」はあくまで可能性があればよいという認識であり，当該土地において有害物質が使用・保管等されていれば，汚染の「おそれ」はあるという理解をしていることが窺える．

他方，自治体部署によっては，汚染の「おそれ」に対し，より慎重な考え方を持つところもある．

グループ間で「おそれ」の解釈が異なりうる例としては，ガソリンスタンド跡地に3000㎡以上の形質変更を行う場合をもって調査命令を発出する根拠とみなすかどうかという判断の例が分かりやすい．ガソリンには，土対法の特定有害物質として指定されているベンゼンと鉛が含まれているため，土壌汚染の「おそれ」があると考えることができる．実際ガソリンスタンドに対して調査命令をかける適用をしている自治体部署は，インタビュー調査において確認されている（i6, i9, i14, i15, i18）．上記グループ4の2つの自治体部署とも，ガソリンスタンド跡地であることをもって，調査命令を発出する根拠となるという理解を示していた（例えば以下．「ガソリン中にはベンゼンが含まれるっていうことで，そういうものを保管していた場所なので，調査をしてくださ

いうということで［命令を］出しています」[i9]）．

　その一方，ガソリンスタンドの安全性については，消防法による規制網がかけられている．ガソリンスタンドで漏えいが起こった場合，そのスタンドは消防法16条の3に従い漏えいの通報をしなければならない．グループ6に属する2つの自治体部署は，公的記録によりガソリンの使用貯蔵がなされていたことが分かっていても，土壌汚染の「おそれ」というには，さらなる根拠が必要であるとそれぞれ語っていた．

> 「汚染のおそれがある場合には調査命令をかけることができるって言う風になっている．じゃあ，ガソリンスタンドがありましたと．で，そこに対して調査命令をかけるかどうかに対して，［中略］うちなんかだと，ガソリンスタンドって消防法により，適切にちゃんと管理されているのに，汚染のおそれがあると，本当に言えるのかっていう，そんなに明確に黒じゃないなら，命令はかけられないっていって」[i28]．

同グループの別の自治体部署も以下のように回答していた．

> 「鉛とかベンゼンとかが含まれているガソリンを使っていた場合でも，とくに大きな漏えいとかがなければ，出していないっていうのが現状です．［中略］消防局の方に，事故の届出を出さなければならないようなので，そこで確認しているという形ですね」[i12]．

　上記2つの自治体は，ともに消防法上の漏えいの通報をもって土壌汚染の「おそれ」があると判断していた．土壌汚染の「おそれ」について，何をもって判断するのか，グループ間で異なる理解がなされうることを示唆している．

C　自治体間ネットワークの作用

　他自治体への問い合わせ行動に見られる自治体間ネットワークは，法適用のあいまいさが高い状況にとって，以下の2点の作用を持つことがインタビュー調査より抽出された．1点目は，法適用のベンチマークを提供するとい

うことであり，これが強く働くと他自治体の法解釈・適用判断の模倣へとつながる．2点目は事例経験・法知識の吸収・教育的効果である．この2つの作用は，現実的には重複して機能するが，自治体間ネットワークが与える作用としての性質は本質的に異なるため，以下では分けて検討する．どちらの作用が働くにせよ，自治体間ネットワークを通じて，法適用があいまいな場合にどのような法解釈・適用判断をするのか，事例についての考え方の平準化を促進する点は共通している．

（1）法適用のベンチマークとしての作用

第1に，他自治体への問い合わせを通じて，取りうる法適用判断の範囲を知り，その範囲内で自分たちの部署の法適用判断を行うという作用が挙げられる．この際，他自治体の法解釈が必ずしもそのまま当該自治体部署の法解釈に採用される訳ではないが，当該部署の法解釈の取りうる範囲を画定する役割を果たすことは起こりうる．他自治体への問い合わせを通じて，当該自治体部署は他自治体の法解釈をベンチマーク（基準点）として用い，他自治体の法解釈の範囲から自分たちだけが孤立して外れないような法適用を行おうとする．「とりあえず各自治体の考え方を聞いた」[i46]というように，何が取りうる法解釈なのか，「間違い」ではない解釈はどのような範囲なのかを知るため，他自治体の法適用とその散らばり具合を把握しようとしていることがインタビュー調査より抽出されている．このような自治体間ネットワークの機能は，結果的に，ネットワーク内の自治体間での解釈や適用のばらつきを拡大させず，むしろ法適用の方向性と判断内容を一定の範囲内に収めるという影響を及ぼすこととなる．

他自治体での法適用の程度や頻度を参照することは自治体間ネットワーク上での1つの典型的行動である．土対法の調査命令の発出に伴う判断では，ある自治体のインタビューで，「調査命令自体を，各自治体さんでそれぞれどれくらい出しているかと，で，命令を出したときの根拠として，どういうことで判断をしているかと，そういうことをずばっと聞いてきたところもありましたね」[i3]とあるように，あいまいさに直面した場合，他自治体で取られている法適用の頻度，程度を把握した上で，自らの自治体部署の判断の参考にしようとしている例が典型的である．自部署が有している自治体間ネ

ットワーク内での散らばり具合を確認し，それから逸脱しないように法解釈・適用判断がなされる，という方向性に向かうのである．

　判断のベンチマークの提供という機能は，水濁法の有害物質貯蔵指定施設への該当性判断についても見られた．次のケースも，他自治体の法適用のばらつき具合を把握したのち，自分たちの部署の判断を行ったという例である．ある自治体職員は，有害物質貯蔵指定施設への該当性について，可動式のタンクを該当性ありとするのかどうかで判断を決めかねていた．『地下水マニュアル』では，一般的には可動式のタンク等には施設の該当性はないとしているが，それでも一定期間，一定の場所に物理的に固定して使用するケースにおいては，施設に該当する場合もあるという考え方を示している．この「一定期間」とは何週間，何日，何時間なのかといった具体的説明は明記されていないし，また可動式タンクをどのような場合に有害物質の貯蔵を目的とした施設と判断するのかの明確な基準もない．ある自治体職員は，この該当性判断について，自部署が参加する担当者会議のメンバーとなっている他自治体の法適用の状況を見て，判断の散らばり具合を確認したのち，自らの判断をしている．

　　「タンクを，置いているだけで，ただ水をもう入れてしまえばもう，なかなか動かさないとかっていう施設は，それは［有害物質貯蔵指定］施設になるのかどうかっていう．施設に該当しないとはしたいなとは思っていたんですけど．［他自治体の回答が］結構ばらばらだったんで，そこは，ケースによって判断していいのかなって．［中略］うん，なんでもう該当しないにしようかなって思って．もしそこの事例で，全部の県が該当，該当，該当ってなったら，それは改めなければいけない」［i47］．

　他自治体の法適用の状況の散らばり具合によって，問い合わせを行った部署がどのような法適用判断をするのかが変化しうることを示している．つまり，問い合わせを行った他自治体が全て同じ法適用判断を行っていた場合，自分たちの部署もそのような法解釈を行うべきであるとする一方，他自治体の法解釈が散らばっている場合，その散らばりの範囲内で，自分たちの部署の法解釈を行おうとしている．上記の例では，他自治体が，可動式タンクの

施設該当性に対し，該当すると判断するところと，該当しないと判断するところの2つがあったため，当該職員は，問い合わせ以前から考えていた非該当という法適用判断をそのまま採用することにしたという．「一応他の県，まわりの県，どうやっているっていうのを，確認して，現実，うちの県で現実的なやり方っていうのに落ち着く」[i47] という流れとなっている．

次の例も見よう．これは第3章3-2で紹介した，環境省への問い合わせが不首尾に終わった後に，ある現場部署が取った法適用のあいまいさへの対応である．

【ケース4-1】ケース3-3（土対法形質変更への該当性の判断について，環境省への問い合わせ不首尾）のその後

これは，太陽光パネルの設置予定地には過去に有害物質を含む廃棄物が埋設されていたことから，当該工事が形質変更に該当するならば調査命令が発出される可能性が極めて高く，太陽光パネルの工法によって形質変更に該当するのかどうかが重要になる事例であった．現場部署は，直径数センチメートルのアース棒数十本の設置をするのは掘削となり，形質変更に該当するという判断の方向性を事業者との事前の話し合いで伝えたところ，事業者から，3000㎡以上の広い工事予定地で，「こんな親指ほどの小さいもので，なぜ掘削になるのか」[i19] と反発を受けた事例である．この自治体Bは，【ケース3-3】で紹介した通り，まず環境省に問い合わせを行ったが，回答は「最終的な判断は自治体で判断してください」[i19] というものであった．

次に自治体Bが行ったことは，全国の自治体が当該事案のような杭状物の打ち込みに対し，形質変更への該当性判断についてどのような判断をしているのかを知るため，全国の土対法を所管している自治体部署対象のアンケート調査を行うことだった．担当職員は，全国自治体に対してアンケート調査を行った理由を以下のように語る．

「ソーラーパネル関係が，全国で増えているだろうなと．その中で，全国で，こういった疑義は出るんじゃないかなという風に思ったので．いつもは周辺自治体に聞いたりするんですけども，今回は全国に幅を広げようと思った．[中略] あと，調査命令もかかりそうな大きな事案だったので，全国の，調査というか，アンケートの結果が欲しかったのが理由ですね．

［中略］
　ガイドラインに明白な規定がない以上ですね，おそらく他の自治体も，独自に判断されているんじゃないかなと思った中で，どのように違いが出ているんだろうというのが，ちょっと気になったものですから．全国の自治体に，アンケートを取ったと」［i19］．

　このように，全国で同様の疑義は生じているだろうこと，手元の事案が重要な案件であったこと，そして各現場部署の判断にどの程度の散らばりがあるのかを把握したいということから，アンケートを実施したという．
　その結果，懸案事項である杭状物の打ち込み工法については，多数の自治体部署が形質変更に該当する，と判断していることが分かった．自治体Bは自分たちの部署の見解を保持し，形質変更に該当するという判断を示すつもりだという．

　このように，あいまいさに直面している現場部署職員は，自分たちの部署での最終的な法適用判断を行う前に，他の自治体へ問い合わせを行い，法解釈の取りうる範囲を把握，自分たちの部署の判断の位置づけを確認している．
　このような行動の背後には，同一の法律を運用しているのに，自分たちの自治体部署のみが孤立した法解釈をしてはならない，そのような法解釈は「間違い」であって，事業者対応にとって望ましくないという考え方が背景として見られた（第5章に詳述する）．
　逆に，自治体によって法解釈が分かれているものは，唯一の「答え」がないために分かれているのだという語りが見られた．このことは，自治体による法解釈が分かれていないものについては，ある一定の正しい「答え」があるという理解を持っているということである．

　「そこは各県で，やりやすい方になってくるのかなと思うんですよね．どっちかに統一しなきゃいけないっていう話にならないから，分かれているんだと思う．絶対，答えの決まっていることだと，もう，そっちにいかなきゃいけないですけど」［i17］．（下線は筆者追加）

　このように，他自治体の法適用に散らばりがあるのか，1つの適用判断で

まとまっているのか，そのことによって，問い合わせを実施した自治体部署が，他自治体の法解釈内容からどのように影響を受けるのかが異なってくる．問い合わせをした全ての自治体が同じ法適用判断を行っている場合，その判断内容はそのまま問い合わせ実施の自治体部署に採用される可能性が高い一方，他自治体の法適用に散らばりがある場合，その散らばりの範囲内で法適用判断を行うという傾向が見られる．この場合，他自治体の法運用内容自体が直接採用されるとは限らないが，自部署のみが他自治体と大きく異なるような法解釈をすることは避けようとし，取りうる判断内容の範囲が定まる．このように，他自治体の法適用のばらつき具合によって，現場部署は，何が「間違い」ではない法適用なのかを推定する．他自治体への問い合わせを通じて，法適用があいまいな状況下での法適用判断の内容とその方向性が，一定程度定まることとなる．

　この背後には，「間違い」か「正解」かといった法の二分法的な理解が現場部署で取られていることを示している．第5章で後述するが，法解釈の「間違い」という表現は，現場職員の語りにおいて頻繁に使用されていた．そして，自治体間ネットワーク内で自部署と似たような法解釈や適用判断をしている自治体部署が1つでもあれば，自部署の判断も「間違い」ではないと考えることができるという［i3, i9, i17, i30, i33, i71］．

　加えて，判断の散らばり具合から逸脱しないということは，現場職員が感じる心理的負担を軽減させるという面もある．現場部署は，被規制者と直接対峙し，必要な場合には調査命令といった公権力の発動をもって規制法の目的を実現・確保するよう取り組む役割を担っており，彼らの適用判断は，その対峙している法対象者に対して大きな影響を及ぼす．現場部署・現場職員のこのような業務の性質上，第一線職員研究は従来から彼らの心理的負担とその対処法について議論してきた（Lipsky 1980; Tummers et al. 2015）．以下の語りは，規制法を実施する現場職員の心理的負担を軽減する対応策としても，自治体間ネットワークが作用している点を雄弁に示している（第5章も参照）．

　　「ガイドラインに照らしてやっぱりこの場合は調査命令をどっちかっていうとこれに照らして読むと出さざるを得ないように考えられるけど，これって本当に出すのかなみたいな，そういう，不安になることっていうのは，私な

んかでもありますし,実際にどこの自治体の担当者でもそういう不安っていうのは必ず抱えていると思うんですよね.でやっぱりそういうときの,自分の判断の後押しの1つとして,他の自治体と比較しても,そんなにあの,際立って特異なことをやっていないっていうのは,1つ,あの,まあ,これでいいのかなっていう心理的後押しになるのかなっていう風に思っています」[i3].

(2) 模倣の対象

　自治体間ネットワークの適用判断のベンチマークとしての作用を見たが,その作用がさらに強まると,他自治体の法解釈・適用判断の模倣というパターンが現れる.これは特に,他自治体への問い合わせ行動が,事実上のペッキング・オーダーに基づいて行われているときに発生しやすい.本書の土対法,水濁法の文脈では,それは小規模自治体から,大規模自治体あるいは大都市圏の自治体部署への問い合わせという配列になる.大都市圏内の自治体,大規模な自治体が問い合わせの相手方として有力視されているのは,それが単に名前の通った大都市であるためというより,土対法対象となる開発行為が頻繁に行われる点,水濁法規制対象事業者数が多い点から,土対法・水濁法の法適用判断が頻繁に行われているであろうと考えられること,すなわち,事例をより多く蓄積しており,知識が豊富であること,それゆえ,自分たちが抱えている法適用のあいまいさに対し,判断の指針となるような法解釈をすでに行っているだろうという予見から,問い合わせ相手先として好まれる傾向にあるということである.

　ある政令市Eは調査命令を発出するかどうか,疑問があれば,その都度県に対し問い合わせを行っているという.

「その都度もう県庁に[問い合わせをする].ただ,どうしますかっていっても,あんまり答えてくれないので,事例ありますかみたいな感じで聞くと,事例あるのないのっていう話が返ってくるので.まあないなら,まあ出さないかな,あるなら,どういう根拠で出すんですかっていう話を聞いて,それで同じような感じで出せそうなら,出すかなっていうとこですね」[i7].

県庁の調査命令の法適用判断の仕方を受けて，県内政令市であるEも同様の法解釈の下で判断を行う様子が窺える．

　実際，E市内では，ある高校校舎を解体し，その跡地での土地の形質変更が予定されているという事例があったという．高校ならば土対法4条の3000㎡以上の形質変更という面積要件を満たすであろうし，理科室でベンゼンや重金属などの有害物質を確実に持っている，と土対法担当者のE氏は考えたという．しかし，もし高校側から有害物質は使用していないと言われた場合，調査命令が発出できるのか，疑問に思った．その高校は，水濁法の届出も，PRTR法（特定化学物質の環境への排出量の把握等及び管理の改善の促進に関する法律）の届出も提出していないため，法的文書として，当該高校で有害物質を使っていたという事実を確認する文書は市役所の手元には存在しない．このような状況の場合，調査命令は発出できるのかどうか，その点を疑問に思ったE氏は，県庁に問い合わせを行った．

　「県庁に高校解体したっていうの，ありますかって県に聞いたら，ないっていうんで，[命令発出に] 行けますかねって軽く聞いたんですけど，うーん，みたいな．使っていないって言い張られちゃうとちょっと行くのはどうなんでしょうね，っていう感じですね」[i7].

　このように県庁から，このような状況下で調査命令を発出することに対し否定的な考えを聞いた．インタビュー調査当時，E政令市はいまだ高校側から正式に土対法4条の届出を受け取ってはいないが，仮に有害物質を使っていないと高校側が主張した場合，E氏は調査命令に「行けないのかなあと．そこで，[高校側が] 使っていましたって言ってくれない限りは，行けないかなっていうところですね」と考えているという．

　上記の例のように，政令市レベルの自治体部署にとっては，特にその所属している県の存在は大きい．政令市にとって，他自治体への問い合わせの相手方として，県部署がまず候補となる．他の政令市職員らも，「とりあえず県に，一番広域が広いので，聞いてみようかっていうようなところから始まって，じゃあ他の市に聞いてみようかっていう流れなので」[i4] や，「やっぱり県と情報共有することが多いですかね，県に似たような事例ありますか

って.で,県でないともう環境省に疑義照会したりっていう感じです」[i46]と言う.政令市にとっての県は,管轄地域が広いため,その分扱っている事例の幅と数も多いであろうことと,土壌班が別途存在している場合があるなど,人的リソースにより恵まれていることから,事例と知識がより豊富であると見られており,政令市から県への問い合わせは頻繁に行われていた[105].また,県から政令市への回答内容は,当該政令市の法解釈判断に大きな影響を与えていることも上記の事例より窺える.

　もう1つの例を見てみよう.これはある都市部の自治体の法適用判断を,自分たちの部署の判断を下す際に,1つの根拠として使用している場面である.職員Fはまずインターネットで都市部自治体Gの法解釈内容を知り,その後電話での問い合わせを行っている.改正水濁法において,ホウ酸(有害物質として指定されている)が添加物として含まれている物質を使う施設を,有害物質使用指定施設として該当させるのかどうか,という判断にF氏は迷っていた.この事例の場合,ホウ酸は,施設が使用する物質に添加物として含まれており,ホウ酸自体を使う目的ではなかった.職員Fは問い合わせをする前から非該当としようという考えはあったものの,そのように判断していいものなのか決めかねていたところ,インターネットを通じてG県も同じ法解釈を行っていることを知った.G県は都市部にある自治体部署であり,事例経験も豊富そうである.

　F氏はすぐにG県へ電話で問い合わせを行った.

> 「有害物質の使用に該当するかどうかっていう話があって.［中略］その時は,ホウ酸,防腐剤として使われている.で,どうなのかな,使用に該当しないよなって思って.ネットで調べていたら,G県が出していてまさにそのことが書いてあったんで,G県に電話して,これはどういうことかって聞いて.もうネットに出すってことは,その取り扱いが,その県の中では,法的な解釈も多分もう確認して,問題ないから出している.なので電話して,これって環境省に聞いたんですかっていう風に聞いた」[i47].

---

105) 一方,県としては,土対法・水濁法とも実施は各自治体の自治事務であり,その点,県も政令市も対等な立場であるという態度を取っている.

電話で問い合わせた結果，この運用は環境省が明示した解釈ではないことが分かった．しかし，G県がすでに非該当と判断しているため信頼に足る判断だと考え，自分たちも非該当という判断を行った．

> 「実際回答は，環境省に聞いてないみたい．うちの判断，あくまでうちの判断なんですけどって，うちの県としてこう取り扱っていますっていうことだったんで，そこは，該当しないって向こうは，G県は判断しているんです，使用じゃないって．そのときは，うちの県も使用に該当しないってしたかったんですよ．なのでまあ，G県がそう言っているんなら，うちの中でもそうしていいだろうっていうことで，使用に該当しないって回答したケースはあります」[i47].

現場職員Fは，非該当という法適用判断を起案する際，内部文書に，G県に問い合わせを行いG県でも非該当という判断をしていることも記したという．あいまいな状況下での法適用判断を行う際の後押しとして，G県の法解釈が使われている．

このような，県と政令市の関係や，都市部自治体と地方部自治体との関係のように，事例の蓄積・知識の蓄積に差があると認識している場合，他自治体への問い合わせには事実上のペッキング・オーダーが観察され，知識が豊富とされている自治体の法解釈・適用判断が優先的に参考にされている様子が見られた．「G県がそう言っているんなら，うちの中でもそうしていいだろう」というように，知識豊富と思われる自治体部署の法解釈は正しいであろうと推察され，自分たちの部署の適用判断を同様に推し進める1つの根拠として作用する．

（3）事例経験・法知識の吸収

自治体間ネットワークの2つ目の作用は，事例経験・法知識の学習の機会を提供する点である．自治体間ネットワークを通じて，1つの自治体部署が別の自治体での経験豊富な現場職員から事例経験や法知識を吸収するルートが存在する．

次の例を見てみよう．

【ケース 4-2】土対法の形質変更該当性についての問い合わせ

　自治体職員 H 氏は土対法担当 1 年目，かつ班内で唯一の土対法担当者である．さて彼はある日，整地済みの土地へ太陽光パネルを設置する場合，土対法 4 条の形質変更に該当するのかどうか，ある事業者から，質問を受けた．土地がすでに整地済みである場合，切り土や掘削といった土壌の拡散が起こるような行為は工程では実施されない．しかし，太陽光パネルは一体が 200 〜300 キログラムと重く，パネルの重みで数センチメートルから数十センチメートル，土地がめり込むことを，H 氏は知っていた．もし地下に土壌汚染がある場合，地下水の経路が地盤の沈下によって変化し影響が出てくるのではないか，と彼は考えた．「初めて土対法を担当する者としてですね，何かしらやっぱり，土には影響があるんですよね．押し固められているし，沈下しているし．そうすると，やっぱり，盛り土とかと一緒で，何か影響あるんじゃないかなって思ってしまう」という．『ガイドライン』には明確な規定はない．彼は当初形質変更に該当するのではないかと感じたが，判断に苦慮したため，まず，彼は土壌の経験が豊富で知り合いでもある自治体 I の I 氏へ電話で聞いてみた．

「こういった事業者さんから相談があったんですけど，I［自治体］さんではどういった判断をされていますかということで．私はこういった形で，構造物設置ということで，形質の変更に該当するんじゃないかという風に考えていますけども，ちょっと，どうですかねっていう風に聞いたら，I［自治体］では，構造物の設置ということであれば，基本的に該当しないという風に回答していますと．ただ，そういった基礎をするときには，必ずといっていいほど，砂利をしいたりとか，でこぼこのところには基礎を置かないので，なんらかの整地を行うと．そういうことであれば，それを形質の変更と見なして，面積に該当させていますという回答がきたんです．じゃあその，何らかのその，まったくそういったもの［整地］も行わない場合には，現時点ではそういった疑義がないので，はっきりとは申し上げられないんですけど，形質の変更として該当しないんじゃないかという風に考えています，という風な回答を得てですね．<u>ああなるほどと思って</u>」[i14]（下線は筆者追加）．

まず自治体 I の経験豊かな知り合い職員 I 氏の説明と法解釈を聞き，H 氏は納得している．H 氏は別の自治体 J の J 氏にも問い合わせをし同様の回答を得た．そして H 氏は，彼の前任者，前々任者に電話で同様の質問を行い，同様の回答を得，形質変更に該当しないという判断をし，それは事業者への部署としての回答となった．

この一連の形質変更への該当性をめぐる判断の際，他自治体の職員から意見を聞くことができたのは，貴重な勉強の機会であり，重要なつながりだ，と H 氏は言う．

「近くの I さんとか J さんとか，長年経験を積んでおられる方の意見を聞いた，聞けたっていうのが一番助かったですね．こういった事例があったですよとかですね，そういったときにこう対応しましたよとかですね．［中略］環境に対する影響の話とかも，したりとかしたのですね，視野が広がるというかですね，やっぱり非常に参考になる．やっぱり，半年，勉強，ガイドラインとか問題集とか見て，色々勉強はしたんですけど，そこにはないような経験というものをですね，J 市さんとか I 県さんとか，他の自治体の方は積まれているので，そういったのを聞けたのがですね，で気軽に聞けるというのがですね，非常にありがたくて」［i14］．

この学習の機会という自治体間ネットワークの機能は，担当者会議自体の場においても見られる点はすでに指摘した．「スタッフが勉強になるので．［中略］そういう機会がないと，スタッフが多分育たないですよね」［i13］とあるように，事例の種類・内容を幅広く見聞し，法解釈・適用判断について他自治体部署と考える機会を自治体間ネットワークは提供していることが分かる．効果的な規制実施のためには，現場部署には法的知識や幅広い事例経験を通じた法的技術的知識が不可欠である．特に事例数の少ない自治体部署にとって，自治体間ネットワークの上記機能は貴重であろう．

D　同型化 (isomorphism) とのリンク

このような自治体間ネットワークの作用は，前述した同型化プロセスという観点から理解することが可能である．すなわち，法適用のあいまいさが高い場合，自治体間ネットワークには，法適用のベンチマークとして判断の散

らばりを抑制する作用，そして学習機会の提供という作用が見られたが，そ
れは同型化プロセスが展開する際の具体的な形態として見ることができる．
ベンチマークを提供することで法適用判断の分散が一定範囲内に収まる作用，
そして模倣という作用は，あいまいさに対応する組織は自らと似たような別
組織，成功しているとみなされる別組織の運用や組織形態を模倣するという，
模倣的同型化（mimetic isomorphism）に沿う現象である．あいまいさに対応
する組織は，他組織と同じ運用を採用することで，当該あいまいさへの対応
策は適切なものであると示し，自組織の正当性を確保しようとする．本書の
文脈でも，自部署が採用しようとする適用判断をすでに他自治体が採用して
いる場合，当該適用判断も「間違い」ではないと現場部署は認識していた様
子や，他自治体の解釈適用からそれないようにしようとする様子がインタビ
ュー調査から見られたが，これはまさに，あいまいな状況下で他組織と同じ
対応を取ることが妥当な対応を取っているという根拠となり，自部署の対応
の正当性を確保しようとする組織行動そのものである．

　また規範的同型化（normative isomorphism）の傾向も見られた．事例豊富
な自治体部署はその分，法的・技術的専門知識，事例執務経験が高いとみな
され，彼らの法解釈適用が事例経験の少ない自治体へと広まっていく様子が
確認されたが，この学習機会の提供という自治体間ネットワークの作用は，
プロフェッショナルのアドバイスが正当なものとして受け入れられ，制度化
するという点で規範的同型化に沿うものである．先進自治体による語りが，
他自治体部署へ普及・受容されるプロセスは，規範的同型化として理解する
ことができる．

　模倣的同型化と規範的同型化のどちらにせよ，同型化のプロセスにおいて
は，会議やワークショップといった組織間での直接のやり取りの機会が，
「適切」だとみなされる組織行動や対応策が醸成・普及する過程で極めて重
要であることが指摘されている（Edelman, Uggen, and Erlanger 1999; Dobbin 2009;
Füglister 2012）．本書の文脈でも，担当者会議という直接の照会の機会とそ
の後の個別のやり取りを通じて，制定されたばかりの規制法をどのように理
解し，実施するのか，事例や適用例の共有化が行われていた．

　現実には，上記2つの同型化のプロセスは重複して生じているだろう．他
自治体での法解釈・適用判断は，取りうる適用判断の範囲を一定程度定める

という点で，相互に似たような適用判断へ誘導するし，また対象となる他自治体が事例豊富でリソースが比較的恵まれている自治体だとみなされる場合，当該自治体部署が採用する適用判断は，専門的知見・執務経験からも妥当なものだとみなされ，類似の適用判断を促進するだろう．

　組織社会学の議論では，同型化プロセスを通じて制度化された組織行動や対応策は必ずしも客観的な視点からみて合理的，効率的なものであるとは限らないと言われる．組織間で共有，普及し，「適切」だとみなされた構造・運用であっても，それは組織間で共有された神話（myth）に沿った同型化が生じているに過ぎない．アメリカ合衆国の雇用差別規制法での具体的な企業の取組みとして，各企業内に雇用差別についての不服申立手続を導入するという対応策が業界内で普及したが，これは企業内部で不服申立手続を導入することで，外部機関への不服申立を抑制し，問題を内部処理できること，またたとえ訴訟が提起されたとしても，企業内部で当該手続があることをもって企業の法的責任は緩和されるという理解が企業間で普及したためである．しかし，Edelmanらの分析によれば，企業内不服申立制度は不服の内部処理を促進している可能性はあるが，企業の訴訟リスクを減少させるようには働いていないという（Edelman, Uggen, and Erlanger 1999）．このように，組織間で共有化され制度化した仕組みは，必ずしも主張された通りの実際の合理性や能率性を保証する訳ではない．

　同様の点は，自治体間ネットワークにおいても言える．自治体部署間のやり取りにおいて，たとえある適用判断が1つの「適切」なものだとみなされたとしても，法的観点，技術的観点からもその適切さは保証されているとは必ずしも言えない．これは特に，自治体間ネットワークの構成主体が現場自治体部署のみであり，法律家や科学者といった専門家が含まれていないことからも言える点であろう．自治体部署で環境行政に携わっている現場職員は，その大多数が理科系の学卒・修士号取得者であった．技術的専門性のトレーニングは一定程度受けているものの，必ずしも土壌や地下水に関して高度な専門知識を備えている訳ではないであろうし，法的トレーニングについてはなおのことそうであろう．加えて，頻繁な異動が行われている．自治体間ネットワークによって共有される法解釈・適用判断は，法的観点からも，また技術的観点からも，必ずしも常に適切なものであるという保証はない．

以下では，同型化に関して2つの留意すべき点を述べる．第1に，自治体間ネットワークを通じた同型化の傾向はインタビュー調査より見られたが，もちろんそうでない場合を排除するものではない．担当者会議という機会がない自治体でも，他自治体へ問い合わせを行うことはあろうし，またそもそも他自治体へ相談をしない自治体部署もあろう．また自治体間ネットワークがあるからといって，必ずしもメンバー全ての自治体部署で他のメンバーと同じ適用判断が行われている訳でもない．実際，インタビュー調査でも，担当者会議という機会はないが，他自治体へ問い合わせをしたと回答したものや[106]，部署内での話し合いで疑義は解決するため，他自治体への問い合わせはしないと回答した部署もあった[107]．

　その一方，自治体間ネットワークは，もちろん全ての適用判断をメンバー自治体間で統一する訳ではないものの，その分散を小さくし，一定の方向性を定めるという点で，同型化の十分条件ではないが，必要条件として働くものと考えられる．図4-2にあったように，調査命令を発出しない傾向が強い自治体グループは散らばりが小さい．ここからは，メンバー自治体の中で調査命令を発出する例が乏しい場合，発出しないという適用判断が定着し制度化している可能性が高いことが窺える．担当者会議に関しても，ある職員は，「意見の擦り合わせをする場所ではない」としつつも，法適用判断の際に「どこを根拠にしたかっていうのは必ずみんな気にしますから」という［i13］．自治体間ネットワークを通じて共有化された法適用判断とその根拠は1つのベンチマークとして，模倣の対象として，あるいは学習対象として機能し，個別自治体での判断に影響を与え，結果的にそれはメンバー自治体間での同型化を促す方向性へ働く．このように，自治体間ネットワークに注目し法適用判断の態様を理解するに際して，同型化という理論的観点も1つの有力な理論的枠組みとして使用できる．

　第2に留意すべき点として，自治体間ネットワークを通じて相互のやり取りが行われる具体的対象は，法の適用判断であり，このため，法の一貫性・

---

106) 県や環境調査研修所が主催する水環境研修及び土壌・地下水研修で知り合いになった他自治体に対し，問い合わせを行ったという例［i46］．
107) ある大規模自治体部署は，他自治体への問い合わせや参考にする他自治体部署は「ない」［i24］という．

公平性と同型化との関係性を考慮する必要があることである．同型化のモデルでは，模倣的同型化であれ規範的同型化であれ，普及する組織行動や対応策は，組織間で一貫したものであるべきだという規範的要請が存在する訳ではない．一方，法の適用判断が普及対象の場合，法の1つの理念である公平性を担保するため，自治体間で一致した法解釈・適用がなされるべきであるという規範的要請が生じ，結果的により同型化という帰結が促進される可能性がある．次章で考察するように，自治体間での法適用の公平性は現場部署の間で考慮されており，自部署の適用判断の正当化の際に使用される1つのロジックとして用いられる．この公平化の要請が強く意識される場合，自治体間ネットワークとそれによる類似解釈適用の普及と制度化は，より強固なものになると言えよう．

4-5 自治体間ネットワークと規制の効果

本章では，規制実施判断と自治体間ネットワークの関係性を質・量の両面から考察してきた．次章に進む前に，ここで規制実施活動と規制の効果について，土対法を題材に検討を試みる．本章4-3の統計分析より，自治体間ネットワークの存在は，概して調査命令を発出しやすいという方向に作用する傾向が見られた（回帰モデル2）．果たして調査命令を発出することは，そもそも規制法の目的達成においてプラスに働いているのだろうか．これは自治体間ネットワークが，規制法の目的達成のために有益なのかどうかを考える上で1つの材料になるだろう．

規制の効果を厳密に測定することは，現実社会においては非常に困難であり，本書の考察の範囲を大きく逸脱する．「規制法→効果」という因果関係を見るためには，他の多数の変数をコントロールして規制法実施の程度による効果の程度を見る必要があるが，実際においては，多様な変数が同時に土壌汚染の現状把握行動に影響を与えているため，規制法の効果はあるのか，あるとしてどの程度なのかを厳密に検証することは，それだけで大変困難な研究課題である．

土対法の目的は「土壌の特定有害物質による汚染の状況の把握に関する措置及びその汚染による人の健康にかかる被害の防止に関する措置を定めるこ

表 4-4 調査命令数と指定区域件数の関係

	モデル
調査命令数	0.02***
	(0.002)
事例数	0.0001***
	(0.00003)
14 条申請数	0.05***
	(0.002)
都市化の程度	0.0007**
	(0.0003)
切　片	1.58***
	(0.04)
AIC	981.47
N	134

*p<0.05, **p<0.01, ***p<0.001／かっこ内は標準誤差

と等により，土壌汚染対策の実施を図り，もって国民の健康を保護すること」である（1条）．そもそも盛り土や掘削除去といった土壌汚染対策の実施を行うためには，土壌汚染が把握されることが第一歩であることから，土壌汚染の把握の程度が高いほど，より適切な管理や土壌汚染対策が実施され，結果的に法目的が達成されやすいということができる．したがって本節では，土壌汚染が発覚し把握されている程度を表す指定区域（要措置区域あるいは形質変更時要届出区域）の数を法の効果を図る代用値としている．

規制実施活動（調査命令の発出）と規制の効果の関係性を考えるため，ポワソン回帰分析を行った（表4-4）．従属変数は，各自治体における要措置区域数と形質変更時要届出区域数合計（2014年度時点），独立変数は，調査命令発出数合計（2010-2014）である．コントロール変数としては，事例数合計（2010-2014），14条申請数合計（2010-2014），都市化の程度を組み込んだ．事例数が多いほど，また14条申請数が多いほど，さらに都市化程度が高いほど，指定区域数は増えるであろうと予想されるためである．

分析の結果，事例数，14条申請数，都市化の程度を統制した上でも，調査命令数が発せられるほど，区域指定数は増加するという傾向のあることが分かった．つまり，調査命令の発出は，土壌汚染の把握を促進，指定区域として法の下での管理体制に置かれることを促すことが分かる．換言すれば，

調査命令発出という積極的な規制活動は，土壌汚染の把握及び法の枠組みに沿った汚染区域の管理を促すことにつながり，これは汚染土壌対策の実施を図ることで国民の健康を保護するという土対法の目的に沿うものである．以上より，自治体間ネットワークには，おしなべて調査命令発出を促し，そして調査命令の発出は土対法目的の実現に資する方向性があることが分かる．

　土壌汚染調査にかかる金銭的負担が大きいことは第2章，第3章で見た通りである．社会的に望ましい規制活動の程度は，偽陽性エラー（本当は環境に悪影響がないのに，悪影響ありと判断し法適用をしてしまうこと）による社会的コストと，偽陰性エラー（本当は環境に悪影響があるのに，悪影響なしと判断し法適用しないこと）による社会的コストの双方のバランスをとらなければならない[108]．土壌調査前にはいまだ汚染の有無が不明であるという不確実性の下では，調査命令の発出という法適用判断は，偽陰性エラーによる社会的コストも考慮したものとなっている．すなわち，自治体間ネットワークの存在は，本来規制すべきものが規制できていないという偽陰性エラーのリスクも勘案するような法適用判断を促進することができると考えられる．

　一方，自治体間ネットワークによる調査命令の発出促進は，偽陽性エラーによる社会的コストが過度に生じていないか，すなわち社会的に不必要なほどの過度な規制活動になっていないかを確認することも必要だろう．上記を厳密に検討するデータは持ち合わせていないものの，調査命令の発出は全国的に全体の2%弱であることを踏まえると，上記懸念の可能性は小さいと考える．

---

108) ある現場職員は，この偽陽性エラーと偽陰性エラーのバランスを取ることの重要性を認識していた．
「当然，まあ調査しておいて損はないっていう考え方は1つあるんです．でもやっぱり，命令をかけるかどうかっていうと，また別問題で，そこにギャップがあると思うんですよ．調査，どんな届出でも，［特定有害物質］25種類全部やって，全部なければ，当然そこは土壌汚染ないってはっきり言えるんですけど，調査命令をかけるには，まあ当然お金がかかるので，根拠もいるというところがあって．そこに，まあ実際の調査と，汚染のおそれとの判断の，ちょっとギャップがあると思うんですよ．でそこ，まあどれだけ近づけられるのかという考え方なのかなと思います」[i6]．

4-6 小　括

　本章では，法適用のあいまいさが高い場面，具体的には，「うちの部署にはそのような事例がない」など，現場部署にとって一般的抽象的な法規定の適用判断が一義的には明らかでない場合，どのように法を解釈し適用判断を行うのか，自治体間ネットワークに注目して考察を行った．全国の自治体部署を対象にした質問票調査による量的分析，インタビュー調査による質的分析の双方から，自治体間ネットワークは，法適用のあいまいさの高い場面において影響力を持つことを示した．

　量的分析では，担当者会議メンバーシップという自治体間ネットワークがあると，概して，調査命令を発出しやすい傾向があることが明らかとなった．また，自治体間ネットワークはクラスター化しており，そのグループごとに，調査命令を出しやすいものとそうでないものがあるということが示された．換言すれば，ある事実状況において法が該当するか該当しないかという，法の具体的意味の構築が，自治体間ネットワークごとに異なる可能性が示された．

　質的分析を通じて，上記自治体間ネットワークと法解釈・適用判断の関係性について，よりきめ細かく，豊かな質的データをもって考察を深めることができる．本章後半では，自治体間ネットワークは現場自治体の法適用判断にどのように影響を及ぼすのか，またどのように自治体間ネットワークがあいまいさの高い規定を似たように解釈適用するような方向性を生み出すのかを検討した．法適用のあいまいさが高い場合，自治体間ネットワークは，適用判断のベンチマークの提供，模倣対象の提供，事例学習の機会といった作用を及ぼしていることが，インタビュー調査から抽出された．規制法の適用判断の場面で必要な情報は複雑かつ多岐にわたるが，クラスター化した自治体間ネットワークによってそのような複雑な情報共有が可能になっている[109]．何をもって法適用の根拠としたのか，何が適切と考えられる法適用なのか，その判断について現場部署同士で考えが共有化される．ネットワーク内の全ての自治体間で同じ法適用に至る訳ではないが，上記自治体間ネットワークの3つの作用は，いずれも現場での法適用判断に一定の方向性を示

し，メンバー自治体間の解釈適用の分散を小さくするように働いていることは，インタビュー調査からも見られた．

自治体間ネットワークの存在は，概してより調査命令を発出しやすい傾向を生み出すことが示されたが，そのような調査命令発出は法目的実現に資するであろう点も，本章末尾で確認された．すなわち，自治体間ネットワークによって調査命令の発出が促進されることは，法目的に沿う結果を促すことにつながるものである．自治体間ネットワークの重要性は，この点からも指摘できる．

残る疑問点は，このような自治体間ネットワークは，なぜ，現場自治体部署の法適用判断にとって重要な影響力を与えるのであろうか，という自治体間ネットワークが機能する背景である．これは，自治体間ネットワークと規制法適用の関係性についての理論的な理解を深める上で必要となってくる．なぜ，そしてどのような条件が満たされると，自治体間ネットワークは，現場における法の具体化に影響を与えるのか．次章では自治体間ネットワークが影響を及ぼしている理由，その背景と条件について，規制実施の場面に即しつつ考察する．

---

109) なお，ソーシャル・ネットワーク分析の観点からは，クラスター構造にあるネットワークについて，以下の特徴が指摘されている．まず，情報交換の相手方が固定化し，各メンバーの背景状況を互いが認識し合うため，複雑な情報を共有しやすいこと，頻繁に交流するため同一の価値観や考え方を共有しやすく，自信や安心感がもたらされることである．その一方で，欠点として，重複した情報が行き来するため，新しい情報や考え方は入ってきにくく，考えが固定化すると言われる (Granovetter 1973).

情報交換の内容が法解釈の場合，ソーシャル・ネットワーク分析で主張されている，クラスター構造の欠点は必ずしも大きな欠陥とは言えないと思われる．新規性のあるアイデアは，望ましい法解釈を行うことにとって，必ずしも必要不可欠なものではないためである．しかし，クラスター内で固定化した法解釈が，偽陽性エラーもしくは偽陰性エラーのどちらかのリスク回避に著しく偏っている場合には，クラスター構造の欠点は法適用判断においても望ましくない結果を及ぼす．法の望ましい実現の形は，偽陽性エラーと偽陰性エラーの2つのバランスをとり，両方を合わせたリスクが最小化するような法解釈と法適用を行うことである．しかし，クラスター内の自治体部署の法適用判断が，偽陽性エラーリスクの回避，あるいは偽陰性エラーリスクの回避に著しく偏っている場合（我が国の環境規制行政においては，偽陽性エラーリスク回避に偏っている傾向が指摘できるだろう），グループメンバーによる自主的な修正，すなわち2つのエラーのバランスをとるようなより望ましい法適用判断に修正する取組みや考え方は，例えば事故に伴う市民からの規制不備だという批判など，まれな外在的出来事が発生しない限り，内生的に発生することは困難であることを意味する．

第5章　法適用の正当性を求めて
　　　——自治体間ネットワークの背景

　現場部署にとって，環境規制法といった社会的規制の実施の過程では，2つの主要な関係者層が存在する．1つは，規制対象となる事業者といった被規制者，そしていま1つは規制法の受益層である市民である．現場自治体における法適用判断が正当なものであるとされるためには，規制法の目的に沿った公共の利益の保護が図られていることはもちろん，そのための規制にあたっても，当該規制対象行為が持つ公共利益侵害の程度に即した適切なものでなければならない．被規制者と市民は，それぞれの立場において，自治体部署が適切な法適用判断を行っているのか，その点を注視する存在である．

　被規制者にとって最大の関心は，規制法の持つ強制力の適用（本書の文脈では，それは調査命令による調査義務や，有害物質貯蔵指定施設への該当による構造基準の遵守義務である）が，自らの状況にとって適切なもの，理にかなったものであるかどうかという点であろう．もし，被規制者の視点から見て，規制法適用判断とその執行活動が実態に即さず，無意味で不条理な規制負担を強いるものであれば，被規制者は現場自治体の法適用判断に疑問を抱くだろう．その場合には，規制に対する反発を生み，結果的に規制遵守の確保が困難になり，実施コストがかかるにも拘らず，効果が乏しい規制実施に陥ってしまうかもしれない．Bardach & Kagan（1982）は，実際の状況を勘案せず杓子定規的に法を当てはめる状況をリーガリスティック（legalistic）な規制執行と呼び，非効果的なあり方であると描写している．

　一方，市民にとって最大の関心は，規制法の目的である公共の利益が守られるよう現場部署で法が適用されているのか，本書の文脈では，土壌汚染の把握を促進し適切な汚染土壌の管理がなされるよう現場自治体は法を実施しているのか，また地下水汚染を未然に防止するよう法を実施しているのか，という点である．後に深刻な土壌汚染・地下水汚染が判明し，当該土地に対

し現場自治体の法適用がなされていなかったことが発覚するなど，公共の利益を保護するという役割が全うされていないと思われる事件や事故が発生すれば，この場合も自治体部署の判断の正当性に疑問が投げかけられ，外部組織や第三者による自治体部署の判断の外部精査が行われることになるだろう．

このように，現場自治体にとって，被規制者と市民は，ともに現場部署の法適用判断が正当なものであると示さなければならない主要な相手方である．被規制者と市民による法適用判断への正当性付与は，効果的な規制実施活動を促進する一方，適用判断の正当性がひとたび疑われると，現場自治体による効果的な規制実施が困難になったり，そもそも自治体部署の存在意義が厳しく問われる事態が生じることとなる．他方で，被規制者は規制法による義務負担を強いられる者，市民は規制法により便益を享受する者というように，両者は対照的な位置関係を有するものでもある．当然，何を正当だと認識するのかも，両者によって異なる．

法適用判断の正当性を示す相手方が被規制者であれ市民であれ，現場自治体にとって，自部署の法適用判断は法に沿った妥当で適正な判断であるという正当性を示すこと，また，自分たちの法適用判断の正当性に疑問を持たれないようにすることは，効果的な規制実施，円滑な業務遂行，そして組織体としての安定性にとって決定的に重要であるが，容易なことではない．特に，環境被害の発生に不確実性があり，そして法適用のあいまいさが高い状況においてはそうである．法適用のあいまいさが高い状況では法適用判断の明確かつ具体的な基準が存在していないため，自らの法適用判断の正当化のために単純に基準に拠った根拠説明ができるものではなく，また被害の不確実性が高い状況では目に見える環境被害も法適用時にはいまだ表面化していないため，被害という事実をもって規制適用の必要性を明確に示すこともできない．何を根拠に，調査命令の発出や非発出，有害物質貯蔵指定施設への該当性と非該当性を説明するのか，法適用のあいまいさと被害の不確実性が高い状況下では，その正当化根拠の説明をする必要性が高い一方，何を正当化根拠とみなすのか，それ自体について明確な解が現場自治体において存在していない．

この正当化根拠の探求プロセスにおいて，自治体間ネットワークが法適用判断形成に影響を与える余地が存在し，実際重要な役割を果たしている，と

いうことが本書の理解である．本章では，なぜ自治体間ネットワークが自治体部署にとって必要とされ，また影響を及ぼしているのか，自治体間ネットワークの影響力の理由とその背景を考える．法の具体化プロセスと自治体間ネットワークの関係性を理解するためには，その背後にあるメカニズムについて考察する必要があると考えるからである．

本章前半では，そもそも現場部署が利用できる法の具体的意味の供給源が乏しいという状況から，他自治体の法適用判断の利用可能性が相対的に高まっているという背景を論じる．後半では，法適用のあいまいさと被害の不確実性が高い状況下では，なぜ法適用判断の正当化への必要性が高いのか，被規制者と市民という正当化を示す相手方との関係性においてそれぞれ検討する．そこでは，自治体間ネットワークとそれに伴って緩やかに促される法適用判断の平準化が，被規制者にとって，また現場部署や現場職員自身にとって，いかに適用判断の正当さを示すシグナルとなっているのかが示される．また，被規制者に対して法適用判断の正当性を示すことの必要性が，市民に対するそれよりも相対的に大きいものとして，規制実施現場において展開されていることも明らかになる．

5-1 法の具体的意味のプロトタイプ供給源の乏しさ

本節では，自治体間ネットワークが規制法の実施に影響を与える背景を考察する．ここでの重要な点は，現場部署にとって，法適用判断の正当化論理とそのプロトタイプ（原型）を提供する供給源が数少なく，したがって法適用のあいまいさに対し他自治体の存在感が相対的に，高まっている状況が存在しているということである．

図 5-1 は，そもそも一般的・抽象的な記述である法規定が具体化される際，現場部署はどのような供給源から法の具体的意味のプロトタイプを用いることができるのか，法の具体的意味の潜在的な供給源をまとめたものである．法の具体的意味のプロトタイプを供給するということは，一定の法適用判断の具体的内容とその正当化根拠を提供することを指す（Grattet and Jenness 2005）．図 5-1 には，環境省の『ガイドライン』等の技術的助言，他自治体の法解釈判断など，すでに取り上げたものも，それ以外の潜在的に法の具体

図 5-1　現場部署に対する法の具体的意味のプロトタイプ供給源

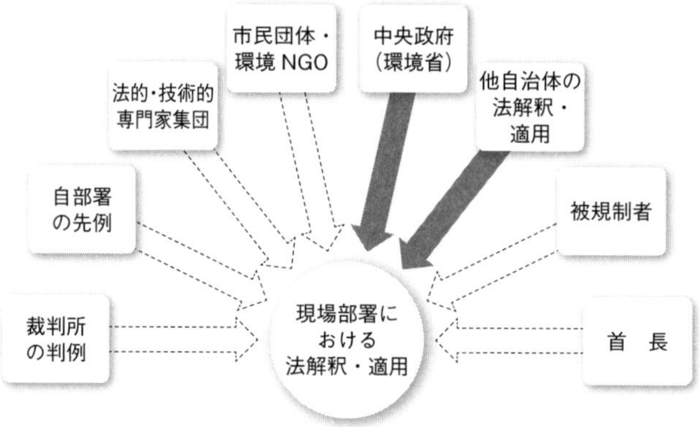

的意味の供給源となりうるものも含まれている．具体的には，裁判所が当該法適用判断に関して下した判決，自部署が過去に行った法適用判断，土壌地質や水質の専門家や弁護士等法律の専門家集団からの専門的意見，水質・土壌環境の保護を目的とした市民団体や環境 NGO の主張する法実施への提言，中央政府からのガイドライン等技術的助言，他自治体部署の法解釈と適用判断，被規制者側が主張する法解釈，首長の主張する法解釈といったものが，法の具体的事例における意味のプロトタイプを供給しうる．

　このうち，本書が注目している土対法・水濁法の実施過程においては，他自治体部署の法解釈・適用判断と環境省からの法解釈・適用に関する助言や『ガイドライン』以外に，現場部署が利用できる，法の具体的意味を与えうるプロトタイプを提供する供給源が他に見当たらない．このような背景により，現場部署は，他自治体部署の法解釈・適用判断を重要視し，法適用のあいまいさの下での判断の際に有力な基準・指標として用いるという前章で確認した問い合わせ行動が頻繁に発生しているものと考えられる．

　図の左下の要素から順に見ていこう．本来，法適用のあいまいさが生じた場合の最終的決着は，裁判所による判決によって当該あいまいさが解消され，法の意味が確定するというものである．しかし，本書が取り上げている法適用のあいまいさの場面において，裁判所による判断はまだ存在していない．それゆえ，現場部署が当該法律の具体的意味を模索し構築するに際して，裁判所の判断に依拠することはできない．行政訴訟が少ない現在の日本の状況

では，裁判所によって最終的に法の意味が確定しているという例が少ないことは，本書が取り上げている場面に限らず，多くの規制実施のケースに当てはまるであろう．

次に，法解釈の根拠として，自部署で似たような事例に対しすでに法適用判断がなされている場合，その前例に沿って法適用判断が行われる．これは法の安定性，一貫性，予測可能性に資するため，現場自治体でも重要視されているが，一方でいわゆる前例主義となり，現状が実際は異なっている事例にも拘らず，前例通りに法適用を行うという結果も生じうる．帰結の規範的性格はともあれ，現場部署にとっては，類似事例が過去にあればその過去の判断内容を参考にでき，また先例の存在自体を正当化根拠として法適用判断を行うことができる．このように，自部署での類似事例における先例は，法の具体的意味・法解釈のプロトタイプを提供することができる．しかし，そもそも自分たちの部署にはそのような事例がない場合，先例をプロトタイプ供給源として用いること自体が不可能である．

技術的専門家や法の専門家による意見も，法の意味の具体化作業において，その適用判断の具体的内容を示し正当化論拠として使用されることはありうる．しかし，インタビュー調査では，どのような場合に土壌汚染の「おそれ」が生じるのかについてなど，弁護士といった法専門職からの助言を法適用判断の際に受けた例は，78名中2例を除き見当たらなかった[110]．質問票調査においても同様の状況が示されている．質問票調査では，各自治体部署に対し土壌や水質の専門家からの助言の程度について質問を行ったところ（「自分たちの班・係では，土対法（水濁法サーベイでは「水濁法」）の運用において，大学研究者など，土壌（水濁法サーベイでは「水質」）の専門家から技術的助言を受ける」という言明に対し「全く当てはまらない」から「非常に当てはまる」までの7尺度で質問），土対法サーベイ，水濁法サーベイ合計で73.3%（$n=200$）の自治体部署が当てはまらないと回答し[111]，当てはまると回答した部署[112]は13.9%（$n=38$）に過ぎなかった．このように，具体的事例における法適用判

---

110) 弁護士に相談した例と自治体内部の法務部へ相談した例がその2例である．
111) 「全く当てはまらない」「当てはまらない」「どちらかといえば当てはまらない」を合算した．
112) 「非常に当てはまる」「当てはまる」「どちらかといえば当てはまる」を合算した．

断の際，専門家集団からの影響は小さいことが窺える[113]．

　環境保護を訴える市民団体や環境 NGO の主張する法解釈や法実施判断への提言も，存在すれば1つの影響力となるかもしれない．特に市民団体や環境 NGO が長年特定分野に特化して活動を行い，また専門的知識を備えている場合，現場部署の法適用判断の具体化に影響を与えることは考えられる[114]．しかし，筆者による調査の限りでは，本書が取り上げている文脈において，市民団体が自らの法解釈や提言を展開し，それを現場自治体が把握しているようなケースは報告されなかった．後述するが，そもそも環境 NGO や住民からの規制活動の要請は，土対法，地下水汚染の文脈では強くない．それはインタビュー調査においても質問票調査においても同様であった（「環境への意識が高い団体さんでも，土壌汚染っていうところにあんまりこないかもしれないですね」[i3]）．

　中央政府，つまり環境省発行の『ガイドライン』や『地下水マニュアル』といった技術的助言は，法の具体的意味について非常に強力なプロトタイプを供給する．また，環境省への問い合わせで回答が得られた場合，1つの「答え」を得ることになる．このように，環境省からの回答や所見は，現場部署の法適用判断の強力な正当化論拠となることは，これまでの本書の考察でも明らかである．

　他の自治体の法解釈判断は，あいまいさに直面している現場部署にとって，大いに参考にされており，当該自治体部署の法適用判断に影響を与えていることも，これまで見てきた通りである．

---

113) しかし土対法においては，指定調査機関が専門家集団として振る舞い，法の具体的意味の構築に関与していると指摘できるかもしれない．指定調査機関は，彼ら独自の専門的知識に基づいて，土壌汚染のおそれの有無といった4条2項の命令発出要件に該当するもしくはしないという意見を述べることができるし，その意見は現場部署の具体的な法適用判断に影響を与えることは十分考えられる．現場部署に，土壌や工法についての技術的知識が乏しい場合は，特にそうであろう．指定調査機関の専門的意見は，具体的な法適用判断，そしてそこから積み上げられる法の具体的な意味の構築の際，現場部署が採用できるプロトタイプを供給するかもしれない．

114) 例えば，アメリカでは，取り締まるべきヘイトクライムの具体的内容について市民団体がタスク・フォースを設立し，法の抽象的表現が具体的にどのような行為を意味するのか，当局はどのように法を解釈すべきなのかを記したガイドラインを発行したという例がある（Grattet and Jenness 2005）．また日本においても，野鳥の密猟の例では，ある環境 NGO は各地で全国野鳥密猟問題シンポジウムを開催し取締強化を求め，また実際の規制執行に同行している例が報告されている（北村 2015）．

被規制者たる事業者は，独自の法解釈を展開する．これについては次節で詳しく取り上げる．法適用のあいまいさが高い状況下では，具体的な法適用に際して当該事例における法の具体的意味をめぐり，両者の間で事実上の交渉が行われていると考えられる．実際に有害物質の使用などの状況を最もよく把握しているのは被規制者であり，この点行政部署よりも情報が多い．また彼らの遵守行動や管理が規制目的の実現には不可欠である．後述するように，現場部署は，事業者の行う法解釈に対して一定の警戒感を抱いており，事業者の主張する法解釈内容をそのまま受け入れるとは限らないが，現場部署での法解釈・適用判断の正当化が弱いと感じた場合には，事業者の主張する法適用判断に落ちつく可能性もある．

最後に，知事や市長といった首長が，当該法は具体的に何を意味しているのか，首長自身の法解釈や法実施活動の程度を表明することがあるかもしれない．しかし，本書の文脈では観察されなかった．

このように見てみると，潜在的に法の具体的意味のプロトタイプを提供できる供給源のうち，本書の扱っている規制法において現実的に法解釈と適用のプロトタイプを供給できる供給源は，決して豊富という訳ではなく，むしろ乏しい．自部署の先例や，裁判所の判例，法的・技術的専門家からの専門的意見，市民団体の解釈等は欠如している状況であり，中央政府（環境省）と他自治体の法適用判断が，法の具体的解釈と適用の主要なプロトタイプとして機能している（図5-1の矢印の実線）．

現場部署が参照できる法適用のプロトタイプが乏しいという法の意味を取り巻く状況が，自治体間ネットワークの影響力の大きさを説明する1つの背景であろう．そして環境省への問い合わせは不首尾に終わることも多いことも，すでに見てきた通りである．この点，他自治体への照会度合いがさらに強められると考えられる[115]．

5-2 被規制者に対する規制実施の正当性と自治体間ネットワーク

さて，法の具体化局面である実際事例への適用場面に目を転じよう．自治体部署が規制法を適用する相手方は被規制者たる事業者であり，彼らの存在は規制実施過程において極めて大きい．被規制者こそ，実際に規制対象とな

る活動をしており，また遵守や遵守のための適切な管理を実施する主体だからである．法適用の対象者である被規制者は，自治体部署が判断の正当性を示す必要性のある第1の相手方である．

　ここで強調しておくべきは，法適用判断の正当さを被規制者に示す必要性として2つの点が存在し，その両者ともに，自治体間ネットワークが機能する余地を多分に保有しているということである．すなわち，規制実施の現場では（1）自発的遵守を引出すことの重要性が大きく，そして（2）被規制者も法解釈・適用の具体的内容を表明する主体であり，それゆえ被規制者は法の具体的意味の確定をめぐり相争う競争相手であるという点である．現場部署と被規制者の関係性をめぐるこの2つの特徴ゆえ，自治体部署は被規制者に対して法適用判断の正当性を示す必要性を強く認識しなければならず，法適用のあいまいさが高い場面では特に，自治体間ネットワークが機能する背景となっている．以下，規制実施の2つの特徴に沿って順に考察しよう．

A　被規制者から自発的遵守を得る——規制負担の公平性という要請

　規制法の実施過程において，被規制者の自発的な遵守行動は必要不可欠である．たとえコマンド・アンド・コントロール型の規制[116]であっても，抑止的アプローチを取ることは常ではなく，むしろ説得（persuasion）や教育（education）が頻繁に用いられているし，多くの場合，それは効果的な規制執行である（Ayers and Braithwaite 1992; Bardach and Kagan 1982; Hawkins and Thomas 1984; 平田 2009; May and Winter 1999; Nielsen and Parker 2009）（第1章1-2も参照）．

　事業者の自発的規制遵守は，現場部署側にとってメリットが大きい．まず，事業者が法適用に納得し，法が求めた行為を自主的に行うならば，それだけ現場部署が絶え間なく監視や強制をする必要はなくなるため，法実施のリソ

---

[115]　逆にいえば，法の具体的な意味をめぐり多くのプロトタイプ供給源が存在する場合，自治体間ネットワークの規制実施判断に与える影響は，相対的に小さくなっていくと考えられる．例えば，仮に裁判所による判決が出た場合，他自治体の適用判断如何によらず，裁判所の判決が参照されまたそれを正当化根拠として法適用判断がなされるであろうし，仮に専門家からの助言という供給源が存在している場合も，相対的に自治体間ネットワークの規制実施判断に与える影響は小さくなると考えられる．自部署での先例が存在する場合も同様である．

[116]　被規制者に行為基準を課して，その遵守を強制し，違反を監督・処罰するという，伝統的な規制手法である．

ース削減になる．第 2 に，長期的な法遵守を獲得するという視点では，事業者が行為の必要性を理解せず，納得もしないならば，長期的で安定的な法遵守の達成は見込めない．実効性のある規制法が長期的安定的に実現するためには，各事業者が，自分たちに適用される法規定の内容について理解し，納得することが必要不可欠である．第 3 に，事業者が納得さえすれば，仮に規制義務を負担することとなっても，法適用判断を不服として現場部署に対し異議申立てをすることもないため行政手続上スムーズであるし，また，事業者からの反対もないため，仮に法的な「間違い」[117]があったとしても，それが表面化することもない．

　実際，現場自治体は，規制法の適用場面で遵守負担を負う事業者が当該法適用判断に納得するよう，説得することにまず力を注ぐ．そしてこの過程において，適用判断は法に沿った妥当で適正な判断であるという正当性を被規制者に対して示す必要性が生じることとなる．これは調査命令など規制該当によって多大な遵守コストが課される場合，また法適用のあいまいさが高く，環境被害の不確実性が高い場合は特にそうである．

　ここで，被規制者に対し法適用判断の正当性を示す際，規制負担の公平性は極めて強力なシグナルとして働く．同じような事例は同じように扱う，という法の公平性・一律性（consistency of law）は 1 つの重要な法の理念であり，規範的観点から法適用判断が備えるべき要素である．規制負担が公平であるということは，当該法適用判断が恣意的なものではなく，法に沿った正当なものであると主張する 1 つの根拠となるのである．自治体間ネットワークを通じ，自治体間で同様な法解釈と適用判断を行うことは，自治体間による差違がなく，規制負担は公平であると表明する 1 つの手法であり，被規制者から自発的遵守を引出す上で 1 つの正当化根拠となりうる．

　規制実施現場においてより重要視すべき点は，この規制負担の公平性は，自発的遵守の条件として被規制者が求めているということである．換言すれば，自主的な遵守意欲を引出すためには，規制負担の公平性を示すことが極めて効果的なのであり，逆に規制負担が公平でないと感じた被規制者は，遵守意欲が下がり，現場自治体の適用判断に疑問を抱く．被規制者には自分だ

---

[117] 「間違い」については本章 5-2，C を参照．

けが馬鹿正直に規制に従って損をすることを避けたいという強い選好があり (Kahan 1996), 彼らは, 自らが現場部署からどのように規制法を適用されたのかを気にするのみならず, 他の被規制者がどのように法を適用されているのかも, 多分に気にしているのである. 被規制者の遵守意欲に関する実証研究においても, 法適用の公平性は被規制者の自主的な遵守意欲を左右すると報告されている (Thornton, Gunningham, and Kagan 2005; Burby and Paterson 1993). 一貫した公平な規制執行は, 他の被規制者も同様の遵守コストを負っており, 自分たちが規制コストを払い遵守していることには意味がある, と被規制者を安心させる機能があるとされる.

公平で一律的な法適用判断は, 規制の効果性や柔軟性といった他の重要な要請と緊張関係にある. また同じような事例を同じように扱うという原則についても, 実際に何が「同じような」事例なのか, 同じような状況という条件をどの程度まで認めるのか, 実際には容易ではない. たとえ同じ事業者が保有している複数の事業場でも, 各事業場の立地状況, 周辺環境, 施設の設計, 操業内容など, 最初から最後まで完全に同一ということでない限り, この法律の一律性が満たされているのかどうかの判断は近似値でしかない. この点, 規制負担の公平性はフィクションに過ぎないと言える. もっとも, フィクションの有用性を否定するものではない.

ともあれ, 法適用判断の正当化ロジックとして, 負担の公平性は被規制者の遵守を引き出す上で強力であり, 逆に不公平な負担を強いられていると被規制者が感じるならば, 被規制者は適用判断を素直に受け入れることはしない. あるいは, 法解釈・適用判断が異なっている別の事例の存在を理由として, 自分たちの事例は規制に該当しないという主張を展開するかもしれない.

次のケースは, 被規制者がいかに他の被規制者間との負担の公平性を重要視しているかを理解する上で有益なものである. 当初事業者 (病院) は, 調査命令対象になることが納得できなかった. このケースは, まじめに届出を提出した事業者側が結局土壌調査義務を負わされ損をするという不公平感を, 事業者が感じている場面である. 被規制者を納得させるため, 自治体部署も負担の公平性を示すよう対応が取られている.

【ケース5-1】病院の立て替えと土壌調査義務

　小規模な病院の立て替え工事が3000㎡以上の形質変更を伴うため，土対法4条の届出が提出された．その病院では，シアン化合物（特定有害物質）を用いる血液検査器を使用していることが，水質規制の届出内容から分かったため，現場部署は，調査命令が出されることを事業者側に伝えた．
　事業者はこれに反発した．そもそも，血液検査器に使用するシアン化合物の量は年間でも多くはない．また，自分たちは適正にシアン化合物を扱っているため，土壌汚染の可能性はないと主張した．血液検査機器のメーカーも行政との話し合いに参加し，「ちゃんと［廃液］処理をするような機械を，［病院に］設置して頂いているのに，調査命令をかけるのか，土壌が汚れているかもしれないと判断するのかっていう風に」[i46] 反発した．
　さらに，事業者（病院）が，調査命令が出されることに納得できなかったのには，他の事業者との不公平感もあった．現場職員は以下のように振り返る．

> 「そのシアン化合物を使用した血液検査器っていうのが，使用しているのはそこら辺にたくさんあると．自分たちはまじめに届出を出したのに，出したから，こういう形で調査をしないといけない事態になっているけど，そういう調査をしていないところが，届出を出していなくて調査をしていないところがあるんじゃないかっていう話だった」[i46].

　これに対し，現場部署は，当該部署管轄地域にある全ての病院と診察所に，シアン化合物を使用した血液検査器を保有・使用している場合は，届出が必要であることと，将来的に土壌汚染対策法の枠組みに入るということを周知させる知らせを配ったという．そして，当該事業者はその一連の様子を見て，調査命令が出されることに納得した．

> 「病院と，クリニックとか診療所に対して，使用状況の確認［を］して．使用があるという所に関しては，全部届出指導ということになって．［当該事業者は］そういう状況を，見られて，納得して，調査を実施された」[i46].

この事例では，事業者の納得を得ることに非常に気を配った，と担当職員（2名）は言う．

「事業者さんに納得頂くっていうところが一番気をつけた，気をつけたというか気を配ったところかなと思います．なかなかその，事業者さんも初めて聞くことでびっくりされていたので，そもそも土壌汚染対策法って何だっていうのもありますんで，根気よくずっと説明を続けていったっていうところが一番，力を入れていたところじゃないかなと思います」[i46]．
「あっちの病院では調査命令かかったのに，こっちの病院ではかからなかったとか，なんであっちはかからないのとかは，どうしても，他の病院さんで，4条の届出出されてくることもあるので．そういったときは，どうしてかかるんですか，かからないんですかっていうところは，ちゃんとやっぱり説明して，きちんと．あの，他の事業者に対してひいきじゃないですけど，いいように取りはからっているんじゃないですよみたいなことはきちんとしておかないといけないのかなとは思います」[i15]．

上記ケースは，複数の自治体をまたぐ事例ではないものの，被規制者が法適用判断に従う際，いかに規制負担の公平性を重要視しているかを明確に示している．事業者を納得させるために，管内全ての対象病院・診療所へ届出指導を行うことで，事業者が抱いた不公平感を払拭し，最終的に事業者からの納得を得ることに成功している．

規制負担の公平性の要請は，当然，自治体をまたいでも主張される．特に，被規制者が複数の自治体にまたがって工場・事業場を保有している場合，自治体間の法解釈・適用判断の差異は認識されやすい．

土対法及び水濁法の実施は自治事務である．当然自治体ごとに法解釈・適用判断は異なりうるし，自治事務という制度が存在する以上，自治体間による法解釈・適用判断の差異が存在することは許容されている．加えて，当然各自治体によって周辺環境等状況は異なるし，何が適切な法適用判断なのかは，他自治体と一致した法解釈・適用判断かどうかという点でのみ判定される訳ではない．しかし，被規制者の遵守意欲にとって，負担の公平性は重要な要因である（Thornton, Gunningham, and Kagan 2005）．被規制者に適用判断を納得させ自発的遵守を引出すためには，自治体間での法解釈・適用判断の

差異はできるだけ少ない方が，実施業務はスムーズに進むであろう．

実際インタビュー調査において，被規制者が負担の不公平さを指摘し，遵守を渋る様子が多く聞かれた．それに対応して，自治体部署の方でも遵守確保のため自治体間の適用判断が大きく異なることは避けるべきであるという考えが多く見られた．以下はその一部である．

> 「県と○市とうちがあまり違うと，これはやっぱり，事業所も困っちゃうんですよね．なぜかっていうと，その，どちらの自治体にも，特に○市とうちは，どっちの自治体にも事業所を持っている事業者はいっぱいあるので，言っている事違うと，あの，ある程度は，向こうの事業者さんも許容しているのは我々も知っているんですけども，あの，その許容の範囲を超えると，これはやっぱり，すぐクレームがくるんで．やっぱり事業者も厳しいですよ」[i55]．

> 「うちだけ厳しくしても，例えば，同じ県内で県のやり方とうちのやり方が違うと，すぐ近くで，その解釈が，行政の解釈が違うだけで，規制が違うということになると，それはやっぱり，事業者さんにも迷惑をかけますので，そういうのは気をつけますね．やっぱり，県と色々，解釈の仕方で県ともやり取りするんですけど，また県と意見が違ったりして．何回も何回も」[i46]．

> 「やっぱり，他の事例もそうなんですけれども，県外にまたがる事業者さんとかですね，それで，うちは該当して，他では該当しなかったとなると，やっぱり，同じ法律なのになぜ該当するしないと分かれるんだということが生じるので，あの，改正水濁法［に］特にそういうのがあるんで」[i38]．

> 「よくあるのがですね，複数の自治体にまたがっているようなところ，これがやっぱり．複数の水濁法の権限を持っている自治体にまたがって，例えば全国にある工場なんかでも，そういったところは他の県にも［工場を］持っている訳．他の県と違う，うちはここまで言っている，いや他の県ではこう言われましたって．そういうのはありますね」[i43]．

このように，他自治体との法解釈・適用判断の差異を小さくしようとする

必要性は，事業者対応から生じていることが窺える．他の自治体でも同じ規制法の対象となる事業者がおり，法適用の判断がそれぞれの自治体部署で異なると，規制法を厳しく解釈している自治体は，緩く解釈している自治体の例を挙げて規制対象に当たらないと主張する事業者[118]に対し，自部署の適用判断も法に沿ったものであることを説明しなければならない．自発的遵守を引出す際に，この差の存在は厄介なものとして機能するだろう．「向こうではいいって言われたのに，ここではダメなんですかっていうようなこと」[i23]が生じ，被規制者を納得させることは簡単にはいかないことが予想される．

　同一の事業者に重複して対応する他自治体と法解釈・適用判断を合わせておくことは，規制負担が公平であり，自分たちの判断が正当なものであるというシグナルを送ることができるという点で，自主的な遵守を引出す上で1つの有効な方法である．

　このような自主的遵守を引出すための法解釈・適用判断の統一化の必要性は，自治体間ネットワークが発生し，用いられる1つの背景を説明する．自治体間ネットワークが，近隣自治体間で開催される担当者会議を通じて形成されている様子はすでに見た．また近隣自治体にまたがって複数の工場を保有している事業者が存在するなど，隣接自治体同士では，同じ事業者を重複して規制対象として応対している場合が多い[119]．自治体間ネットワークを通じて法適用判断の共有化を促進し，極端に他自治体と異なる適用判断を抑制することは，被規制者によって認知される自治体間の法解釈適用の差異を縮め，被規制者に向かって規制負担の公平性というシグナルを送ることに資する．逆に，「うちは該当して，他では該当しなかったとなると，やっぱり，同じ法律なのになぜ該当する，しないと分かれるんだということが生じる」[i38]という語りに見られるように，他自治体と異なる法適用解釈は被規制者の抵抗を招く．負担の公平性というロジックが被規制者の遵守を引出す上で有効である点は，自治体間ネットワークが発生し維持される1つのバック

---

118) 「緩い指導も正解だとするならば，なんでうちのはこんなに厳しい指導をうけなきゃいけないんだ」[i30]というものである．
119) なお，事業者側でも，組合や協議会など近隣地域で同業者が集まり，規制についての情報交換を行うことが可能なネットワークは存在する．

グラウンドである．次の職員が語るように，自治体間を通じた解釈の一律性は考慮されている．

> 「やっぱり事業者さんって，1つの事業者さんで，市と県と，いくつか工場をもっていらっしゃるようなところもあるので．あまりにも違う，解釈が違うっていうのは，だめかなと，思いましたね．［自部署も県も］お互い解釈で悩んでいるところもあったので，共有しておいた方がいいだろうと」[i46]．

もちろん，遵守を引出すために，負担の公平性ロジックとは別の正当化根拠が利用可能であれば，必ずしも他自治体と共通した法解釈・適用判断を行う必要性は高い訳ではない．自治体によっては，また場面によっては，たとえ他自治体と該当性の判断が異なっていても，自分たちの部署の適用・解釈判断を貫き通すというパターンも存在した．以下はその一例である[120]．

> 「地下水の未然防止のやり方が，そこまで他の県では求められていないって言われることが，何カ所かありました．割とうちの環境って，全国的にも，まあ別に水濁法とか土対法に限らず，厳しいと思うんです，扱いっていうかまあ解釈の仕方が．他の県に工場もっている人なんかは，あっちではこのくらいでいいって言われたのに，こっちにきたらダメだと言われたっていうのは，よくありますね．［それに対して］いや，うちはこうですからって．」「［事業者は］文句は言いますけど」「やって頂く」[i9]．

このように，現場部署の中には，法適用のあいまいさという状況下において，他の自治体と該当性の判断・解釈が異なっていても，自分たちの適用判断を貫くというパターンも抽出された．

上記パターンと，他自治体と該当性判断をそろえようとするパターンの違いは，何によって生じるのであろうか．本書のインタビュー調査から抽出さ

---

120) 以下も参照．「法律の取り扱いとか，他県ではこうやっていますということは，ありますけど，ただそこは，もう，あくまでうちの県ではこうなっているんでと．法律で決まっていない部分って，自治体で，それぞれ．そこはもううちの県ではこういう取り扱いしていますからって通しますけど」[i17]．

れた要素として，①自分たちの部署の法適用判断について，他部署判断との一律性以外のロジックで正当化が可能な程度の法的議論構成スキルがあるかどうかという点，②すでに自分たちの部署で似たような先例が存在しているという点，が挙げられる．また，インタビュー調査からは見られなかったが，都道府県をまたぐ場合，③被規制者が組織する同業者団体が成り立っていないことが多いため，事業者からの反発への対応が比較的容易である点も指摘できよう[121]．

　自部署の法適用判断を，他自治体との規制負担の公平性ロジック以外で正当化できるほどの法的議論構成スキルが現場部署にあるかどうか，という点は重要であると思われる．法適用のあいまいさの高い状況下で，法やその他ルールを引用したり，そもそもの法目的を勘案したり，当該自治体管轄地の水質土壌環境の特徴や状況，当該事業者の施設や周囲の状況に基づいて，自分たちの部署の法解釈適用を説明でき，その判断が妥当性のあるものであることを主張できる場合，必ずしも，他自治体の判断との一律性をもって自部署の判断の妥当性の根拠として使用する必要性はない．たとえ，他自治体と該当性判断が異なっており，それについて事業者から反発を受けたとしても，自分たちの部署の適用判断の説明が他自治体との一律性以外のロジックで可能だからである．また，規制負担の公平性についても，状況が異なり「同じような事例」ではないという説明をすることは十分可能である．加えて，そもそも自治事務である．「それ［他自治体と扱いが違うことについての事業者からの反発］は言われたとしても，我々は自信を持ってやっているので，そこは自治事務なのでっていう話にはなるんですけどね」[i2]と，ある自治体職員は語る．

　加えて，現場部署の法的議論構成スキルのみならず，管理職職員がどの程度，他自治体との判断の一律性以外のロジックを認めるか，という管理職の選好も影響していると想像される．これは被規制者側の持つ政治的影響力とリンクしているとも想像される．

　とはいえ，同一の法を実施している以上，自治体間での法の一律性，規制負担の公平性は，被規制者との関係の中でやはり重要視されざるを得ない．

---

121) 同業者を構成員とする事業者の組合や協議会は，都道府県単位で組織されていることが多い．

上記の例のように「うちはこうですから」[i9] と，必ずしも他自治体と同じような法解釈適用を行うことはないと回答した自治体部署であっても，他自治体と極端に異なる法適用判断は避けられるべきだと語る．

> 「まあ自治事務とはいえ，ベースとしては全国一律の法律があるわけじゃないですか．その解釈が1つの県だけ，飛び抜けて違うっていうのは，やっぱり，**事業者としては，この県だけおかしい**っていう話になってしまう」[i9]．

このように，たとえ法適用判断が多少他自治体と異なっていることを自認している自治体部署であっても，全国一律の法律を実施している以上，他自治体との法解釈適用の違いは，一定のレベルを越えるべきではないと語っている．自治体間で法解釈適用の判断の足並みをそろえることは，法の一律性，遵守負担の公平性という原則を保持することにつながる．これは規範的観点からも，そして被規制者から遵守を引出すという実務的観点からも，要請が高い．これが，自治体間ネットワークが発達する1つの背景と考えられる．

B 法の具体的意味をめぐる競争相手としての被規制者

被規制者に対し法適用判断の正当性を示す必要があるのは，自主的遵守を引き出すためだけではない．規制実施を担う自治体現場にとって被規制者は，自主的遵守を引き出すための協力関係を構築する相手方という面のみならず，相反する利害をめぐり緊張関係にある潜在的な対立相手という面もあり，被規制者の主張に対抗する必要性も当然あるためである．規制主体たる自治体部署は環境保全・健康保護が確保できるよう努める一方，被規制者の第1の関心は規制コストであるため，両者の間には本質的に緊張関係が存在する．自治体部署は健康被害や環境被害を防ぐ方向で法文を読み，適用しようとするのに対し，被規制者には，遵守コストを最低限にする方向で法を理解しようというインセンティブがある．当然，規制コストの負荷が高い適用判断に対し，被規制者は反発するであろうし，適用判断の妥当性に疑問を呈する．規制法の適用という規制権限の発動判断の際，両者の緊張関係は鋭く表面化する．

すでに見たように，法令と，『ガイドライン』『地下水マニュアル』といっ

た環境省発行の冊子や通知については，現場自治体部署のみならず被規制者も参照している．したがって，現場部署・被規制者双方にとって，参照している法令，また判断の指針となる『ガイドライン』等の規定は，同一のものである．そして，被規制者自身も，法規定が一般的抽象的な表現であり，具体的意味についてはオープンであることを認識している．ある被規制者（事業者）の環境マネジメント担当者は，これらがあいまいな場合にこそ，現場行政と被規制者間で交渉の余地があると言う．

> 「あいまいな場合とかいうのも，どういう形でやっていくかっていう．そこのところで，色々と交渉余地があるのかなと」[i75]．

　例えば，土対法4条の調査命令の規定は，「命ずることができる」という文言である．そのため，被規制者からは，法規定の文言に基づいて，必ず命令をかける必要はないのではないか，という主張が可能となる．次の引用は，ある被規制者の環境部門職員の語りである．

> 「これは法律を見ますと，その，地方自治体に対して，調査させることができるって書いてあるんですよね，法律ではね．すごいあいまいなんですよね．ということは，まあ，自治体の判断で，どうでもなると」[i77]．

　このように，現場部署と被規制者の間で，法の具体的意味と法適用をめぐり駆け引きが生じることとなる．この潜在的緊張関係の下，自治体部署は法適用判断を行う．当然，被規制者の理解と異なる場合，特に遵守コストが高い規制義務を課すような適用判断を行う場合，自治体部署は自分たちの適用判断がなぜ適正なのか，その正当性の根拠を示すことが求められる．法の具体的意味を確定するプロセスでの被規制者の存在の大きさ，そして彼らとの対立構図の中で法適用根拠を示す必要性，これが，自治体間ネットワークが存在し，利用されているいま1つの背景である．
　被規制者が法の具体化に強い影響力を及ぼしていることは，「法の内生化」研究が主張しているところである．規制対象となっている被規制者自身が，法は具体的に何を意味しているのかを問う中で，産業界になじむ価値観を法

の意味内容にしみ込ませ，具体化していると一連の研究は指摘している．例えば，雇用における差別禁止の分野では，企業は法の言う「多様性（diversity）」の意味を広く解し，従来の業務に支障が出ないよう組み込もうとしたり（Edelman 2016; Edelman, Uggen, and Erlanger 1999; Dobbin 2009; Edelman, Fuller, and Mara-Drita 2001），またカリフォルニア州消費者保護法制の制定の際，自動車産業側は法制定当初の目的であった消費者保護という理念に効率性や消費者満足度といった産業界に親和性のある価値観を組み込み，また業界内での消費者調停制度を導入することで，消費者保護法制の影響を弱めるよう働きかけたという研究がなされている（Talesh 2009）．

「法の内生化」研究は，被規制者の影響力のみに着目し，規制主体である行政の働きを過小評価していると思われるが（Gilad 2014），やはり規制実施現場において，被規制者の存在は大きい．次はある事業者の環境部門担当者の語りであるが，下記被規制者の語りは，被規制者がいかに法の具体的意味をめぐり自治体部署と緊張関係にあり，同時にいかに影響力を行使するのかについて示唆的である．被規制者との潜在的対立関係に呼応して，現場部署は，被規制者に対し自部署の法適用判断がいかに妥当かつ正当なものであるかを示す強い必要性に迫られているのである．

「新しい水濁法だとか，土対法が出来た時も，企業間で話すんです．事前に．まず，自分のところの会社の考え方をまとめて，あと色んな隣接している企業と，うちはこう考えているんだけど，おたくはどうかねと．そういう話をしていて，じゃあ，統一して，こういうことにして，行政に持っていこうと．新しく特定施設とかね，水濁法の有害物の貯蔵施設だとか，そういうやつも，どういう申請にしようかということで，マニュアルがあるんですよ，環境省から出ている．このマニュアルを一生懸命読んで，会社としては，このものは該当する，このものは該当しないっていうのを出して，それで企業間で話して，同じように回答を持っていこうと．1社だけ持っていっちゃっても．向こう［行政］としては，いやこれおかしいんじゃないかとか生まれるんで，企業全部同じ考えでいこうということで．そうすれば，行政は一切何も言えないですから．そういう関係を築いたんで，今うまく流れているわけですね」［i77］．

上記引用は，自治体部署と被規制者の間に存在する潜在的対立関係，そして法の具体的意味をめぐる被規制者と自治体部署との競争関係を如実に示している．被規制者は，有害物質の使用等の状況や施設の様子，また実際の有害物質漏えいや土壌汚染の可能性について，最も多くの情報を持っている主体である．この情報の非対称性ゆえ，被規制者は一定の交渉力を保有しているのである．上記の例では，協議会やワークショップといった被規制者間の横のつながりを通じて，集合体として彼らの理解する法の具体的意味の妥当性を主張している（「会社としては，このものは該当する，このものは該当しないっていうのを出して，それで企業間で話して，同じように回答を持っていこうと」）．事業者間で共通した法該当性の理解として自治体部署に提示したことで，実際に提示した通りの該当性判断が受け入れられているという（「企業全部同じ考えでいこうということで．そうすれば，行政は一切何も言えないですから．そういう関係を築けたんで，今うまく流れているわけですね」）．

裁判所による法の意味の確定化は我が国の規制行政にとってまれな事象であることを考慮すると，規制側と被規制者側の思惑が交錯する規制実施の現場における法適用判断が，事実上の法の具体的意味として実現することとなる．この際，例えば上の引用のように，被規制者同士で横のつながりを形成し，被規制者としての見解を現場部署に示すというやり方を通じて，被規制者は法の具体的な意味をめぐり大きな影響を及ぼすことが可能となる．

被規制者の強みは，操業の状況や有害物質の使用・貯蔵の履歴や方法等，効果的な規制実施に必要不可欠な情報について最もよく知っていることであり，これは現場職員も認めているところである（「我々の方が，現場の，工場なり，事業場の担当者の方よりも，知らないですよ．工程なり，施設なりについては，絶対に」[i37]）．法適用のあいまいさが高い状況下で，もし複数の被規制者が一致して一定の法該当性を主張した場合，当該適用・不適用判断は実質面から理にかなったものであるという被規制者側の主張は説得力が高い．

また，被規制者が大企業の場合，技術的知識のみならず，環境法令についての法的知識も相当程度保有しているという．ある自治体職員は次のように言う．

「そういうところ［大企業］だとやっぱり，環境担当っていうことでもそれ

なりのスタッフがいて．で，あの，工場の中でも環境場だけ一筋で，っていう風にやっていると，あの水質汚濁防止法を始め，各種の規制法について相当な知識をお持ちの方が各工場にいらっしゃるんですね．で，その中で，例えばこういうことについて，あの，規制はあるだろうかとか，ここは，こうしろって言われた，1つ言われたんだけど，どういうことだろうかと言われたときに，やっぱり法的な根拠を示してやらないと，納得させることができないので」[i33]．

このように，被規制者は自治体部署に比べて事業に関わる技術的な知識をより多く持ち合わせており，またときには法的知識の蓄積も有している[122]．このような法的・技術的専門知識の豊富度は，法の具体化プロセスにおいてどちらの側が優位に立つのかについて，大きく影響を与えるものと思われる．

もちろん，たとえ被規制者が技術的・法的知識を多分に有しているとしても，現場部署は，警戒心なく，被規制者の提言する法の適用をそのまま受け入れる訳ではない．インタビュー調査では，現場部署が一定の距離を置いて被規制者の主張する法適用内容を受け止めている様子が窺えた．例えば，ある土対法の担当職員は次のように言う．

「法の解釈の仕方で，なんですかね，大手のゼネコンさんとか，色んな事例を持っているので，これはこういう解釈だと思うんですけど，そうですよねみたいな感じでくるので．そこはなるべく，その場で回答しないことですよね．しっかり自分のところで考え直さないと．うっかりその場で答えたらだめ」[i45]．

別の自治体職員は，法解釈と適用をめぐり被規制者と意見が対立すること，またそれに対抗するために行政側の準備が必要だと語る．

---

122) 数年ごとの異動が行われる現場部署と異なり，被規制者側では環境部門に同じ人間が長期間携わることはありうる．「あの，どうしても，我々行政職の職員っていうのはせいぜい3年から5年で異動してしまうので，1つの担当業務の法的根拠について，深掘りして勉強するっていうことについて，例えば環境一筋30年でやっている工場の方に比べれば，掘り下げに使える時間が短いっていうのがあるんで」[i33]．

「このガイドラインの読み方で，私たちは規制者としてこれを読むから，そういう，規制サイドに寄っていくわけで．やらない方向に読もうと思えば，読める訳です．解釈論の戦いになるわけです．これはどういうことですか，ここにこう書いてあるじゃないですか，っていう話になる．そこは，行政側が，やっぱり勉強していかないと」[i13].

規制実施過程は，規制を行う行政側と規制を受ける被規制者側という2者の対立構造が鮮明に現れる局面である．特に，導入後間もない規制法の実施という法適用のあいまいさが高い場合，また環境被害の不確実性の存在と遵守コストが高い場合，被規制者と自治体部署とのこの緊張関係は，強く発現するであろう．もちろん，この緊張関係は規制実施の過程で常に表面化する訳ではないが（i12, i22, i82），絶えず水面下で作用し現場部署は意識を向け続けている（i5, i9, i10, i13, i17, i28, i30, i33, i39, i40, i45）．

このような状況下で規制法適用判断を行う自治体部署には，たとえ被規制者が歓迎しない法解釈・適用判断だとしても，それであればこそ，自部署の適用判断は法に沿った正当なものであると示す強い必要性が生じるのである．その際，以下で詳述するように，現場職員は適用判断が「間違い」かどうかに注目している．

C 法解釈の「間違い」を最小化する

規制の実施を話題にする際，自治体部署対象のインタビュー調査において絶えず表出したのは，規制法適用判断が法的な「間違い」ではないことを確定しなければならない，という強い志向である．彼らの言う「間違い」の具体的内容は，本来は法で認められていない状況なのに法規定を発動してしまうというものである．この傾向は，前項が示すように，被規制者との潜在的対立構造が規制実施判断の場において鋭く現れること，そして法の具体的意味をめぐる被規制者との緊張感のあるやり取りの存在を考慮すると，よく理解できる．法適用のあいまいさの下で，現場部署はこの「間違い」をしないよう，ゼロにするよう，非常に多くの注意を払っている．この「間違い」が生じると，被規制者によって訴訟が提起され，敗訴するという帰結を迎えるというのが現場部署の理解である．

「事業者から文句を言われるっていうのが．で最終的に，お金，設備投資が過剰だったとかっていうんで，裁判沙汰になったりしても，そういうのが一番困りますよね」[i39]．

「例えば，調査命令を出すとなると，命令の名宛人は，主として民間の事業者，行政とは別の主体になりますし，でその命令の内容っていうのはその，命令を受ける側からすれば不利益なものなので，なぜこんな命令を受けるんだと言われたときに，あの，これこれこういう理由だよっていう明確な理由を示せなくてはいけない，ていうことがあると思うんですね．でそこでやっぱり，もし，あの，間違っていたら大変だというようなところがあって」[i3]．

 被規制者に負担を課すこととなる法適用判断の際，「間違い」をしてしまうのではないかという恐れは，インタビュー調査において絶えず出てくるパターンである（i1, i3, i7, i8, i9, i11, i12, i16, i18, i30, i33, i39, i40, i42, i88）．上の引用例が示すように，法適用判断を行った場合の避けるべき「間違い」とは，被規制者との関係においてのものであり，自治体部署の法適用判断の妥当さ，正当さを脅かす最も現実的な存在は被規制者であることが窺える．
 注目すべきは，本来は法で認められた状況なのに，法規定を発動しないという不作為については，回避すべき「間違い」には含まれていないことである．現場部署の法適用判断の妥当さ，正当さを示すべきもう1つの相手方は，規制法の便益受益者である市民側である．しかし規制実施過程において環境NGOや住民といった市民側の存在感は，現場部署にとって，被規制者の存在感に比較すると極めて小さい．これは，市民側が法的に規制実施過程に関与するルートが乏しいこと，情報公開の乏しさが影響していると思われる（後述）．
 本来，望ましい法適用のあり方という視点から見ると，そのような不作為も回避すべきことの中に含まれるはずであるが，現場部署・職員にとっての「間違い」としては，専ら，本来法で認められていない状況なのに法を適用してしまうという可能性の方が強く意識されていた[123)]．
 不利益処分となる行政命令を発出することは，現場部署・職員にとても勇気のいることだという．このことは，規制実施過程において，いかに

被規制者の存在が大きいかを反映している．

> 「制度としてある以上，[行政命令を]出すべきところで出さないと，それは不作為になるかと思うんですけども，とはいえ，出すことってすごく勇気のいる話かと思うんですね」[i30]．

　自らの当該適用判断が「間違い」に当たるのかどうかの判断は，法適用のあいまいさが高い状況では容易ではない．規制負担コストが大きい結果に至るほど被規制者との対立構造が浮き彫りになり，適用判断の妥当さや正当さを示さなければならないが，明確な基準がない以上，具体的事例への法適用判断の正当さを示す根拠が乏しいと現場職員は語る．

> 「やっぱり[法が]ファジーだからなんですよ．おそれがあれば，命令を出せるんですけど，逆に，本当におそれに該当するのか，というところが逆に命令を出す側からするとやはり慎重にならざるを得ないんですよね，責任を問われるので．問われるのか分かりませんけど．相手がだから，いやいや該当していないんじゃないかと言われたときに，やっぱり答えられるようにするというためには，やはり基準が明確にあれば分かりやすいんだけど，やっぱファジーなので，どうしても躊躇してしまう，というところがあるんじゃないかな」[i42]．

　インタビュー調査によると，被規制者によって規制法適用判断が訴えられ，

---

123) これには，法規定の文言にも要因があると考えられるかもしれない．土対法4条の調査命令を，行政は発することが「できる」と定めてあり，規定上は必ず発出しなければならないものではない．しかしその一方，そもそも土対法という規制法が制定された趣旨，また行政事件訴訟法への義務付け訴訟の導入や，2014年の行政手続法改正で導入された「処分等の求め」の手続の趣旨に鑑みると，たとえ「できる」規定においても，いかなる場合においても処分を行わなくてもよいのではなく，一定の状況下においては，作為義務を課す趣旨で立法していると解すべき場合が多いだろう．宇賀（1997）は，規制権限の不作為について「立法者がある規制権限を行政庁に付与するのは，行政権の介入によって規制する公益上の必要があるからであり，ただ，いかなる場合に，規制権限を発動するかについては，諸般の事情を総合的に斟酌しなければならず，発動を義務づけられる場合を法律で規定することは困難なので，「できる」規定としているにすぎないことが多いと思われる」としている（宇賀 1997: 161）．法は，偽陽性エラーのリスクのみならず，偽陰性エラーのリスクも含め，総合的に勘案して行政処分を行うべきであるという趣旨であると言える．

そして敗訴するのは，以下のような理由により避けられなければならないという．すなわち，訴訟によって業務が増加し通常業務に支障が出るであろうこと（i16, i39, i88），訴訟の影響がどこまで及ぶのか不明瞭であり，将来部署が置かれる状況が悪化するであろうこと，例えば，賠償金支払いの場合には議会で糾弾されるであろうということ（i1, i7），そもそも被規制者と対立関係に立つことは現場職員の役割意識に反し，また職員個人のキャリア形成に悪影響があるかもしれないこと（i86），これらの動機がインタビュー調査より抽出された．自治体部署にとって，訴訟及び敗訴の可能性は，「もちろん避けるべきこと」[i16]であることは現場部署の一致した認識であり，「そうならないように事前に理解してもらう」[i16]ため，被規制者に対し法適用判断が正当なものである論拠を用意しておく必要がある．現場部署・職員は，上記のように被規制者からの法的反論を論駁できるよう細心の注意を払い，法的な「間違い」をなくし訴訟・敗訴の可能性に警戒心を抱いている．

興味深いことに，インタビュー調査において現場職員は，調査命令発出など本書が対象としている法適用判断に関して訴訟を経験したことがなく，また他自治体での訴訟についてすら耳にしたこともないと回答している．実際，土対法4条の調査命令に対し，また水濁法有害物質貯蔵指定施設と構造基準に関し，いまだ1件も訴訟は提起されていない（2016年10月現在）．それにも拘わらず，訴訟・敗訴の可能性は，規制法の適用判断の際，現場部署や職員によって常に最大限の注意をもって考慮されている．「間違い」を犯し，訴訟において敗訴するという恐れは，現実的な懸念というより，むしろシンボリックなものである．

ともあれ，現場部署において，当該法適用判断は「間違い」ではないかどうかという考慮は，規制実施の意思決定に大きな影を落としている．不利益処分判断の場合は，特に「裁判をやって負けるようにしないというように，ちゃんとそのようにしています」[i9]と現場職員は語る．

ではどのようにして，具体的事例において，ある適用判断が法的な「間違い」ではない，あるいは「間違い」かもしれない，という判断がなされているのであろうか．

ある法適用判断が法的な「間違い」であるのかどうかを考える際に必要になるのは，法的議論を行うスキルである．法規定自体が一般的抽象的である

以上，記述されたルールから自動的に法に該当するという判断を導くことはできない．法適用判断に必要なのは，環境保全と経済的考慮，引き起こされる環境リスクと規制効果性という，相対立する利益衡量とバランスのとれた規制判断であり，そのような法適用判断は法の目的に沿った妥当なものであるとして判断を正当化する法的議論の構成スキルが必要となる．

通常，そのような法的議論のプロフェッショナルは弁護士といった法専門職であり，彼らへのアクセスを通じて，具体的事例における法適用判断に関する法的議論構築のサポートを受けることが可能となる．しかし，弁護士へアドバイスを求めた事例は，78名のインタビュー調査対象者の中で1件しか登場せず，また庁内の法務部へ質問をしたという例も1件しか登場しなかった．本章5-1で考察したように，現場部署での法適用判断について法専門職の関与は少ない．

その結果，そのような法的スキルが養成・活用される点でキーとなるのは，現場部署内での相談や話し合いといった職員同士の相互作用となる（Kagan 1978; Morrison 2002）．法適用のあいまいさに直面している現場部署が，どのような正当化根拠が当該事例の法適用にとって適切なものであり，たとえ裁判になったとしても敗訴しないものと判断できるためには，規制法の規定と事案の状況をともに理解する，同僚，係長といった直属上司，前任者，また命令発出といった被規制者に対する厳しい法適用判断を行ったことのある内部経験者との相談や話し合いという日常での相互作用が，極めて有力であるとともに必要不可欠である．そのような部署内での相互作用が行われる中で，規制負荷という被規制者からの反発を招きやすい法適用を行う際にも，適用判断を正当化する論拠や議論の組み立て方が共有・構築される可能性が生まれ，そのような法適用判断も可能となる．必要に応じて行われる担当職員同士の間での法についての考え方や適用の仕方に関するやり取りは，法的議論のトレーニングにおいて重要な役割を果たすであろう．

「そういうやり取りに入ってくる職員とそうでない職員とで，その後の成長の伸びは全く違う．やり取りに入ってこない職員は伸びないし知識も増えないですよ」[i69]．

とある職員が語るように，部署内での相談や話し合いは，法的スキルを養成・発展させる上で欠かせない．

　この部署内での話し合いの程度や新任職員のトレーニングは，自治体部署ごとに異なっていることが，インタビュー調査より窺えた．土対法と水濁法の実施について部署内での研修や定期的な話し合いの機会を設けており，これが法的スキルを含め現場部署が組織として持つ法適用判断能力の維持と向上に役立っていると語る部署がある一方（i2, i23, i45），組織として自治体部署が保有する法運用能力の維持と継承に不安を抱く語りも多く聞かれた（i18, i20, i21, i26, i30, i37, i41, i47, i55）．職員減少と業務の増加により，従来の新規職員向けのトレーニングや教育の実施が困難になっている場合，またそもそも土対法あるいは水濁法の担当者が１名のみであり，部署内に相談相手がいない場合などが，インタビュー調査において聞かれた．ある職員は，増加する土対法4条届出の対応に追われ，部署として職員トレーニングに割く時間的余裕がなく，規制法運用能力の向上は現場職員個人の努力にのみ依存するしかないと語る．

「本来ならば若いのが，初めての人がきたら，みんなでついてやって，というのをやってあげたいところですけども，なんせ［届出が］いっぱい来ちゃってもうフォローする余裕もないと．もう，勝手に育ってくれと．最終的には決裁見てだめなときは返すと．そんな感じになっちゃうんですよね，どうしても．ちゃんとトレーニングをしてあげればいいと思いますけども，なかなかそういう余裕がない状況ですね」［i18］．

　このように，自治体部署によって部署内でのトレーニング，相談，話し合いの程度は異なることが窺えるが，これは，被規制者との対立構造を顕わにするような法適用判断を行う準備や素地が自治体部署で形成されているのかどうか，ある適用判断が「間違い」かどうかの判断形成に大いに関連するだろう．土対法部署を対象にした質問票調査回答でも，部署内の話し合いの程度と，自部署の保有する法的技術的な専門的知識の自負の高さは相関関係にあった[124]．インタビュー調査でも，部署内の頻繁な話し合いやトレーニングの機会を設けている部署では「我々は自信をもってやっている」［i2］と回

答する一方，現場部署での法実施能力の維持と継承に不安を抱えている部署では，法適用判断が「間違い」であるのかないのか，判断に戸惑う声が聞かれた．このような場合，

> 「それこそ裁判とかになったときに，本当にこれって，うちの判断が，どの角度からみても，間違っている，というようなことを言われないものなのかなあっていうのを見たときに，ちょっと，厳しいんじゃないのと」[i30].

というように，規制負荷をかけるような適用判断が抑制される傾向が強く発現することとなるだろう．

上の語りは，現場部署が「間違い」を恐れ，規制法の適用判断を行わない語りの典型例である．被規制者との鋭い緊張関係の中，法律専門家や，中央政府からの法的議論構築へのサポートの乏しさ，部署内での法運用能力の維持・育成の懸念，そして市民からの規制活動への監視程度の弱さ（後述）は，法適用のあいまいさの高い状況下では，被規制者に負担を求める法適用判断が行われにくいという帰結を導きやすい[125]．

D 「間違い」の判断と自治体間ネットワーク

被規制者との潜在的な対立緊張関係，法専門職による専門的アドバイスの不足，自部署内での法運用スキルの維持・育成の懸念を考慮すると，ある法適用が「間違い」ではないという判断形成の際に，自治体間ネットワークが有用となる余地が大いに存在していることが理解できる．自治体間ネットワークは現場部署内での法運用スキルを補完するものとして重要な役割を果た

---

124) 同僚，係長・班長，課長との話し合いの頻度が高いほど，部署として専門的知識保有の自負の程度も高い．専門的知識保有の自信の程度と，同僚，係長・班長，課長との話し合いの頻度とのピアソン相関係数は，それぞれ 0.38（$p=0.00$），0.29（$p=0.00$），0.24（$p=0.01$）であった．

125) なお，このような現場部署の規制権限発動忌避傾向は，我が国の環境規制法の実施において頻繁に指摘されているが（e.g., 北村 1997），決して我が国のみの特徴というわけではない．例えば，オーストラリアの鉱山労働者の安全確保を目的とした鉱山安全規制の執行過程では，規制部局のリソース不足，被規制者側の強い影響力，市民による規制監視の欠如を背景に，現場部署は極端に宥和的な法運用を行っていたことが報告されている（Gunningham 1987）．我が国のいわゆる法文化に説明を求めるよりも，規制実施の文脈においてキーとなっている要素とその作用に注目する方が，より本質的な理解に資すると考える．

す．何が明確な根拠となって，規制コストの負荷という規制実施判断を行うのか，他自治体への問い合わせを行うことで，適用判断も「間違い」ではないという確証を得ようとするのである．

これは，自治体間ネットワークの存在があれば，調査命令発出という積極的な規制活動がなされていたという，前章の統計分析で明らかとなった自治体間ネットワークの全体的な作用に沿うものである．他自治体が自部署と同様の法適用判断を行い規制法を実施していること，また自部署の適用判断が他自治体のそれから逸脱したものでなければ，現場部署は自らの判断は法的な「間違い」ではないと推察でき，より安心感を持ち，被規制者へ負担を課すような法適用判断を行うことができる[126]．これはもちろん，法的判断として望ましいものであるという判断内容自体の担保がなされている訳ではなく，あくまで他自治体という他組織の行動から推論されるものである．何が規制実施において適正とみなされる法適用になるのか，その過程には，他自治体の動向という自治体間のダイナミクスが作用しているのである．

規制実施過程において，法適用判断は，被規制者との緊張関係が明確に現れる場面であり，それゆえ被規制者は，現場部署が自らの適用判断が正当であることを示すべき当座の対象者である．法適用のあいまいさが高い場合，自治体間ネットワークを通じた法適用判断の共有は，何が適切な適用判断なのか，何が「間違い」ではないのか，その具体的内容を摑もうとする現場部署にとって，法の具体的意味の供給源が少ない中で，1つの貴重な推定方法となる．ある職員は，法が明確に規定していない具体的な適用判断の場面において，他自治体と同じ適用判断ということ自体，1つの正当化の根拠として使用できるという．

---

[126] 逆に，他自治体と異なる厳しい適用判断を行うときは慎重な考慮が必要だとある職員は語る．
「ある程度大きな企業さんだと，当然全国で同じような事業を展開しているときに，同様の事例である自治体では命令が出なかったし，ある自治体で命令が出たというようなことになれば，何が違うんだということで行政サイドに強く聞くというのは，むしろ企業のやり方としては当然だと思います．でその場合に，他市と違うことをやるんであれば，他市の考え方は知らないけれども，うちとしてはこういう理由があるから調査命令を出すんだよという理由付けのところは，相当慎重にやらないと．まあ，命令を出す場合は常にそこは慎重にやらないといけないところではあるんですけれども，やっぱり特に，これで間違いないと自信を持って答えられる状況でないと，やはり調査命令というのは出していないのかなと」[i33]．
（下線は筆者追加）

「やっぱり担当としては，そこをどうね，取り扱うか，そこ突かれたらやっぱり痛いところってある訳ですから．で，そこで，向こう［他自治体］も一緒だよ，結局一緒だよって言われたら，まあそれで，他の県でもそうですよって言えるっていうのが，やっぱり違うのかなと」［i47］．

他自治体と同様の法適用判断は，「間違い」の可能性を低くし規制実施判断を後押しする．逆に，他自治体からの具体的事例情報がない場合，被規制者から反発が予想される適用判断を下しにくいと別の職員は言う．

「本当に他の自治体の動向っていうのは，1つ大きいかもしれませんね．やっぱり，自分たちに実績がない，知識がないっていうのは，これはもう各々分かっていく中で，もし何か，反応があったときに相手［他自治体］から，あのときどうやって対応しました？っていうのは，ものすごく心強い情報になってくる訳ですけども，それがなかったとすると，知識も経験もない中で戦っていく事になる訳ですよね．それに対する不安っていうのは，やっぱり大きいですよね」［i30］．

規制実施判断に闘争のメタファーが用いられていることから推察される通り（「知識も経験もない中で戦っていくことになるわけですよね」）[127]，規制法適用判断は，被規制者との対立関係を表面化させ，被規制者からの反発を呼ぶことも想定されるものである．自治体間ネットワークからもたらされる規制実施事例の経験，及び他自治体の適用との一律性は，自部署の適用判断が「間違い」ではなくこれによって被規制者に対峙できると判断する1つの有力な方法として機能できる．

E 被規制者に対する規制実施の正当性表示——まとめ

本節では，自治体間ネットワークが機能する背景について，被規制者との関係性から考察した．法適用のあいまいさが高い状況下において，自治体間

---

127) これは他の職員の語りでも見られた．「うちも，ただ［命令に］行くだけの根拠が，あるのかもしれないんですけど，ちょっとそこだけで行って，アウトで，勝負して負けたら，困っちゃうんで」［i7］．（下線は筆者追加）

ネットワークが機能する余地は大きい．（1）被規制者から自主的遵守を引出すためには，規制負担の公平性という正当化ロジックが効果的であること，（2）他自治体の適用判断から逸脱していないという事実は，被規制者からの反発に対応できること，逆に言えば適用判断が法的な「間違い」ではないことを傍証する数少ない手掛かりであることの2点より，自治体間ネットワークが現場部署にとって有益なものとして作用していることを考察した．自治体間ネットワークによって緩やかに促される他自治体との適用判断の平準化は，自部署の適用判断が，恣意的なものではなく法に沿った正当なものであると示す際に有効である様子を示した．

また，法適用のあいまいさの下での規制権限発動には，法的議論の構成スキルが極めて重要となるが，職員減少・業務の多忙化と急激な世代交代の中で，上記スキルの維持継承に不安を抱える自治体は多かった．このような場合，特に，自治体間ネットワークは，事例経験の共有化，法的「間違い」ではないことの確認，規制負担の平等性というロジックを生み出すことによって，積極的な規制判断を促進することができるというプロセスも確認された．

5-3　市民に対する規制実施の正当性と自治体間ネットワーク

現場部署が自らの法適用判断の正当性を示すもう一方の相手方は，規制法の受益層たる一般市民である．防ぐべき事故や環境被害が発生し，自治体部署の適切ではない規制法運用が明らかになった場合，自治体部署は世論からの非難を免れない．この場合現場部署の通常業務遂行に支障が生じるのみならず，場合によっては首長・議会・マスメディア等による精査が行われ，部署としての自立性が大きく脅かされるかもしれない．現場部署にとっては，法目的の達成のためのみならず，自らの組織の安定性・自立性を守るためにも，一般市民に対し，自らが法に沿った適正な適用判断を行っていることを示す必要性がある．

土壌汚染や地下水汚染といった環境被害は，観察が困難な被害の典型例である．この被害の高い不確実性を考慮すると，自治体間で一律の適用判断を行っていることは，当自治体部署の適用判断が適正で法に沿ったものであると，外部へアピールする1つの戦略として機能できるかもしれない．特に，

専門性の高い分野への規制法の場合，市民にとっては，何が効果的な介入・対応なのか，具体的な事例において判断困難である．法の公平性という規範的見解と，多数意見は概して妥当な判断であろうという経験則により，妥当さを推し量る1つの指標として，自治体間の一律性に着目することは的外れなことではない．

以下のケースは，複数の自治体にまたがった土壌汚染の事例である．気象庁の無線雨量観測所跡地に使用済みバッテリーが放置されていたことが判明し，その投棄されたバッテリーが原因で水銀による土壌汚染が生じている可能性のあることが分かった．この無人雨量観測所は深い山奥にあり，周辺に民家もなく，健康被害への影響は考えにくいが，その対応について土対法と廃掃法（廃棄物の処理及び清掃に関する法律）に基づいた処理が取られようとしていた．

具体的にどのような対応を取るのかを考える際，現場部署は，一自治体部署の考えのみならず，当該事例が生じた別の自治体の対応と足並みをそろえることで，対応の妥当性を示す必要があると指摘する．

> 「［他自治体と］全く一緒にする必要もないと思うんですけど，ある程度足並みそろえとかないと，気象庁がマスコミとか一般の人とかに質問されたときに，なんで違う対応をしたんですかと言われたときに答えられないのかなと思ってですね．［中略］○の案件とか，×県の案件とかと，まったく違う土壌調査の仕方だと，なんでうちの県ではこういったやり方になるんだと，いう風に言われるかもしれないので，そこはきちっと整理してくださいと［伝えた］」［i14］．

上の例は，他自治体での対応と一律性のあることが，社会において判断の正当さ，妥当さの指標として受け止められていると現場部署によって認識されていることを非常に端的に表している．そしてその妥当性を示すため，他自治体と足並みをそろえた土壌汚染対応を取ることが望ましいという考え方が強く現れている．実際，この自治体部署では，当該事例の土壌汚染対応について平仄を合わせるよう別の自治体と連絡を交わしていた．広く一般市民に対し，不確実性や専門性の高い事例について，妥当性・正当性を示す1つ

のジェスチャーとして，他自治体との一貫性が用いられる．これは，そもそも世論において，妥当性・正当性を判断する指標として統一性・一貫性があるかどうかが重視されていることを反映していると考えられる．

その一方，環境被害や健康被害の可能性がより現実的なものとして現れた場合，市民や周辺住民は，自治体間の法の一貫性よりも，目の前にある問題の効果的な解決の方を要求するであろう．筆者の行ったインタビュー調査では，2件，地元住民が土対法の土壌汚染調査の判断過程で関与している事例が報告された．それらは，マンション建設の事例と大規模商業施設建設の事例であり，両方とも土壌汚染のおそれのある土地での建設行為であり，周辺住民は土壌汚染のおそれと，建設工事に伴い汚染されているかもしれない土壌の拡散に強い懸念を示していた[128]．両事例とも，自治体部署は被規制者に対し法適用判断の正当化を行うのみならず，市民に対しても説明可能な法適用を行うことに注力しており，自治体部署の判断は「法に基づいたもの」[i5]であることを強調していた．そして両事例とも，土壌汚染調査を実施するよう現場部署は被規制者側へ働きかけている．大規模商業施設の事例では調査命令が発出され，またマンションの事例では法定以上の土壌調査が実施された（「[土壌]調査は，法律に基づく調査よりも，それ以上のことを[事業者は]やられたんです」[i5]）．事業者も反対住民への対応のためか，規制には協力的だったとある職員は言う．

> 「これは店舗の建設だったんですけどね．周辺の商店街からの反対とか，ずいぶん反対運動がすごかったんですよ．だから，[事業者には]法律だけはきっちりやっておきたいっていう意識があった．逆に，うちが，ちゃんと指導に従わないなんて言ったら，それみたことかと大騒ぎになりますんで，あの，非常に協力的ではありましたけどもね」[i18]．

上の例では，調査命令に基づいて実施された土壌調査の結果，汚染が見つかったので，現在その土地は指定区域となっているという．

市民に対する適用判断の正当性表示の必要性は強く意識されていた．上記

---

128) なお，両方の事例とも，その背景には地元のマンション建設反対，大規模商業施設建設の反対があったと思われる．

商業施設の事案に対応した現場職員は，法に忠実であることを強く意識した，と語る．

> 「ひたすら法に忠実に．あの，全部今はもう公文書公開制度ですべてオープンにしなくちゃいけませんし，はい．場合によっては色んな訴訟もある，考えられますんで，そのとき，あの，できるのは法に忠実であることだと思いますんでね」[i18].

市民関与が生じた上記 2 つの事例ともに，現場部署は「法律に基づいた」[i5] 判断であることを強調していた．法があいまいである場合，「それは論理的に，どちらが妥当であるかという判断をするしかない」[i18] のであり，両事例とも，それはすなわち土壌調査の実施要請という判断であった．

市民関与が生じた上記事例では，ともに他自治体との一律性は話題には上がっていない．被規制者に対する正当性表示の際ほど，自治体間での法適用の平準化というロジックが用いられていない点も窺える．これについては，そもそも環境規制執行過程において市民関与がまれな事象であり，比較対象が存在しないという背景もあろうし，現実的に目前の環境被害の懸念を持っている市民に対し，法の公平性という原則よりも効果性の方が，より説得的となりうるという点も考えられる．

しかし，現場職員に対するインタビュー調査のうち，規制実施過程で市民関与があった事例は 2 件に過ぎなかったことが示唆するように，市民は規制実施の場面に頻繁には登場しない．インタビュー調査において，毎回市民からの反応の有無を尋ねたものの，「意外とない」[i7] という回答が一般的であった．質問票調査においても同様の傾向であった[129]．

市民関与が少ないという点は，新聞記事掲載数からも窺うことができる．筆者がインタビュー調査・質問票調査を実施した主要期間である 2013 年 7

---

129) 「市民は，土壌汚染［水濁法サーベイの場合は「水質汚濁」］に不安を抱くと，土対法［水濁法］の法運用について強く抗議する」という言明が自らの部署の置かれた状況に当てはまるかどうかを尋ねたところ，「当てはまらない」・「どちらかといえば当てはまらない」と回答した自治体部署が 22.7%（$n=62$），「どちらともいえない」が 58.6%（$n=160$），「当てはまる」・「どちらかと言えば当てはまる」が 13.6%（$n=37$）であった．ここからも，現場部署での規制法適用の舞台において，市民の存在感は大きくないことが読み取れる．

月から 2015 年 6 月にかけて，土壌汚染，地下水汚染の記事を調べたところ，それぞれ 54 件と 84 件であった[130]．ここからは大気汚染でヒットした新聞記事数 436 件と比較しても関心が低いことが窺える．

　このように，市民が規制実施過程に関心を持ち関与する頻度は決して高くないことが分かる．そもそも規制実施の過程で生じる被規制者と現場部署との強い関係性——それは時に協力的であり，時に高い緊張関係が表出することもある——ゆえ，前節で論じた通り，法適用判断において被規制者の存在感は極めて大きいものとなっている．市民の存在感の薄さは，現場部署と被規制者との強い関係性を相対的にさらに強めることとなる．

　市民の存在感の薄さはなぜ生じているのであろうか．第 1 に指摘できるのは，行政の不作為に対して第三者から作為義務の要請を行う法的ルートについては，その制度が成立したばかりであるか，あるいはルートが存在しても現実的に使用されるケースが極めてまれであり，そのため現場部署にとって，被規制者からの不服申立てというルートと同等程度の可能性があるものとして想定されていない，ということが挙げられる[131]．そもそも，行政訴訟の原告適格性は環境 NGO といった団体にはいまだ認められていない．現場部署が規制の該当性判断や，不利益処分の判断を行う際には，被規制者からの

---

130) 朝日新聞社の記事データシステム「聞蔵Ⅱビジュアル」を使用した．「土壌汚染防止法」，また「地下水」かつ「汚染」，というキーワードでそれぞれ記事を検索した（対象紙誌名：朝日新聞）．地下水汚染の記事検索では水濁法関連のものに記事の対象を絞るため，原子力発電所関連の地下水汚染の記事は除いている．

131) 義務付け訴訟が行政事件訴訟法に導入されており，また平成 26 年度の行政手続法改正（2015 年 4 月より施行）により「処分等の求め」が導入された．行政手続法 36 条の 3 では「何人も，法令に違反する事実がある場合において，その是正のためにされるべき処分又は行政指導（その根拠となる規定が法律に置かれているものに限る．）がされていないと思料するときは，当該処分をする権限を有する行政庁又は当該行政指導をする権限を有する行政機関に対し，その旨を申し出て，当該処分又は行政指導をすることを求めることができる」と定めている．申立ての主体は個人でも団体でもよい．申立てを受けた行政庁または行政機関は必要な調査を行い，必要があるときは当該処分または行政指導をしなければならない（3 項）．その一方で，平成 26 年度の改正には事業者等が行う「行政指導の中止等の求め」も導入されている（36 条の 2）．これは，行政機関から法令に違反する行為の是正を求める行政指導（その根拠となる規定が法律に書かれているものに限る）を受けた事業者等が，その行政指導が当該法律に規定する要件に適合しないと考える場合には，行政指導の中止などを求める申出をすることができるとするもので，申出を受けた行政機関は，必要な調査を行った結果，その行政指導が当該法律に規定する要件に適合しないと認める場合には，行政指導の中止などの措置を講じることとなる（3 項）．

不服申立てや訴訟の可能性を第1に想起するような法的制度になっているのであって，市民といった第三者からの処分の要請や，義務付け訴訟の可能性をも同時に想起させるような現状にはなっていない．

　第2に，情報公開が進んでいないことにも起因しているであろう．どの事業所がどのような有害物質を扱っており，土壌汚染や地下水汚染の可能性がある土地なのかどうか，情報は公開されていないか，あるいは容易に獲得できる形で用意されてはいない[132]．したがって，突発的な事故や環境汚染が発覚するといったことがない限り，行政と規制法の対象者である被規制者以外にはそのような情報は公開されないため，行政と被規制者の2者以外の者にとっては，環境汚染や環境負荷の可能性について判断する資料や情報をそもそも知らないという現状がある．

　この情報公開の狭さ・少なさは法的ルートの使用可能性を考える上でも重要である．たとえ現場部署の不作為を指摘できるような法的ルートが存在したとしても，そもそも不作為があることを知ることができる程度の情報公開がなされていない限り，そのような法的ルートは事実上機能しにくいからである．

5-4 小　括

　本章では，どのような条件下で自治体間ネットワークが規制実施の法適用判断に影響を及ぼしうるのか，その背景とメカニズムについて考察した．この際考察の手掛かりとしたのは，自治体部署が自らの法適用判断の正当性を示さなければならない必要性の強さとその相手方である．法適用のあいまいさが高い中では，基準に従って機械的な法適用を行うことはできない．そのような法適用のあいまいさ，そして環境被害の不確実性の中でこそ，自らの適用判断の妥当さと正当さを示す必要に迫られる．

---

[132]　情報公開制度で情報公開を求めることは可能である．しかし，情報公開に伴い被規制者が被る損害も考慮に入れられるため，どの程度の情報が公開されるのかは明らかではない．またどのような書類を自治体部署は有しているのか，その把握と書類の指定が情報開示請求をする際に必要であるが，外部者にとってその把握は容易ではない．なお，どの事業場が水濁法上の有害物質使用特定施設を保有しているのかについては，現場部署において閲覧可能となっている．

規制法実施過程全体を俯瞰すると，自治体部署を取り巻く法の具体的意味のプロトタイプの供給源が乏しいことに気づく．これが，自治体間ネットワークが働く背景の1つ目である．裁判所による判決はもちろん，環境省からの具体的指示や，市民団体，専門家集団からのアドバイスや提案といったものは観察されなかった．また改正直後の規制法実施であるため，自部署内での先例も当然存在していない．相対的に，他自治体の適用事例が具体的意味の供給源として働きうる．ここから示唆される点は，仮に他自治体以外に具体的意味のプロトタイプ供給源が存在している場合，例えば，市民団体や専門家からのアドバイス・提案が存在するなど，法の具体的意味の候補が存在している場合，自治体間ネットワークの影響力は相対的に低くなる可能性があるということである．

自治体間ネットワークが働く背景のいま1つは，被規制者の圧倒的な存在感の大きさと，規制現場において被規制者の納得を得る必要性の高さ，そして被規制者の納得を得るために自治体間ネットワークとそれを通じた法適用の平準化が有用である点に求められた．そこにおいては，この2つの側面，すなわち(1)自主的遵守を引出すためには，規制負担の公平性というロジックが効果的であると認識されていたこと，(2)被規制者の主張する法該当・非該当の主張に対抗するために，また自部署の適用判断は「間違い」ではないと確認するために，自治体間ネットワークは有用であった点を指摘した（これは，現場部署の持つべき法運用能力の維持と育成という観点からも重要であった）．(2)の点は，なぜ自治体間ネットワークが全般的に積極的な規制実施判断を促しているのか（第4章既述），そのメカニズムを説明するものでもある．自治体間ネットワークの存在と機能が観察されたのは，このような自治体部署が置かれている制度的状況を反映している．

第6章　おわりに

　導入後間もない規制法の実施の際に生じる法適用のあいまいさ，そして環境被害発生の不確実性という状況の中，自治体現場部署は，どのように規制法を理解・解釈し，そして実施しているのだろうか．また，どのように適用判断の正当化を試みるのであろうか．先例が踏襲されやすい行政組織内の意思決定構造を考慮すると，法適用のあいまいさという状況下での解釈適用判断は，その後の法の適用方針，ひいては法目的の達成を左右する，重要なキー・モーメントである．この法の具体化の過程について，本書は自治体間ネットワークという組織間ダイナミクスの視点から考察した．

　自治体部署に対するインタビュー調査・質問票調査の双方より，他自治体への問い合わせに見られる自治体間ネットワークの存在が，法の具体化のプロセスで重要な位置を占めていることが示された（第4章）．量的分析からは，土対法の実施過程について，概して自治体間ネットワークがある自治体ほど，調査命令発出という積極的な規制活動がとられる傾向が明らかとなった．また，自治体部署は問い合わせや参照の相手方について事実上のグループを形成しており（自治体間ネットワークのクラスター化），グループごとに命令発出の傾向は異なっている．これは行政現場で形成される法の具体的意味がグループごとに異なる可能性を示唆している．質的分析からは，自治体間ネットワークは緩やかに自治体間の法適用判断を平準化させるという特徴が抽出された．そこでは，外れ値となるような判断の回避，ばらつきの中心部となるような判断への志向が見られる．また，特に事例経験の少ない現場部署にとっては，学習機会の提供としても，自治体間ネットワークは作用していたことも確認した．

　第5章では，他自治体と同様の法解釈・適用判断は，法的な「間違い」ではないという「お墨付き（endorsement）」として現場部署で作用している様

子を考察したが，その背景には，現場自治体部署が置かれている環境では，法の具体的意味のプロトタイプ供給源が乏しいという実情があることを指摘した．したがって相対的に，自治体間ネットワークからもたらされる他自治体の法解釈・適用判断は目立つ（salient）位置を占める．それと同時に，規制負担の公平性を強く求める被規制者の存在も忘れてはならない．フィクションとはいえ，法解釈適用の一貫性・公平性の標榜は，適用判断について反発が予想される被規制者に対する対抗戦術として，また自主的な遵守を引出す戦術として，極めて有効なのである．

以下，本書を閉じるにあたり，自治体部署における規制の実施について，いくつかの理論的展望と政策的含意を述べる．

6-1　理論的展望

A　自治体間ネットワークが作用する条件とは

本書の分析は，土対法と水濁法といった環境規制法以外の法実施の文脈でも，また他国の文脈でも，自治体間ネットワークの存在と，そのネットワークの持つ法の具体化プロセスへの影響力の可能性を示している．これまでの分析を踏まえると，一般化可能な仮説命題として以下が提起できる．すなわち，自治体間ネットワークが法適用判断に影響を及ぼすための条件として(1)法適用のあいまいさといった不確実性に現場自治体が直面していることを大前提に，(2)地方分権化の下での法実施体制であること，(3)部署内部での職員のトレーニングの機会（綿密な職員同士の相談といった相互作用を含む）が豊富でないこと，(4)法知識や科学的知見といった専門家集団の関与・アクセスが現場部署にとって乏しいこと，(5)被規制者といった法対象者からの納得を得なければならないという強い必要性があることが挙げられる．逆に，中央政府からの頻繁かつ明確な指示の存在や，裁判所の判決の存在，専門家からの法解釈適用についての具体的提言など，他自治体の法解釈・適用判断以外の法の具体的意味のプロトタイプ供給源が存在すれば，自治体間ネットワークの影響力は相対的に弱まるだろう．また，法対象者に対して，法解釈・適用の一貫性というロジック以外の正当化根拠が現場部署において利用可能であれば（例えば，効果性に基づくロジック），その場合も自治体間ネッ

トワークの影響力は弱まると推察される．法の適用判断において疑義が生じた際，現場職員はまず部署内での話し合いを行うことから（第3章），職員同士の密な相互作用も含めた職場内でのトレーニングの機会が多いほど，自治体間ネットワークの影響力も弱まると思われる．

　上記の仮説が一般的に当てはまるモデルとして成立するのかどうか，どのようなケースでも自治体間ネットワークが現場での法の具体化に重要な役割を果たすのか，そうした疑問については，他の規制文脈や諸外国での経験的検証が必要である．

B　法の具体的意味の構築と被規制者の影響力

　規制法があいまいな場合，実施現場での法適用判断における具体的な法の意味構築は，規制行政部署と被規制者，どちらの主体が主導権を握っているのであろうか．「法の内生化」研究によると，それは被規制者側であり，彼らが具体的にどのような行為が法遵守・違反に当たるのか，産業界になじむ価値観を組み込みながら，法の具体的意味を構築していると主張している．翻って，本書は法の具体化をめぐり決定的に重要な役割を果たす主体として現場行政部署を捉え，被規制者は現場行政部署と法の具体的意味をめぐり緊張・競合関係または協力関係にあると捉えている．一般的抽象的な法はどのように現実社会において具体化されるのかという共通の関心から出発しているにも拘らず，「法の内生化」研究と本書では，法の具体化プロセスにおいてどちらの主体が主導権を握っているのか，その注目される主体が異なっている．

　当然，この問いに対する答えは二者択一的なものではなく，双方ともに法の具体化の側面を捉えているのであろうが，同時に，この違いは現代社会において採用されている社会的規制の執行デザインが多様であることも強く反映していると考えられる．「法の内生化」研究では，規制執行は主に市民（被害者）からの訴訟を通じたものである一方，本書が取り上げた規制法では，規制実施・執行は現場行政部署によるものであり，市民からの訴訟を通じた執行は極めてまれである．

　この規制法の実施・執行構造の違いが，法の具体化プロセスにおいて行政部署がどの程度影響力を持つのかを左右する1つの重要なキーだろう．市民

（被害者）による訴訟提起を通じた法の執行が主である規制デザインでは，行政部署が持つ法の具体的意味の構築への関与は限定的である．アメリカ合衆国雇用差別規制法の主要部分である，人種，肌の色，宗教，性別，出身国による差別を禁止している Title VII (Title VII of the 1964 Civil Rights Act) の執行は，事実上そのほとんどが，被害者による訴訟提起を通じたものとなっていたし，もう1つの差別禁止法制である大統領令 (Executive Order) 11246 においても，担当行政部署には執行権限が付与されているにも拘らず，実際は執行活動を行っていなかった[133]．「法の内生化」研究自体，内生化が実現する1つの条件として，行政による法執行が弱いこと (weak enforcement) を挙げている (Edelman 1992)．一方，本書の場面では，現場自治体部署が，被規制者と直接相対し，届出審査，立入検査，交渉，説得，強制力発動の可能性を通じて規制実施活動を行っている．このように，行政部署が法の実施過程において中心的な役割を占める規制デザインとなっているならば，当然法の具体的意味の構築にも行政部署が深く関わることになる．第5章で考察した通り，現場部署と被規制者の間には緊張関係が常に存在し，法の具体的意味をめぐり水面下での攻防が繰り広げられていた．このような背景の中，自らの法の具体化判断が「間違い」ではないという傍証として，自治体間ネットワークが作用している点はすでに見てきたところである．

このように，法の実施デザイン，その中でも特に執行デザインは，どの主体が規制法の具体化を行う主要な主体なのか，その点に大きな影響を与える．これは最終的に，法の効果や実効性にも関わる．「法の内生化」研究が指摘するように，被規制者が法の具体的意味を構築する主要な主体である場合，それは結果的に規制法の効果があまり上がらないという帰結を導きやすいものとなる (Edelman 1992, 2016; Dobbin 2009; Talesh 2012)．

---

133) 大統領令 11246 は，連邦政府と 10,000 ドル以上の契約を結ぶ，あるいはその契約業務に関連する業務を行う連邦政府職員，契約社員，下請け業者，組合は，人種，肌の色，宗教，性別，出身国による差別をやめ，またアファーマティブ・アクションに取り組まなければならないことを定めている．この執行を担当する行政部署（the Office of Federal Contract Compliance. 後に Office of Federal Contract Compliance Program に改名）には，業務契約を遅延できるなど，大統領令違反に対するサンクションを負荷する権限が付与されている．にもかかわらず，実際には規制違反が見つかった際にも業務契約の中断といった執行活動をほとんど行っていなかった．事実上，雇用差別禁止の法の執行は，被害者による訴訟提起というルートが主となっていた (Edelman 1992)．

規制法の執行デザインと法の具体的意味形成の主要主体という観点は，今後の規制デザインを考える上で，示唆に富むものである．近年，自主規制（self-regulation）枠組みや，第三者機関や専門機関，規制業務委託を受ける外郭団体等，規制実施における中間者（intermediaries）の存在といった，新たな規制枠組みが提案され導入も進んでいる．特に，自主規制の枠組みには，従来のコマンド・アンド・コントロール型規制と比較して行政部署の執行コスト削減，効率性，効果性の向上が期待されている．自主規制による規制体制では，従来は規制者たる行政が担ってきた，規制内容の特定，遵守モニタリング，違反への対応という一連の規制法実施内容を，被規制者側が行うこととなる（Short 2013; Black 2008）．特に専門性の高い分野での規制には，被規制者が有する専門的知識が効果的・効率的な規制運用には必須であり，有効性が期待されている．

このように，自主規制を始めとする新たな規制デザインの有用性が指摘されて久しいが（e.g., Gunningham 1995），当該枠組みが万能である訳ではなく，実効性のある規制を実現させるには注意が必要である．実際，自主規制の実効性の乏しさも指摘されている．例えば Short（2013）らは，自主規制枠組みが本来の環境規制目的実現に資し成功している事例とそうでない事例を検討し，どのような条件の下で自主規制枠組みは期待されている効果を生じさせるのか論じている．そして，彼らが主張する第 1 の条件は，定期的な立入検査と違反に対するサンクションの負荷という規制活動ができるほどの人的・組織的・技術的リソースを有する現場行政の存在であった（Short 2013; Short and Toffel 2010）．

もちろん，被規制者が有している専門的知識や現場状況情報を取り入れることは，効果的な規制実施に必要不可欠である．しかし，インセンティブ構造から見ると，行政組織，あるいは市民等，被規制者とは異なるインセンティブを保有しているプレイヤーも法の具体化プロセスに取り込む必要があるだろう．もちろん，行政組織が法の具体化プロセスに中心的役割を果たせるような執行デザインであるからといって，常に規制法が効果性を伴うとは限らない．被規制者による取り込み（capture）や，リソースの不足により規制権限発動の忌避は起こりうるし，そのような傾向も第 5 章で見てきた．とはいえ，法の具体化プロセスに行政組織が関与することは，環境保全といっ

た公共目的実現の可能性を強めるものである．これは行政部署が規制法の受益層から法目的実現の強い要請を受けた場合，特にそうである．

C　「一貫性・公平性」と「柔軟性・効果性」のバランス

あるべき規制法の実施は，常に法の一貫性・公平性（consistency）と法の柔軟性・効果性（responsiveness）という2つの理念軸の間で揺れ動いている．その中で自治体間ネットワークの存在は，法の一貫性・公平性という理念が行政判断において重点が置かれている様子を明らかにしている．

そもそも，法の一貫性と公平性が行政判断の正当性根拠として重要視される傾向は，我が国以外でも広く見られる（Mashaw 1985; Kagan 1978; Benish 2014; Howe, Hardy, and Cooney 2013）．特に，ひとたび行政判断の正当性に疑問が呈されると，恣意的な適用判断はなされていないということを示すため，詳細なガイドラインやマニュアルが発行され現場裁量の幅を狭めようとすることによって，法の一貫性・公平性に基づく正当化が試みられる（Benish 2014; Howe, Hardy, and Cooney 2013）．このように，法の一貫性・公平性の担保は，詳細なルールの設定を通じた現場裁量縮小の動きとセットで行われることが多い．

本書の事例においてユニークな点は，たとえ自治事務という分権化構造の下，法規定が一般的抽象的であり，かつ環境省からの具体的指示が少ないという点で，現場裁量が事実上幅広く認められている状況下でさえ，現場部署にとって，法の一貫性・公平性という理念とそれに基づく自らの適用判断の正当化は，極めて魅力的かつ効果的だと認識されている点である．つまり，現場裁量が広い状況下であるにも拘らず，現場部署は自発的に法の一貫性・公平性という理念を適用判断の適正さの手掛かりとして使っている．もちろん，事例ごとの状況を勘案し柔軟に対応する必要性もインタビュー調査で多く指摘されたのは本論でも見てきたところであるが，その一方で，法適用判断が被規制者といった外部からの注目を受ける状況下では，自治体間における解釈適用の平準化の必要性（自部署の適用判断が「外れ値」ではないこと）が特に重要視されていた．法適用のあいまいさにおいて，自治体間ネットワークを通じた法の一貫性・公平性の標榜は強力である．

法の一律性・公平性と柔軟性・効果性，この2つのバランスはどのように

取られるのか．本書では，法適用判断の正当性を示す対象層が誰であり，彼らは何を正当だと認識しているのかという点に理解の手掛かりを求めた（第5章）．本書の文脈では当座の対象層は被規制者であり，彼らの納得を引出すために重要なものが法の一律性・公平性ということであった．このように，正当性の判断はつまるところ，正当かどうかを評価するのは誰なのか，行政部署にとって組織の安定性維持に重要な役割を担う観客はどの層で，彼らは何を適正だと認識するのかという点に帰着する．

この点，国際比較研究や他の法律分野との比較研究は，法適用における一律性・公平性と柔軟性・効果性の論点をより深める上で有益である．比較研究を通じて，行政部署は法適用判断のアカウンタビリティをどのように果たそうとしているのか，どのような条件下で柔軟性あるいは一律性が重要視されるのか，より深い考察が可能となるだろう．特に，近年の社会的規制法は，被害の不確実性（リスク）への対応が求められている．そのような不確実性のある規制法実施下において，何が適切な法適用だと判断するのか，どのように法適用判断を正当化しようとするのか，この理解を深めることは，今後の規制行政を理解する上で特に重要であろう．

6-2 政策的含意

A 自治体間ネットワークの可能性

第4章，第5章において，自治体間ネットワークは概して積極的な規制実施活動（調査命令の発出）を促進すること，調査命令の発出は汚染土壌の把握と汚染対策の実施という法目的実現に資する方向にあること，また同時に，法適用の経験や法的議論構成，事業者対応についての情報が欠如している場合，現場部署では法適用のあいまいさの高い状況下において，被規制者に負担を課すような適用判断をすることに対し不安感を払拭できない点を見てきた．自治体間ネットワークは，正当性根拠の提供のみならず，法解釈適用の事例学習の機会も提供していた．人員削減，業務増加，頻繁な異動といった現場自治体の厳しい組織リソース状況を勘案すれば，以上の知見より，自治体間ネットワークは自治体現場部署の規制実施活動をサポートするものであり，望ましい機能を果たすことができる，というのが本書の含意である．

自治体間ネットワークは，特に事例経験の少ない現場部署にとって，潜在的緊張関係にある被規制者との応対に臨む際に重要な役割を果たす．法適用のあいまいさがあり，かつ事業者からの反発が予測される場合，法適用をしたという他自治体での事例や，このような状況で法適用をしても「間違い」ではないという情報が特に必要なのは，事例経験の少ない部署にとってこそである．事例対応の少ない部署ほど，自治体間ネットワークを認識するベネフィットがあると言える．

自治体間ネットワークの現場部署サポート機能には，以下の2つの側面がある．すなわち，(1) 偽陽性エラーと偽陰性エラーのバランスという側面と，(2) 現場職員同士の討議を通じた技能・知識の向上という側面である．

(1) 偽陽性エラーと偽陰性エラーのバランス

不確実性の高い状況での法適用判断には，偽陽性エラー（本当は環境に悪影響がないのに，悪影響ありと判断し法適用をしてしまう誤り）と，偽陰性エラー（本当は環境に悪影響があるのに，悪影響なしと判断し法適用しない誤り）の2種類のエラーがあり，その両方をともに考慮にいれた判断をすることが望ましい（序章）．現場部署は被規制者との緊張関係の中，適用判断が法的な「間違い」ではないことに注意を払っていたが，彼らのいう「間違い」とは，本来法で認められていない状況なのに法を発動してしまうということであり，これは上記の偽陽性エラーのリスクを考慮していると言える．その一方，規制活動の不作為によるリスク（偽陰性エラーによるリスク）についても考慮しなければならないが[134]，それは被規制者に負担を強いる適用判断であり，彼らが通常最大限の注意を向ける「間違い」には含まれていない．

この点に関して自治体間ネットワークの存在は有益であったのは，これま

---

134) ある現場職員はこの偽陰性エラーの存在を認識している．
「判断に迷うことがあるっていうのですね．やっぱり，ないと思うんですけど，この判断で後々何かしらの影響が出たときにどうしようかっていうことは，ちょっと考えたりもしますけどね．例えば，さっき言った有害［物質貯蔵指定施設］の話とかでも，あの，有害［物質貯蔵指定施設］じゃないって［判断］して，でももし何か事故があったときに，［有害物質を］使用していないって判断していたので，なんで，入っているじゃないって言われて，そこを突かれたりとかって，そういう事案があったらどうしようかなっていう，自分の判断のせいで．そう考えると，ちゃんとしておかないといけないのかなと思うこともあったり」[i47]．

で見てきた通りである．自治体間ネットワークを通じて他の自治体部署の法適用判断の範囲を知ったり，他自治体も事業者に対して重い負担を強いる法解釈をしていることを知る場合，自分たちの法適用判断も「間違い」ではないとして正当化を行いやすく，逆に，他自治体部署からの補助的サポートを欠く場合，事業者に対する法適用判断の正当化を行うことに不安を払拭できず，結果的に法適用が行われにくい傾向を見た．法適用判断の正当化論拠とそれに必要な知識と認識の共有化が職員同士のやり取りを通じて頑強に整備されていないと，事業者にとって重い負担を意味する法適用判断の正当化ができないと判断する傾向が強い．このように，不確実性下での偽陽性エラーによるリスクと偽陰性エラーによるリスクという観点から見ると，自治体間ネットワークの存在は，環境被害の不確実性の下であっても，偽陰性エラーのリスクをも考慮に入れた判断を促進することができるといえる．

しかしもちろん，自治体間ネットワークが常に望ましいバランスを導くという訳ではない．自治体間ネットワークを通じて過度に緩やかな法解釈・適用判断が共有され制度化する可能性も十分考えられる．この点，自治体間ネットワークには危うさもある[135]．

とはいえ，以下に述べるように，近年の自治体部署の置かれている組織リソース・教育訓練機会の減少を考慮すると，自治体間ネットワークを通じた事例共有，議論の機会の提供は，現場部署の法運用能力向上に貢献でき，効果的な規制実施を行う上で有効に活用すべきであろう．自治体間ネットワークは，偽陰性エラーのリスクを考慮した適用判断を行うための，十分条件ではないが必要条件として機能することができる．

（2）現場職員同士の討議を通じた技能・知識の向上のサポート

Bardach & Kagan によれば，規制法のあるべき実施のため，現場職員は賢明さ，想像力，そして胆力を備えることが必要だという（Bardach and Kagan 1982: 150）．そのためにも，現場部署の法的議論構成能力，法運用能力の維持・向上は必要不可欠であろう．被規制者との潜在的緊張関係を勘案すれば，特にそうである．効果的かつ法に沿った規制実施を行うためには，どの

---

[135] この場合には，後述するように偽陰性エラーのリスクも勘案するべく規制法の受益層である市民の監視機能強化といった法デザインが必要となってくる．

ように環境保全と経済的負担のバランスがとれるような判断が可能となるのか，複雑な状況を把握し，環境リスクや被規制者の遵守能力を見極めつつ，法目的に照らし合わせた上で，法適用判断を行う必要があり，規制者として賢明な判断を行うことが求められる．このような現場職員の規制実施者としての技能・知識の維持と向上のためには，職員相互の話し合い・議論が欠かせない．

　現場部署内の話し合い，部署内でのOJT（on-the-job-training）が，上記技能・知識の向上の第1の場であるが，自治体間ネットワークもその機能を補完できる．自治体間の相互作用を通じて，事例や適用判断の共有のみならず，何がよりベターな適用判断なのかを議論する場として，自治体間ネットワークが機能すれば，それは現場部署・職員の技能・能力の向上にも役立つだろう．

　複雑で高度な専門的知識の要求される法適用判断について，具体的内容に踏み込んだ相談ができるような経験職員が存在し，また彼らと気軽に話せるような関係性を構築することが，事例対応や法運用の情報と知識の共有につながり，それだけ一層現場行政における法運用の熟練度を向上させることができる．そのためにも，部署内はもちろん，自治体間のつながりの重要性を認識し，相互作用を行うことにはメリットがある．自治体間といった組織間の場合には，各組織に所属している職員同士が知り合いとなり気軽に話しかけられるという関係性を構築していることが，情報共有を促進することにつながりやすい．それゆえ，異なる自治体の職員同士が集まる担当者会議や研修を通じて，職員個人のパーソナル・ネットワークを他自治体の職員と築ける機会を確保することは重要であろう．

　なお，現場部署での話し合いとサポートに関連して，次の2点を述べておきたい．第5章では，現場部署・職員は法解釈・適用判断について，「正解」あるいは「間違い」という二分法的理解をしていることが明らかになっている．しかし，法が一般的抽象的文言を採用している以上，具体的な法適用判断について，複数の相反する解釈がそもそも可能なのであり，単純な二分法的理解にはなじまない．むしろ「正解」あるいは「間違い」という法の理解よりも，何がより「ベターな」法適用判断なのか，という点に焦点を当て法適用判断を行うべきではないだろうか．

また，自治体部署に対する法専門職からのサポートの有用性も指摘しておきたい．本書の規制実施過程では，現場部署が法的議論構成に苦慮している様子，また他自治体の職員との事例共有・議論の様子を見てきたが，この適用判断のディスコースに，法専門職も加えることの意義は高い．もちろん，行政現場部署自体が主体となって行う判断ではあるが，法的議論構成の強化，法目的に沿った行政判断の補強として，法専門職のサポートも必要に応じて積極的に取り入れる必要性は高いと考える．近年公務員弁護士が増えているが（岡本 2016)，地方分権下においては，地方自治体にこそ法的専門家からのサポートが必要になってくると思われる．

B　情報公開の必要性

本書では，環境規制法の受益層である市民からの監視の程度が低く，結果的に被規制者に対する正当性表示の必要性が相対的に高くなる様子を見た．現在の法制度は，規制対象該当性や不利益処分のように，被規制者に負担を求める適用判断を行う際，被規制者からの不服申し立てや訴訟の可能性を現場部署が第 1 に想起するような状況になっている．これは偽陽性エラーを最小化させようとする方向で現場部署に作用することになる．よって偽陽性エラーのみならず，偽陰性エラーのリスクも勘案し考慮に入れられるような仕組みが必要となってくる．そのためには，規制法の受益層たる市民の存在感を増し，不作為もまた避けるべきであると明示するような法的ルートを整備する必要がある．この点，平成 26 年度の行政手続法改正で導入された「処分等の求め」が活用されるのかどうか，今後の行方に注目したい[136]．

しかし，それだけではまだ不十分である．規制実施・執行過程に市民が関与し，結果的に偽陰性エラーのリスクもが考慮された法適用になるような仕組みが現実的に機能するには，規制実施についての情報公開が必須である．行政と規制法の対象者である被規制者以外にも，規制実施に関する情報が公開されないのであれば，突発的な事故や環境汚染が発覚するといったことがない限り，行政と被規制者の 2 者以外の者にとっては，環境汚染や環境負荷の可能性について判断する資料や情報をそもそも知ることはできず，そのた

---

[136]　今次の行政手続法改正には「処分等の求め」に加えて「行政指導の中止等の求め」も盛り込まれているため，どちらの方向に作用するのかは運用状況を見るしかない．

め規制法の実施過程に関与することもない．したがって，いくら現場行政の不作為を指摘できるような法的ルートがあったとしても，そもそも不作為が行われていることを知ることができる程度の情報公開がなされていない限り，そのようなルートは実際上機能しにくいだろう．

　情報公開を通じて市民による監視度合いを高めることは，偽陽性エラーと偽陰性エラーのバランスをとるような規制実施のための第1のステップである．例えば，アメリカ合衆国連邦環境庁のインターネットサイト[137]では各被規制者の遵守・違反履歴や法執行内容の閲覧が可能である．マップ上に各被規制者が表示されるため，周辺住民による地域の環境保全監視も容易である．アクセスが容易で，内容が分かりやすく，また相互比較可能な形で規制実施状況が公開されると，我が国の環境規制行政のインセンティブ構造は大きく変容するであろう．

---

[137]　https://echo.epa.gov/facilities/facility-search（2016年10月31日アクセス）

参考文献

Almond, Paul, and Garry C. Gray. 2016. "Frontline Safety: Understanding the Workplace as a Site of Regulatory Engagement." *Law and Policy* 39(1): 5-26.
Aoki, Kazumasu, and John Cioffi. 1999. "Poles Apart: Industrial Waste Management Regulation and Enforcement in the United States and Japan." *Law & Policy* 21(3): 213-45.
Atkeson, Lonna Rae, Yann P. Kerevel, R. Michael Alvarez, and Thad E. Hall. 2014. "Who Asks For Voter Identification? Explaining Poll-Worker Discretion." *The Journal of Politics* 76(4): 944-57.
Ayers, Ian, and John Braithwaite. 1992. *Responsive Regulation*. New York: Oxford University Press.
Bardach, Eugene, and Robert A. Kagan. 1982. *Going by the Book: The Problem of Regulatory Unreasonableness*. New Brunswick, NJ: Transaction Publishers.
Benish, Avishai. 2014. "Outsourcing, Discretion, and Administrative Justice: Exploring the Acceptability of Privatized Decision Making." *Law & Policy* 36(2): 113-33.
Bignami, Francesca. 2011. "Cooperative Legalism and the Non-Americanization of European Regulatory Styles: The Case of Data Privacy." *American Journal of Comparative Law* 59(2): 411-61.
Binz-Scharf, Maria Christina, David Lazer, and Ines Mergel. 2012. "Searching for Answers Networks of Practice Among Public Administrators." *The American Review of Public Administration* 42(2): 202-25.
Black, Julia. 2008. "Constructing and Contesting Legitimacy and Accountability in Polycentric Regulatory Regimes." *Regulation & Governance* 2(2): 137-64.
Burby, Raymond J., and Robert G. Paterson. 1993. "Improving Compliance with State Environmental Regulations." *Journal of Policy Analysis and Management* 12(4): 753-72.
Charmaz, Kathy. 2006. *Constructing Grounded Theory*. London: Sage.
Chinese Ministry of Environmental Protection. 2014. "Report on National Review of Soil Contamination." http://www.mep.gov.cn/gkml/hbb/qt/201404/t20140417_270670.htm（2016年10月31日アクセス）
Clark, John, James Austin, and Alan Henry. 1997. "Three Strikes and You're Out: A Review of State Legistration." *National Institute of Justice: Research in Brief*.

https://www.ncjrs.gov/pdffiles/165369.pdf（2016 年 10 月 31 日アクセス）

DiMaggio, Paul J., and Walter W. Powell. 1983. "The Iron Cage Revisited: Institutional Isomorphism and Collective Rationality in Organizational Fields." *American Sociological Review* 48(2): 147-60.

Dobbin, Frank. 2009. *Inventing Equal Opportunity*. Princeton: Princeton University Press.

Edelman, Lauren B. 1992. "Legal Ambiguity and Symbolic Structures: Organizational Mediation of Civil Rights Law." *American Journal of Sociology* 97(6): 1531-76.

——. 2016. *Working Law*. London: The University of Chicago Press.

Edelman, Lauren B., Sally Riggs Fuller, and Iona Mara-Drita. 2001. "Diversity Rhetoric and the Managerialization of Law." *American Journal of Sociology* 106(6): 1589-1641.

Edelman, Lauren B., Linda H. Krieger, Scott R. Eliason, Catherine R. Albiston, and Virginia Mellema. 2011. "When Organizations Rule: Judicial Deference to Institutionalized Employment Structures." *American Journal of Sociology* 117(3): 888-954.

Edelman, Lauren B., Christopher Uggen, and Howard S. Erlanger. 1999. "The Endogeneity of Legal Regulation: Grievance Procedures as Rational Myth." *American Journal of Sociology* 105(2): 406-54.

Emerson, Robert M., Rachel I. Fretz, and Linda L. Shaw. 2011. *Writing Ethnographic Fieldnotes*. Chicago: The University of Chicago Press.

European Commision Joint Research Centre Institute for Environment and Sustainability. 2014. *JRC Reference Report: Programs in the Management Contaminated Sites in Europe*.

Ewick, Patricia, and Susan S. Silbey. 1998. *The Common Place of Law: Stories from Everyday Life*. Chicago: The University of Chicago Press.

Finnemore, Martha, and Kathryn Sikkink. 1998. "International Norm Dynamics and Political Change." *International Organization* 52(4): 887-917.

Füglister, Katharina. 2012. "Where Does Learning Take Place? The Role of Intergovernmental Cooperation in Policy Diffusion." *European Journal of Political Research* 51(3): 316-49.

Gilad, Sharon. 2014. "Beyond Endogeneity: How Firms and Regulators Co-Construct the Meaning of Regulation." *Law & Policy* 36(2): 134-64.

Girth, Amanda M. 2014. "A Closer Look at Contract Accountability: Exploring the Determinants of Sanctions for Unsatisfactory Contract Performance." *Journal of Public Administration Research and Theory* 24(2): 317-48.

Goldman, Laurie S., and Erica Gabrielle Foldy. 2015. "The Space before Action: The

Role of Peer Discussion Groups in Frontline Service Provision." *Social Service Review* 89(1): 166-202.

Graham, Erin R., Charles R. Shipan, and Craig Volden. 2013. "The Diffusion of Policy Diffusion Research in Political Science." *British Journal of Political Science* 43 (3): 673-701.

Granovetter, Mark S. 1973. "The Strength of Weak Ties." *American Journal of Sociology* 78(6): 1360-80.

Grattet, Ryken, and Valerie Jenness. 2005. "The Reconstitution of Law in Local Settings: Agency Discretion, Ambiguity, and a Surplus of Law in the Policing of Hate Crime." *Law & Society Review* 39(4): 893-942.

Gunningham, Neil. 1987. "Negotiated Non-Compliance: A Case Study of Regulatory Failure." *Law & Policy* 9(1): 69-95.

———. 1995. "Environment, Self-Regulation, and the Chemical Industry: Assessing Responsible Care." *Law & Policy* 17(1): 57-109.

Gunningham, Neil A., Dorothy Thornton, and Robert A. Kagan. 2005. "Motivating Management: Corporate Compliance in Environmental Protection." *Law & Policy* 27(2): 289-316.

Hansen, Morten T. 1999. "The Search-Transfer Problem: The Role of Weak Ties in Sharing Knowledge across Organization Subunits." *Administrative Science Quarterly* 44(1): 82-111.

畑明郎 2016. 『土壌・地下水汚染――広がる重金属汚染』有斐閣.

Hawkins, Keith. 2002. *Law as Last Resort: Prosecution Decision-Making in a Regulatory Agency*. Oxford: Oxford University Press.

Hawkins, Keith, and John Michael Thomas, ed. 1984. *Enforcing Regulation*. Boston: Kluwer-Nijhoff.

日高昭夫 2004.「男女共同参画条例の制定動向(1)――自治体政策の波及パターンの分析」山梨学院大学法学論集 51 号 p.251-83.

平田彩子 2009.『行政法の実施過程――環境規制の動態と理論』木鐸社.

ホッブズ, トーマス(水田洋訳) 1964.『リヴァイアサン(二)』岩波書店.

フッド, クリストファー(森田朗訳) 2000.『行政活動の理論』岩波書店.

Howe, John, Tess Hardy, and Sean Cooney. 2013. "Mandate, Discretion, and Professionalisation in an Employment Standards Enforcement Agency: An Antipodean Experience." *Law & Policy* 35 (1-2): 81-108.

Huber, Gregory A. 2007. *The Craft of Bureaucratic Neutrality: Interests and Influence in Governmental Regulation of Occupational Safety*. New York: Cambridge University Press.

Huising, Ruthanne, and Susan S. Silbey. 2011. "Governing the Gap: Forging Safe Science through Relational Regulation." *Regulation & Governance* 5(1): 14-42.

Hutter, Bridget M. 1989. "Variations in Regulatory Enforcement Styles." *Law & Policy* 11(2): 153-74.

伊藤修一郎 2006.『自治体発の政策革新──景観条例から景観法へ』木鐸社.

Jewell, Christopher J. 2007. *Agents of the Welfare State: How Caseworkers Respond to Need in the United States, Germany, and Sweden.* New York: Palgrave Macmillan.

Kagan, Robert A. 1978. *Regulatory Justice: Implementing a Wage-Price Freeze.* New York: Russell Sage Foundation.

───. 1994. "Regulatory Enforcement." In *Handbook of Regulation and Administrative Law*, ed. David H. Rosenbloom and Richard D. Schwartz, 383-422. New York: Taylor & Fransis.

───. 2000. "Introduction: Comparing National Styles of Regulation in Japan and the United States." *Law & Policy* 22 (3-4): 225-44.

───. 2001. *Adversarial Legalism: The American Way of Law.* Cambridge, MA: Harvard University Press.（北村喜宣・尾崎一郎・青木一益・四宮啓・渡辺千原・村山眞維訳『アメリカ社会の法動態──多元社会アメリカと当事者対抗的リーガリズム』慈学社.）

───. 2004. "Regulators and Regulatory Processes." In *The Blackwell Companion to Law and Society*, ed. Austin Sarat, 212-30. Malden, MA: Blackwell Publishing.

Kagan, Robert A., and Lee Axelrad, ed. 2000. *Regulatory Encounters: Multinational Corporations and American Adversarial Legalism.* Berkeley: University of California Press.

Kagan, Robert A., Neil Gunningham, and Dorothy Thornton. 2011. "Fear, Duty, and Regulatory Compliance: Lessons from Three Research Projects." In *Explaining Compliance: Business Responses to Regulation*, ed. Christine Parker and Vibeke Lehmann Nielsen, 37-58. Cheltenham, UK: Edward Elgar.

Kagan, Robert A., and John T. Scholz. 1984. "The Criminology of the Corporation and Regulatory Enforcement." In *Enforcing Regulation*, ed. Keith Hawkins and John M. Thomas, 67-95. Boston: Kluwer-Nijhoff.

Kahan, Dan M. 1996. "What Do Alternative Sanctions Mean?" *The University of Chicago Law Review* 63(2): 591-653.

Kellogg, Katherine C. 2009. "Operating Room: Relational Spaces and Microinstitutional Change in Surgery." *American Journal of Sociology* 115(3): 657-711.

北村喜宣 1997.『行政執行過程と自治体』日本評論社.

─── 2008.『行政法の実効性確保』有斐閣.

─── 2015.『環境法』有斐閣.

Lazer, David, and Ethan S. Bernstein. 2012. "Problem Solving and Search in Networks." In *Cognitive Search: Evolution, Algorithms, and the Brain*, ed. Peter M. Todd, Thomas T. Hills, and Trevor W. Robbins, 261–73. Cambridge, MA: Struengmann Forum Reports, MIT Press.

Lipsky, Michael. 1980. *Street-Level Bureaucracy: Dilemmas of the Individual in Public Service*. New York: Russell Sage Foundation.

Lo, Carlos W. H., and Gerald E. Fryxell. 2003. "Enforcement Styles among Environmental Protection Officials in China." *Journal of Public Policy* 23(1): 81–115.

Lofland, John, and Lyn H. Lofland. 2006. *Analyzing Social Settings*. Belmont, CA: Wadsworth.

Luker, Kristin. 2008. *Salsa Dancing Into the Social Sciences*. Cambridge, MA: Harvard University Press.

Makse, Todd, and Craig Volden. 2011. "The Role of Policy Attributes in the Diffusion of Innovations." *The Journal of Politics* 73(1): 108–24.

Mascini, Peter, and Eelco Van Wijk. 2009. "Responsive Regulation at the Dutch Food and Consumer Product Safety Authority: An Empirical Assessment of Assumptions Underlying the Theory." *Regulation & Governance* 3(1): 27–47.

Mashaw, Jerry L. 1985. *Bureaucratic Justice: Managing Social Security Disability Claims*. New Haven: Yale University Press.

May, Peter J., and Søren Winter. 1999. "Regulatory Enforcement and Compliance: Examining Danish Agro-Environmental Policy." *Journal of Policy Analysis and Management* 18(4): 625–51.

May, Peter, and Søren Winter. 2000. "Reconsidering Styles of Regulatory Enforcement: Patterns in Danish Agro-Environmental Inspection." *Law & Policy* 22(2): 143–73.

May, Peter J., and Søren C. Winter. 2009. "Politicians, Managers, and Street-Level Bureaucrats: Influences on Policy Implementation." *Journal of Public Administration Research and Theory* 19(3): 453–76.

May, Peter J., and Søren C. Winter. 2011. "Regulatory Enforcement Styles and Compliance." In *Explaining Compliance: Business Responses to Regulation*, ed. Christine Parker and Vibeke Lehmann Nielsen, 222–44. Cheltenham, UK: Edward Elgar.

Maynard-Moody, Steven, and Shannon Portillo. 2010. "Street-Level Bureaucracy Theory." In *The Oxford Handbook of American Bureaucracy*, ed. Robert Durant, 252–77. New York: Oxford University Press.

Maynard-Moody, Steven, and Michael Musheno. 2003. *Cops, Teachers, Counselors: Stories from the Front Lines of Public Service*. Ann Arbor: The University of Michigan Press.

Mergel, Ines, David Lazer, and Maria Christina Binz-Scharf. 2008. "Lending a Help-

ing Hand: Voluntary Engagement in Knowledge Sharing." *International Journal of Learning and Change* 3(1): 5-22.
Meyer, John W., and Brian Rowan. 1977. "Institutionalized Organizations: Formal Structure as Myth and Ceremony." *American Journal of Sociology* 83(2): 340-63.
Meyers, Marcia K., and Susan Vorsanger. 2007. "Street-Level Bureaucrats and the Implementation of Public Policy." In *The Handbook of Public Administration*, ed. Guy Peters and Jon Pierre, 153-63. London: Sage.
森田朗 1988.『許認可行政と官僚制』岩波書店.
Morrill, Calvin, and Gary Alan Fine. 1997. "Ethnographic Contributions to Organizational Sociology." *Sociological Methods & Research* 25(4): 424-51.
Morrison, Elizabeth Wolfe. 2002. "Newcomers' Relationships: The Role of Social Network Ties During Socialization." *Academy of Management Journal* 45(6): 1149-60.
村上裕一 2016.『技術基準と官僚制――変容する規制空間の中で』岩波書店.
Nielsen, Vibeke Lehmann, and Christine Parker. 2009. "Testing Responsive Regulation in Regulatory Enforcement." *Regulation & Governance* 3(4): 376-99.
Oberfield, Zachary W. 2010. "Rule Following and Discretion at Government's Frontlines: Continuity and Change during Organization Socialization." *Journal of Public Administration Research and Theory* 20(4): 735-55.
―――. 2014. *Becoming Bureaucrats: Socialization at the Front Lines of Government Service*. Pennsylvania: University of Pennsylvania Press.
岡本正 2016.『公務員弁護士のすべて』レクシスネクシス・ジャパン.
大橋洋一 1989.『行政規則の法理と実態』有斐閣.
Parker, Christine. 2006. "The 'Compliance' Trap: The Moral Message in Responsive Regulatory Enforcement." *Law & Society Review* 40(3): 591-622.
Parker, Christine, and Vibeke Lehmann Nielsen, ed. 2012. *Explaining Compliance: Business Responses to Regulation*. Cheltenham, UK: Edward Elgar.
Pautz, Michelle C. 2009. "Trust between Regulators and the Regulated: A Case Study of Environmental Inspectors and Facility Personnel in Virginia." *Politics & Policy* 37(5): 1047-72.
Pires, Roberto. 2008. "Promoting Sustainable Compliance: Styles of Labour Inspection and Compliance Outcomes in Brazil." *International Labour Review* 147(2-3): 199-229.
Portillo Shannon. 2012. "The Paradox of Rules: Rules as Resources and Constraints." *Administration & Society* 44(1): 74-94.
Prottas, Jeffrey Manditch. 1979. *People Processing: The Street-Level Bureaucrat in Public Service Bureaucracies*. Lexington MA: Lexington Books.

六本佳平 1991.「規制過程と法文化――排水規制に関する日英の実態研究を手掛りに」内藤謙・松尾浩也・田宮裕・芝原邦爾（編）『平野龍一先生古希祝賀論文集 下巻』有斐閣，25-55 頁．

Sandfort, Jodi R. 2000. "Moving Beyond Discretion and Outcomes: Examining Public Management from the Front Lines of the Welfare System." *Journal of Public Administration Research and Theory* 10(4): 729-56.

Scholz, John T. 1984. "Cooperation, Deterrence, and the Ecology of Regulatory Enforcement." *Law & Society Review* 18(2): 179-224.

Scholz, John T., Jim Twombly, and Barbara Headrick. 1991. "Street-Level Political Controls over Federal Bureaucracy." *The American Political Science Review* 85(3): 829-50.

Scott, Patrick G. 1997. "Assessing Determinants of Bureaucratic Discretion: An Experiment in Street-Level Decision Making." *Journal of Public Administration Research and Theory* 7(1): 35-58.

Shipan, Charles R., and Craig Volden. 2006. "Bottom-Up Federalism: The Diffusion of Antismoking Policies from U.S. Cities to States." *American Journal of Political Science* 50(4): 825-43.

―――. 2012. "Policy Diffusion: Seven Lessons for Scholars and Practitioners." *Public Administration Review* 72(6): 788-96.

Short, Jodi L. 2013. "Self-Regulation in the Regulatory Void 'Blue Moon' or 'Bad Moon'?" *The ANNALS of the American Academy of Political and Social Science* 649(1): 22-34.

Short, Jodi L., and Michael W. Toffel. 2010. "Making Self-Regulation More Than Merely Symbolic: The Critical Role of the Legal Environment." *Administrative Science Quarterly* 55(3): 361-96.

水質法令研究会 1996.『逐条解説　水質汚濁防止法』中央法規出版．

Sutton, John R., and Frank Dobbin. 1996. "The Two Faces of Governance: Responses to Legal Uncertainty in US Firms, 1955 to 1985." *American Sociological Review* 61(5): 794-811.

鈴木潔 2009.『強制する法務・争う法務――行政上の義務履行確保と訴訟法務』第一法規．

Talesh, Shauhin A. 2009. "The Privatization of Public Legal Rights: How Manufacturers Construct the Meaning of Consumer Law." *Law & Society Review* 43(3): 527-62.

―――. 2012. "How Dispute Resolution System Design Matters: An Organizational Analysis of Dispute Resolution Structures and Consumer Lemon Laws." *Law & Society Review* 46(3): 463-96.

田辺国昭 1998.「生活保護政策の構造(2)――公的扶助行政における組織次元の分析」

『国家学会雑誌』101 巻 3・4 号，363-307 頁．

Thornton, Dorothy, Neil A. Gunningham, and Robert A. Kagan. 2005. "General Deterrence and Corporate Environmental Behavior." *Law & Policy* 27(2): 262-88.

Tombs, Steve, and David Whyte. 2013. "Transcending the Deregulation Debate? Regulation, Risk, and the Enforcement of Health and Safety Law in the UK." *Regulation & Governance* 7(1): 61-79.

Tummers, Lars L. G., Victor Bekkers, Evelien Vink, and Michael Musheno. 2015. "Coping During Public Service Delivery: A Conceptualization and Systematic Review of the Literature." *Journal of Public Administration Research and Theory* 25(4): 1099-1126.

Tyler, Tom R. 2006. *Why People Obey the Law*. Princeton: Princeton University Press.

宇賀克也 1997.『国家補償法』有斐閣.

―― 2009.『行政法概説 I 行政法総論 第 3 版』有斐閣.

Vogel, David. 1986. *National Styles of Regulation: Environmental Policy in Great Britain and the United States*. Ithaca, NY: Cornell University Press.

Volden, Craig. 2006. "States as Policy Laboratories: Emulating Success in the Children's Health Insurance Program." *American Journal of Political Science* 50(2): 294-312.

Watkins-Hayes, Celeste. 2009. *The New Welfare Bureaucrats: Entanglements of Race, Class, and Policy Reform*. Chicago: The University of Chicago Press.

Wood, B. Dan. 1988. "Principals, Bureaucrats, and Responsiveness in Clean Air Enforcements." *The American Political Science Review* 82(1): 213-34.

あとがき

　本書は，2015年2月末に東京大学大学院法学政治学研究科に提出した助教論文「法適用のあいまいさと自治体現場での規制法の実施」にその後の分析を組み込み，大幅な加筆・修正をしたものである．助教論文提出時は質問票回収を終了した直後であったため，論文提出後に量的分析結果が新たに加わった．よって，全体の構成と議論を見直すこととなり，結果的に大幅な変更を加えたものとなっている．

　「行政法は制定された後，どのように実施されているのか」という問いは，筆者が修士課程在学中の頃から抱き続けてきた問いである．この根本的な問題関心は，本書にも引き継がれている．その一方，先の修士論文（拙著『行政法の実施過程——環境規制の動態と理論』木鐸社，2009年）と本書を比べると，具体的な問いとそのアプローチの手法には違いがある．
　第1に，本書は，行政現場における法の展開を考察するため，第一線行政部署・行政職員の認識と行動に特に焦点を当てている．それは，文献を読み進めまた実証研究を進める過程で，規制行政であれ給付行政であれ，現場行政による法適用判断は，規制負担や給付サービスの有無といった実質的経済的観点，安全な市民空間・市民生活の保護といった公益性の観点，また法対象者の行動・自己認識への影響という観点から，いかに影響力が大きなものなのか再認識したからであり，同時に，具体的事例に法を適用することは，実施担当の現場部署と現場職員にとっていかに悩ましく，そして業務遂行上の工夫が求められるかということも実感したからである．
　第2に，本書では，行政現場からの経験的データをより多角的に獲得するよう努めた．具体的には，行政部署と被規制者に対する聞き取り調査，現場行政部署の観察，そして行政部署への質問票調査と，質・量の両面からの経験的調査を実施した．これは筆者にとって方法論を実践で学ぶ最高の機会であった．新たな仮説を構築したり，実際に何が起こっているのかそのプロセ

スを把握すること，行為者の認識や感情といった深いニュアンスを取り込むには，聞き取り調査といった質的分析は不可欠である．また質的調査の経験は，後続した質問票調査の設計にも大いに役立った．その一方，全体に渡る傾向を説得力をもって示すには，質問票調査を通じた量的分析が極めて効果的であることも身をもって学んだ．また，質・量ともに，経験的データ分析の過程で，「このようなデザインにした方がよかった」等々反省点も多く，今後さらに学び精進すべきところが多いと再確認した次第である．

　経験的分析が可能になったのは，ひとえに，地方自治体，環境省の皆様からの寛大なご協力を賜ったためである．聞き取り調査には数多くの行政職員の方々にご協力頂いた．お忙しい中お時間を割き，快く対応して頂いたことは，本当に有り難いことである．お一人，お一人を思い出しつつ，心からのお礼を申し上げる．

　とりわけ，行政現場の観察対象として筆者がお世話になったとある地方自治体の皆様には，ひとかたならぬご協力と研究に対するご理解を頂いた．筆者を一研究者として信頼して頂き，部署に快く受け入れてくださったこと，数々のお話をしてくださったこと，嫌な顔一つせず質問に答えてくださったこと……．滞在自体は2週間と短期間であったため，フィールド・ノートに記した記述は一部を除きほとんど本書に組み込んではいないものの，行政現場に研究関心がある筆者にとって，この観察滞在はまさに学びの宝庫であった．文字通り夢のような日々であり，毎日時間があっという間に過ぎてしまったこの経験を今でも鮮明に記憶している．

　本書の刊行にあたり，まず指導教授である東京大学大学院法学政治学研究科の太田勝造先生に深い感謝の気持ちを申し上げたい．先生のシャープで核心を突くご指摘，柔軟なご発想，暖かいお人柄のおかげで，筆者はここまで研究を続けられたのだと思う．また先生には，経験的分析に基づく議論の大切さや，国際的視野をもち研究活動を行うことの大切さ，といった研究者としての姿勢も教えて頂いた．先生のご指導を頂けたことは，私にとって本当に幸せなことである．さらに，東京大学の佐藤岩夫先生，ダニエル・フット先生，明治大学の村山眞維先生からも，助教論文について大変貴重なご指摘

を頂き，また米国留学に際しご助言頂いた．筆者は本書に関する報告の機会にも恵まれた．日本法社会学会関東支部，日本法社会学会関西支部，関西公共政策研究会，Annual Meetings of Law and Society Association, ECPR Regulatory Governance Conference, Dutch-Japanese Law Symposium で諸先生方から貴重なコメントを頂戴している．

　本書の理論的枠組み，実証分析手法を固める上での決定的な契機は，助教を任期途中で辞職し，カリフォルニア大学・バークレー校ロースクール・法と社会政策（Jurisprudence and Social Policy）博士課程（通称 JSP）へ入学したことであった．法と社会に関心のある筆者にとって，JSP 留学時代の演習，議論，Graduate Student Instructor（TA に相当）としての教育経験は，研究者としての基礎固めを行う理想的な環境であった．特に，博士論文審査の主査をして頂いた，規制執行研究のパイオニアである Robert Kagan 先生，副査の Calvin Morrill 先生，Rachel Stern 先生，Christopher Ansell 先生のご指導を受けたことは，研究デザイン，研究の進め方，分析視点等，多くを学ぶことができ，また先生方は論文執筆の過程でも常に筆者を暖かく見守り，また叱咤激励してくださった．現場行政における規制法執行過程には数多くの論点と要素が錯綜しており，これらをどのようにつなぎ合わせ，1つの論文としてまとめあげることができるのか，収集したデータを前に，執筆の際，特に苦労した．その袋小路から抜け出すきっかけは，Kagan 先生と Morrill 先生との議論の際，legitimacy という切り口がふっと出てきたことによる．また，Stern 先生の，質的研究を進めている最中は分析がどこにたどり着くのか不安で仕方がないものだ（it's anxiety producing!），という発言に何度助けられたか分からない．Kristin Luker 先生の質的調査分析の演習は特に刺激的で，質的調査プロパーの分析方法のみならず，広く社会科学の方法論について考えるきっかけとなり，また Morrill 先生の組織社会学演習は本書の理論的枠組みを練る上での土台となっている．もちろん，頻繁に開催される研究会やセミナー，また同級生・友人との語らいからも日々刺激を頂いた．留学の機会を頂いたことを含め，多くの方々に支えられて研究を進めることができたことの有り難さを改めて感じている．皆様に感謝の気持ちを再度申し上げたい．

また，本書は，科学研究費補助金（研究活動スタート支援・課題番号 21830029, 若手研究 B・課題番号 26870146），民事紛争処理研究基金研究助成（平成 22 年度，平成 27 年度）の助成を受けて行った研究成果の一部ないし全部を含むものである．本書の刊行にあたっては，京都大学の平成 28 年度総長裁量経費（地球環境学堂出版助成制度）の補助を頂いた．研究の遂行と公表に際し頂いた経済的支援に深く感謝している．

　本書刊行のきっかけを与えてくださったのは，東京大学出版会の山田秀樹氏である．山田氏は筆者のタイトな出版スケジュールに柔軟に対応してくださったのみならず，本を作るという視点からの冷静沈着なアドバイスを数多く頂いた．原稿の隅々にまで行き渡る素晴らしい編集の手腕で，本書を完成まで導いてくださったことに，感謝の言葉もない．

　最後に，常に筆者の応援団でいてくれる家族に感謝を述べたい．夫は筆者に寄り添い，励まし，また彼独特のユーモアを通じて生活を楽しくしてくれる．また大学業務等で多忙を極めた時期に精神的な支えとなってくれ，家事全般を引き受けてくれた．本当にありがとう．そして，筆者のわがままを聞きながら温かく見守ってくれる両親の支えは，何ものにも代え難い．自主性を尊重し，笑いの絶えない家庭で育ててくれた両親に，本書を捧げる．

　　2017 年　立春

平 田 彩 子

索　引

あ・か行

応答的法執行（responsive regulation）　25
環境省　57-58, 62, 67, 93-94, 162, 164
規制研究（socio-legal studies of regulation）　7-8, 20, 24, 26
行政裁量　→　現場裁量
行政手続法36条の3処分等の求め　193, 207
義務付け訴訟　193-194
偽陰性エラー（false negative error）　3, 156, 204-205, 207-208
偽陽性エラー（false positive error）　3, 156, 204-205, 207-208
クラスター化　36, 119-121, 123, 130-131, 137, 157
形質変更時要届出区域　46-47, 50, 155
ケースロード　29, 58-59, 119, 124, 185
現実の法（law in action）　66
現場裁量　9-10, 28, 30, 202
現場職員　27-29, 58, 60-61
　──の心理的負担　144
　──の役割意識　75-76
構造基準　54, 56, 79
「国家の代理人（state agent）」　30
個体ファクター　8, 31-32, 99
コーディング　15-16
コマンド・アンド・コントロール（command and control）　166

さ行

裁判所　100, 162-163
自治事務　2, 34, 58, 94, 170, 174
自治体間ネットワーク　12, 39, 40, 97, 106-107, 110, 118-119, 121-122, 127, 130-132, 135, 139-140, 144, 148, 150, 153-154, 156-157, 160-161, 167, 175, 186-187, 189, 195, 197-198, 203-206
しっぺ返し戦略（tit-for-tat strategy）　25
指定調査機関　47, 164
社会的規制（social regulation）　1, 3, 6, 20-21, 126, 159, 203
社会的望ましさによるバイアス（social desirability bias）　17-18
自主規制（self-regulation）　201
執行（enforcement）［「実施（implementation）」も参照］　1, 19
　──スタイル（enforcement style）　22-25
　──デザイン　199-201
実施（implementation）　1, 2, 4, 7, 9, 19, 62, 69, 99
「市民の代理人（citizen agent）」　30
遵守
　──意欲　21, 166-168, 170
　──コスト　48-49, 56, 87-88
　自発的──　21, 170, 172, 189
情報公開　194, 207-208
情報の非対称性　178
新制度論（neo-institutionalism）　6, 8, 32-33, 100
水質汚濁防止法（水濁法）［「地下水汚染の未然防止」も参照］　4, 14, 16, 57-58, 67, 72
ストリート・レベル・ビュロクラシー　→　第一線職員研究
政策波及（policy diffusion）研究　7, 99
専門家集団　34-35, 37, 163, 198
専門的知識　34-35, 124-125, 130, 179, 185, 206
先例　1, 89, 163, 174
組織フィールド　6, 33
訴訟　180, 183, 199-200

た 行

第一線職員研究（street-level bureaucracy）　7-8, 27-30, 144
他自治体への問い合わせ　12, 39, 95, 97, 103, 108, 119-120
担当者会議　17, 39, 104, 110-116, 120, 123, 151, 206
　　——メンバーシップ　118, 120-123, 131-132, 157
地下水汚染の未然防止　11, 34, 52, 54-55, 67, 76, 85
地方分権　1, 10, 57, 198, 207
適用判断　1, 5, 36
　　——の正当化　13, 88, 93-94, 154, 160, 166-167, 172, 175-176, 187, 189, 191, 194, 203, 205
　　——の平準化　140, 144, 154, 172, 189, 195, 197
　　——の模倣　145, 151
　　——の学習の機会　114, 148, 150-151
　　——のベンチマーク　140-141, 151
同型化（isomorphism）　33, 36, 100, 130, 150-152, 154
　規範的——（normative isomorphism）　34-35, 151
　強制的——（coercive isomorphism）　33-34
　模倣的——（mimetic isomorphism）　34, 151
土壌汚染対策法（土対法）　4, 14, 16, 41, 43-44, 50, 57-58, 154
土対法4条1項の土地の形質の変更　45-46, 50, 63-64, 78, 94-95, 142, 149
土対法4条2項の調査命令　11, 34, 45, 48, 50, 62, 76, 78, 93, 111, 113, 121-122, 130, 140, 155-156, 169, 176, 191
　　——の発出判断　65, 80, 84, 89, 131, 145
　　——の発出の根拠　136-138
土対法14条の指定の申請　46, 64, 155
取り込み（capture）　21, 201

は 行

被害の不確実性（リスク）　3, 5, 33-34, 41, 80, 84-85, 189, 203
被規制者との潜在的緊張関係　175-178, 180, 188, 205
部署内相互作用　60, 89-91, 125, 184-185, 198, 206
文脈依存性　36, 39, 103
ペッキング・オーダー（序列）　108-109, 145, 148
法専門職　34, 163, 184, 207
法的議論構成スキル　174, 183-184, 189, 205
法的な「間違い」　140, 143-144, 167, 180-183, 186-187, 189, 197, 204
法適用のあいまいさ　4-5, 8-9, 33, 41, 71, 76, 87, 91, 96, 101, 135, 157, 160, 180, 197, 203-204
法の具体的意味のプロトタイプ供給源　161-162, 164-165, 195, 198
法の公平性・一貫性（consistency）　2, 89, 153-154, 167-168, 175, 191, 198, 202-203
法の柔軟性・効果性（responsiveness）　2, 168, 191, 202-203
法の内生化（legal endogeneity）　36-38, 100, 176-177, 199-200
法の二分法的理解　144, 206
本に書かれた法（law on the books）　66

ま・や・ら 行

メンバー・チェック　15-16
有害物質貯蔵指定施設　53-54, 56, 67-68, 78-79, 87, 141, 177
要措置区域　46-47, 50, 155
リーガリズム（legalism）　21, 159
　当事者対抗的——（adversarial legalism）　23
リソース不足　11, 59, 185, 201
ルーティーン化　30, 62, 74

著者略歴
2007 年　東京大学法学部卒業
2009 年　東京大学大学院法学政治学研究科総合法政専攻修士課程修了
2016 年　カリフォルニア大学バークレー校ロースクール「法と社会政策」博士号取得（Ph.D. in Jurisprudence and Social Policy）
東京大学大学院法学政治学研究科助教，京都大学大学院地球環境学堂特定准教授を経て，2017 年度より岡山大学法学部准教授（第 43 回〔2017 年度〕藤田賞受賞，2018 年アダム・ポドゴレツキ賞受賞〔ISA Research Committee on Sociology of Law〕）．

［著書］
『行政法の実施過程──環境規制の動態と理論』木鐸社，2009 年（日本法社会学会・学会奨励賞〔著書部門〕，立命館大学・天野和夫賞受賞）

自治体現場の法適用
あいまいな法はいかに実施されるか

2017 年 3 月 30 日　初　　版
2019 年 8 月 30 日　第 2 刷

［検印廃止］

著　者　平田彩子（ひらた あやこ）

発行所　一般財団法人　東京大学出版会
代表者　吉見俊哉
153-0041 東京都目黒区駒場4-5-29
http://www.utp.or.jp/
電話 03-6407-1069　Fax 03-6407-1991
振替 00160-6-59964

組　版　有限会社プログレス
印刷所　株式会社ヒライ
製本所　誠製本株式会社

©2017 Ayako Hirata
ISBN 978-4-13-036151-4　Printed in Japan

JCOPY〈出版者著作権管理機構　委託出版物〉
本書の無断複写は著作権法上での例外を除き禁じられています．複写される場合は，そのつど事前に，出版者著作権管理機構（電話 03-5244-5088, FAX 03-5244-5089, e-mail: info@jcopy.or.jp）の許諾を得てください．

現代日本の紛争処理と民事司法［全3巻］

1 法意識と紛争行動
　松村良之＝村山眞維 編　　　　　　A 5 判　5600 円

2 トラブル経験と相談行動
　樫村志郎＝武士俣 敦 編　　　　　　A 5 判　5600 円

3 裁判経験と訴訟行動
　ダニエル・フット＝太田勝造 編　　　A 5 判　5600 円

法律 《社会科学の理論とモデル 7》
　太田勝造 著　　　　　　　　　　　四六判　2800 円

行政法学と主要参照領域
　原田大樹 著　　　　　　　　　　　A 5 判　5000 円

概説 日本の地方自治　第 2 版
　新藤宗幸＝阿部 齊 著　　　　　　　四六判　2400 円

自治制度 《行政学叢書 3》
　金井利之 著　　　　　　　　　　　四六判　2600 円

ここに表示された価格は本体価格です．御購入の際には消費税が加算されますので御了承下さい．